国 网 绿 链
STATE GRID GREEN SUPPLY CHAIN

国网绿色现代数智供应链
—— 知识体系丛书 ——

U0574869

# 供应链
# 精益运营

国家电网有限公司　组编

中国电力出版社
CHINA ELECTRIC POWER PRESS

## 内 容 提 要

本书是对国家电网有限公司绿色现代数智供应链运营管理实践的系统性提炼，阐述了供应链运营管理理论、国家电网有限公司供应链运营体系构成和典型做法、供应链运营未来展望，介绍了国家电网有限公司供应链全量数据资产管理、全景规划设计建设、全链运营分析评价、全域资源统筹调配、全程监控预警协调五个方面的创新实践。本书采用供应链运营管理前沿理论与国家电网典型实践案例相结合的方式，理论联系实际，向读者深入展示国家电网有限公司绿色现代数智供应链运营的优秀经验。

本书可为企业及社会各界供应链运营管理提供借鉴，也可供供应链专业人员学习阅读。

图书在版编目（CIP）数据

供应链精益运营 / 国家电网有限公司组编. -- 北京 ：
中国电力出版社, 2024. 12（2025.1重印）. --（国网绿色现
代数智供应链知识体系丛书). -- ISBN 978-7-5198-9048-3

Ⅰ . F426.61

中国国家版本馆 CIP 数据核字第 2024JH9439 号

出版发行：中国电力出版社
地　　址：北京市东城区北京站西街 19 号（邮政编码 100005）
网　　址：http://www.cepp.sgcc.com.cn
责任编辑：穆智勇　王蔓莉　张冉昕（010-63412364）
责任校对：黄　蓓　朱丽芳
装帧设计：张俊霞
责任印制：石　雷

印　　刷：三河市万龙印装有限公司
版　　次：2024 年 12 月第一版
印　　次：2025 年 1 月北京第二次印刷
开　　本：787 毫米×1092 毫米　16 开本
印　　张：19.25
字　　数：330 千字
定　　价：120.00 元

# 丛书编写组

主　编　卓洪树

副主编　孙　浩　宋天民　易建山

成　员　杨砚砚　陈　广　张　柯　熊汉武　龙　磊
　　　　赵海纲　王培龙　胡　东　赵　斌　杨志栋
　　　　孟　贤　黄　裙　储海东　谭　骞　陈少兵
　　　　刘俊杰　樊　炜　陈石通　周亦夫　张新雨
　　　　丁　昊　朱迦迪　刘明巍　李　屹　尹　超
　　　　何　明　吴　强　李海弘　张　兵　王光旸
　　　　陈秀娟　王　健　孙启兵　张　瑞　孙　扬
　　　　孙　萌　于　胜　戎袁杰　张元新　胡永焕
　　　　厉　苗　吴　臻　纪　航　刘　昕　丁亚斐
　　　　贾成杰　许沛丰　王宇曦　王延海　侯立元
　　　　牛艳召　曾思成　党　冬　黄　柱　宋述贵
　　　　张　斌　何　灵　汪　琨　满思达　张　昊
　　　　郝佳齐　姜旭航　王　玮　仇爱军　郭　振
　　　　周晓炯　孔宗泽　赵红阳　王　聪　王银洁
　　　　李明哲　杨　凯　邹慧安　孙宏志　李洪琳
　　　　骆星智　李俊颖　赵　钰　时薇薇

# 本册编写组

组　　长　　易建山

副 组 长　　徐阿元

成　　员　　杨砚砚　　杨志栋　　许沛丰　　谢　鑫　　胡永焕

　　　　　　章光东　　刘镓铭　　魏亚楠　　华天琪　　马玲玲

　　　　　　谢晓非　　李俊颖　　吴峥嵘　　钱唯克　　洪芳华

　　　　　　倪小舟　　胡承鑫　　漆　璇　　周德高　　杨晓亮

　　　　　　李笑怡　　温富国　　李金霞　　谭云燕　　应侃侃

　　　　　　王　俊　　李　亚　　廖根宇　　胡潇斐　　张怡冰

　　　　　　庞选考　　吕洪波　　王　莉　　方　静　　冯晓群

　　　　　　唐　山　　邓　勇　　陈媛君　　郭兴科　　张　明

特邀专家　　王书成　　季楷明　　刘雪飞

随着全球一体化的程度越来越高，市场竞争不断加剧，供应链管理已成为经济和社会活动中的一个重要组成部分。供应链管理发展到今天，早已突破企业之间、产业之间的边界，成为国家竞争力的重要体现，也是国家之间合作与博弈的热点焦点。以习近平同志为核心的党中央高度重视供应链建设工作，作出了提升供应链现代化水平和自主可控能力、提高供应链稳定性和国际竞争力等系列决策部署，为中央企业供应链发展指明了方向。党的二十届三中全会再次强调"健全提升产业链供应链韧性和安全水平制度""打造自主可控的产业链供应链""健全绿色低碳发展机制""推动产业链供应链国际合作"。国务院国资委对中央企业在建设世界一流企业中加强供应链管理提出明确要求。国家电网有限公司全面贯彻党中央、国务院指示精神，聚焦供应链数智转型、绿色低碳、协同发展，创新打造国网绿色现代数智供应链管理体系，支撑经济和社会高质量发展。

作为关系国民经济命脉和国家能源安全的特大型国有重点骨干企业，国家电网有限公司始终坚持以习近平新时代中国特色社会主义思想为指导，坚持问题导向、目标导向和系统观念，推动公司和电网高质量发展，保障电力供应、促进能源转型、支撑和服务中国式现代化建设。在改革和发展过程中，国家电网有限公司紧紧围绕党中央、国务院关于推动产业链供应链优化升级重大决策部署，持续推动供应链创新发展，特别是从 2022 年起，创新构建具有"协同化、智慧化、精益化、绿色化、国际化"特征的国网绿色现代数智供应链管理体系（简称"国网绿链"），以平台为着力点、采购为切入点、整合为突破点，实施"绿链八大行动"，形成"标准引领、需求驱动、数智运营、平台服务"的绿色数智发展新业态，提效率、增效益、促效能，有效提高了采购和供应链资源保障能力、风险防控能力、价值创造能力和行业引领能力，确保产业链供应链安全稳定。

国网绿链聚焦供应链数智转型，用链式思维创新生产组织服务方式，以实物 ID

为纽带,实现"一码贯通,双流驱动",建设供应链公共服务平台,建立供应链基础大数据库、高端智库,打造能源电力产业链供应链统一"数据底座",有效打通创新链、资金链、人才链、价值链,推动全链业务实现跨专业、跨企业、跨行业数字化交互和智能化协同,促进形成新质生产力,服务能源电力产业链供应链高质量发展。国网绿链聚焦供应链绿色低碳,将绿色、低碳、环保的理念和技术融入供应链全过程、各环节,构建绿色低碳标准、评价、认证体系,印发央企首个《绿色采购指南》,深入实施绿色采购,推动能源电力领域技术创新、装备升级、节能减排和环保循环,助力形成绿色产业集群,构建供应链"全绿""深绿"生态,服务能耗"双控"向碳排放"双控"转变。国网绿链聚焦供应链协同发展,充分发挥国家电网有限公司作为能源电力产业链"链长"和供应链"链主"的超大规模市场"采购引领"作用,大力营造公开、公平、公正和诚实信用的招投标环境,倡导行业向绿色低碳、数智制造转型升级,推动产业链供应链高质量发展,助力构建协同共赢的供应链生态,促进全国统一大市场建设,推动新发展格局落地。

在供应链变革与重构的新格局中,供应链体系的价值逐步得到体现。国家电网有限公司在构建国网绿链的过程中,不断总结实践经验和创新成效,提炼超大型企业供应链发展的方法论,形成了国网绿链的理论及知识体系。本套丛书是国网绿链知识体系的精髓,既涵盖全社会供应链先进管理体系、流程、方法和技术,又突出了国网绿链的创新特色成效。希望以丛书的出版为契机,搭建共享交流平台,为大型国有企业探索现代供应链实践提供借鉴。诚挚欢迎关心关注供应链发展的社会各界人士提出宝贵意见。国家电网有限公司将持续深化绿色现代数智供应链管理体系建设,加快建设具有中国特色国际领先的能源互联网企业,为以中国式现代化全面推进强国建设、民族复兴伟业作出更大贡献!

国家电网有限公司副总经理

当今世界正经历百年未有之大变局，国际金融市场动荡、经济全球化遭遇逆流、部分国家保护主义和单边主义盛行等不利局面正冲击现有经济秩序，全球产业链供应链面临着快速重构的风险。大国之间对供应链主导权的争夺进入白热化阶段，区域化阵营化竞争手段正逐步取代以往市场化竞争，产业链供应链韧性与安全成为供应链布局的重要考虑因素，数智化、绿色化成为供应链转型的国际共识。

习近平总书记高度重视产业链供应链发展建设工作，在党的十九大报告中首提现代供应链，将其作为深化供给侧结构性改革、发展现代化经济体系的重要组成部分。党的二十大报告中明确提出"着力提升产业链供应链韧性和安全水平"，是以习近平同志为核心的党中央从全局和战略的高度作出的重大决策部署。《中华人民共和国国民经济和社会发展第十四个五年规划和 2035 年远景目标纲要》也提出了"分行业做好供应链战略设计和精准施策，形成具有更强创新力、更高附加值、更安全可靠的产业链供应链"。2023 年国务院国资委印发的《关于中央企业在建设世界一流企业中加强供应链管理的指导意见》中进一步明确了供应链管理的重要性。二十届三中全会公报中进一步强调了要"健全提升产业链供应链韧性和安全水平制度，健全促进实体经济和数字经济深度融合制度"。

在此基础上，全社会供应链思维明显提升，各企业大胆创新、积极探索，有利地推动了企业供应链国际化、绿色化、智能化水平持续提升，形成了一批先进实践经验。一批供应链领先企业迅速成长，围绕全球采购、生产、分销、物流等全面布局，在充分利用国际国内两个市场、两种资源等方面，起到了积极示范引领作用。随着习近平生态文明思想的贯彻落实，碳达峰、碳中和目标设立，建立健全绿色低碳循环发展的经济体系，已逐步由愿景走向现实。构建绿色供应链，需要国有企业主动承担绿色转型领头责任，引导企业做好业务发展与社会责任的有机平衡，将绿色可持续发展嵌入供应商选择、生产、物流、再生资源回收利用等全流程各环节。加快发展新质生产力，推动企业数字化转型提速，促进数字技术与实体经济融合，对企业供应链管理提出了新的要求。

作为关系国计民生的特大型国有骨干企业和全国供应链创新与应用示范企业，国家电网有限公司深入贯彻落实党中央、国务院关于推动产业链供应链发展相关重大决策要求，充分发挥知识资源对供应链创新发展支撑服务作用，构建绿色现代数智供应链管理知识体系，有效吸收了当前国际、国内主流知识体系精华，在总结自身成功的供应链管理实践案例基础上，结合中国能源行业产业链供应链发展特色，编写出这套兼具国际视野与中国特色、专业知识与企业实践相结合的知识体系丛书。该套丛书依托其特色优势，不仅能激励和引领国内企业持续创新供应链管理理念和方法、全面提升供应链管理现代化水平、助推我国现代供应链高质量发展，亦可作为培训教材培养一批具有先进供应链管理经验的高级专业人才，为指导提升我国供应链从业者业务能力水平作出贡献。

实现世界一流企业的发展目标任重道远。在此，我向大家推荐《国网绿色现代数智供应链知识体系丛书》，希望该系列丛书能够给各行业企业尤其是能源企业供应链从业者提供借鉴和帮助，进一步引导我国各行业企业供应链管理水平不断提升，促进我国产业链供应链高质量发展。

中国物流与采购联合会会长

随着经济全球化和网络化的发展，新供应链理念已经成为促进全球领先企业及其上下游企业实现资源优化配置、提升运营效率、提高核心竞争能力、适应全球市场发展要求的重要途径和手段。当前，我国正在深化供给侧结构性改革，经济已由高速增长转向高质量发展。受逆全球化、贸易保护等多重因素影响，全球供应链加速调整和重构，不稳定性和不确定性显著增加，供应链保障已经成为国家战略安全的重要组成。中央企业在国家产业链供应链体系建设中具有不可替代的地位，也承担着义不容辞的责任。

国家电网有限公司作为关系国民经济命脉和国家能源安全的特大型国有重点骨干企业，始终坚持以习近平新时代中国特色社会主义思想为指导，牢牢把握能源保障和安全这个须臾不可忽视的"国之大者"，全面贯彻落实国家战略部署要求，主动顺应信息技术发展潮流，围绕"绿色、数字、智能"现代化发展方向，打造具有行业领先地位和示范作用的绿色现代数智供应链管理体系，为推动国家电网有限公司高质量发展，支撑和服务中国式现代化提供了优质高效的供应链服务保障。

国网绿色现代数智供应链管理体系不仅提升了企业自身的供应链管理水平，在推动行业内乃至社会的供应链发展方面也有重要意义。

一是发挥"排头兵"的示范作用，为超大型企业供应链管理创新提供借鉴。对于国有企业来说，传统的供应链管理已经无法适应市场的需求，标准化、集约化、专业化、数字化、智能化是供应链转型的大方向。国网绿链坚持管理创新和科技创新双轮驱动，推动了供应链绿色化、数字化、智能化、现代化转型，在有效提升自身供应链运营水平的同时，为能源电力产业链供应链资源整合、提质增效、转型发展贡献了巨大力量，这些改革和创新经验为国内外企业的供应链创新发展提供了"国网方案"。

二是推动电工装备行业发展，带动产业链供应链价值提升。国家电网有限公司是全球最大的公用事业企业，处于产业链供应链的核心枢纽和链主地位。国网绿链充分发挥了超大规模采购的市场驱动力，用需求引领跨行业、跨平台、跨企业的专业化整合，不仅助力了全国统一大市场建设，还带动了全供应链绿色低碳、数智转型，营造和谐共赢的供应链生态圈，推动能源电力装备制造业乃至供应链上下游企业提档升级。

三是有效提升稳链固链能力，助推国家战略落地。国家电网有限公司作为全球电力领域的领跑者，利用国网绿链这个"火车头"，一方面引领了能源电力供应链产业链创新与变革，提升了供应链产业链韧性和安全稳定水平；另一方面带动了中国能源电力行业走向国际市场，加快我国的供应链标准和模式"走出去"，确保全球供应链的开放、稳定、安全，积极建设全球能源互联网，推动"一带一路"沿线经济带发展，助力构建人类命运共同体。

中国供应链发展要找到属于自己的道路，依靠的正是各行各业供应链从业者不断地探索和创新，众多的"先行者"为推动中国供应链事业发展，形成具有中国特色的供应链管理理论作出了重要贡献，而国家电网有限公司正是其中的"领头雁"。

《国网绿色现代数智供应链知识体系丛书》全面研究世界一流供应链发展方向和国家电网有限公司供应链应用经验，系统阐述了绿色现代数智供应链发展理论支撑、管理体系框架、战略要素构成、业务运营实践方面的创新思路及成效，相信来自各界的读者，无论是企业管理者，还是政策制定者，都能够从这套丛书中收获新的思路和启发。希望国家电网有限公司进一步以世界一流目标为指引，以央企的时代情怀，在供应链创新与应用中，进一步发挥"大国重器与压舱石"作用，在推动国家经济高质量发展中勇当标杆、率先垂范，为中国经济高质量发展作出更深层次的思考和更大的贡献。

中国人民大学商学院教授

　　国家电网有限公司坚决贯彻党中央、国务院战略部署，落实国资委《关于中央企业在建设世界一流企业中加强供应链管理的指导意见》，创新构建绿色现代数智供应链，持续推动物资管理水平提升。在此基础上，结合内外部环境需求，总结绿色现代数智供应链建设经验，构建了国家电网有限公司绿链知识体系，这是加强绿色现代数智供应链管理体系建设的一项重要举措，也是能源电力行业的首创。

　　《国网绿色现代数智供应链知识体系丛书》是深化国家电网有限公司绿链知识体系建设、打造供应链专业化人才队伍的重要抓手。丛书紧跟供应链专业化发展新趋势，将国际、国内前沿供应链管理理论与国家电网有限公司供应链管理创新实践相结合，以"理念先进、内容全面、专业实用、创新发展"为原则，既具备普适性，又体现创新性，既涵盖国际通用的供应链六大基础要素，又延伸覆盖规划设计、施工安装、运行维护等要素，形成具有国家电网有限公司特色的供应链九大要素。丛书采用一总册九分册形式，其中总册为《绿色现代数智供应链》，九分册分别为《供应链需求与计划管理》《供应链采购管理》《供应链物流管理》《供应链合同管理》《供应链质量监督管理》《供应链供应商关系管理》《供应链精益运营》《供应链风险管理》《供应链标准化与数智化管理》。

　　丛书既面向国家电网有限公司内部，为公司供应链从业人员夯实基础、拓展视野、提升水平、指导实际操作提供指引，又面向产业链供应链链上企业，为相关供应商、服务商、物流商理解绿色现代数智供应链理念和管理要求建立有效途径，促进供应链上中下游利益相关方深化协作，带动链上企业共同发展。同时可供各行业供应链管理人员学习和交流参考，促进共同提升全社会供应链管理水平，推动国家加快构建现代供应链管理体系。

　　本书是丛书的《供应链精益运营》分册，主要介绍供应链运营的前沿理论知识和国家电网有限公司绿色现代数智供应链精益运营体系构成，并结合国家电网有限公司供应链运营的管理典型实践经验和优秀案例，全面总结介绍国家电网有限公司供应链运营的创新实践做法。

在章节分布上，本书系统性地梳理了供应链运营理论基础、国家电网有限公司供应链精益运营体系构成，重点围绕"全量数据资产管理、全景规划设计建设、全链运营分析评价、全域资源统筹调配、全程监控预警协调"五大运营板块，系统性总结、提炼国家电网绿色现代数智供应链精益运营最佳管理实践，并精选了部分典型案例，多维度、多方面地展现了国家电网有限公司供应链精益运营特色经验和成效。同时，结合"大云物移智边链"等新技术和供应链最新发展形势，对供应链精益运营未来发展进行了前瞻性思考与展望。

本书在编写过程中，得到多位同行及内外部专家的指导和支持，在此表示诚挚的感谢。限于编者水平，书中不足之处在所难免，恳请各位专家、读者提出宝贵意见。

编　者

2024 年 11 月

国网绿色现代数智供应链知识体系丛书

供应链精益运营

Contents
目　录

# 第一章

## 供应链运营管理理论

随着世界局势的不断变换，产业不确定性也随之增加，企业间的关系也不再是简单的单链条关系，而是呈现出日益明显的网络化趋势。此时，供应链更加注重由核心企业连接而成的网链关系：在核心企业之前为层层递进的供应商，在核心企业之后则辐射延伸至最终客户。为了提升产品和经营竞争力，企业必须跨越界限，从全局和整体的角度对供应链进行综合性、体系化的运营管理，并上升至企业战略高度，实现协同化、集成化、合规化、创新性及绿色化运营。供应链运营的目的在于追求整个供应链的整体效率和减少整个系统的浪费，使系统总成本降至最低，提升各环节价值。随着大数据、云计算、物联网、5G、区块链等新技术的发展与应用，数字化技术和数据驱动在供应链运营中发挥了重要作用，以"数字化＋智能化"为标志的新兴供应链模式正在快速兴起，构建数字化、智能化的供应链运营体系成为大势所趋。

本章将系统地阐述什么是供应链运营、供应链运营的核心、目标，供应链运营管理的组织模式、管理机制，精益供应链、敏捷供应链、柔性供应链3种运营模式，供应链运营的实施意义、重点方向，数智供应链运营的内涵、一般架构与应用，以及供应链运营的管理方法，加深读者对供应链运营基本理论的理解。

# 第一节 供应链运营概论

## 一、供应链运营的定义

供应链运营是指利用信息技术对供应链中的商流、物流、资金流及信息流等进行统筹、协调和管理，以实现供应链的高效运转和优化。通过建立供应链信息系统，对供应链中的各个环节进行信息化处理，合理规划供应链流程，加强供应链内部和外部的协调和沟通，优化供应链成本，最终提高供应链整体效率和利润。供应链运营是从全局和整体的角度对整个供应链进行计划、组织、协调和控制。

## 二、供应链运营的核心

### （一）战略管理

有效的供应链运营，首先应当被置于企业的战略层面，从企业战略的高度来对供应链进行全局性规划，其确定原材料的获取和运输，产品的制造或服务的提供，以及产品配送和售后服务的方式与特点，所关注的重点不是企业向顾客提供的产品或服务本身给企业增加的竞争优势，而是产品或服务在企业内部和整个供应链中运动的流程所创造的市场价值给企业增加的竞争优势，只有从企业的战略高度出发考虑供应链问题，才能正确选择和优化供应链。

为了服务好客户，兼顾供应链上各方利益，需把链上企业和部门组织管理起来，优化协作，供应链运营涉及成本管理、财务管理、信息管理、技术开发与绩效管理等多个职能部门，因此，企业必须将供应链运营管理作为经营管理战略的核心，以实现整个组织的协调运营。

### （二）信息管理

在供应链关系错综复杂、实时变化的当下，决定供应链管理效率的关键就是企业获取和处理信息的质量和速度。信息管理已经成为供应链运营的核心内容，而要做好供应链信息管理，就要构建起整个供应链的信息共享平台，借助企业资源管理系统（Enterprise Resource Planning，ERP）、供应商管理库存（Vendor Managed Inventory，VMI）等信息系统，确保供应链信息能够及时、准确地传递到相关节点，并实现集成化和一体化的数据管理。

### （三）客户服务

市场需求是供应链运营的最大推动力，因此，始终要以客户服务为核心，详细掌握客户信息，准确把握客户需求，形成有效的市场预测，制订合理的需求、采购、库存、运输、销售等供应链计划，优化资源配置，并以此为基础实现供应链各节点的协同运营，进一步对供应链各个环节进行分析和改进，提高供应链的效率和可靠性，持续满足客户需求。

### （四）关系管理

传统的供应链关系中都有一家核心企业，比如一些车企、软件公司等，供应链利益主要集中在强势企业手中。但随着供应链关系的日趋复杂，这种"单向有利"意识也正在发生改变，关系管理逐渐成为供应链运营的核心内容之一。

在如今的供应链关系管理中，企业更注重协调供应链各方的关系，在协调合作的基础上，降低供应链的整体交易成本，以实现供应链的全局最优及共赢。

### （五）风险管理

理想的供应链运营需要供应链各环节间信息的有效传递和对市场需求的准确判断，但在实际运营过程中，不仅存在信息不对称、信息扭曲、市场不确定性等因素，还存在其他经济、法律因素，这些因素都可能导致供应链上各企业运营风险的增加。

对此，供应链运营应注重风险管理，采用如提高信息透明度和共享性、建立监督控制机制、完善绩效管理制度等方法，以加强供应链各节点间的深度合作。

### 三、供应链运营的目标

#### （一）实现协同化运营

协同化运营是指供应链全链条的各环节（包括上下游各企业及企业内各部门）实现协同运行的一系列活动或最终效果，核心目标是实现整个供应链的降本增效，即供应链全链条各节点确立共同目标，在互利共赢的基础上，深入合作、风险共担、信息共享、流程互通、共同创造客户价值。

协同化运营分为组织内协同与供需间协同。组织内协同为企业内的各个相关部门在共同目标的指引下相互协作，减少沟通障碍，打破部门墙，实现跨部门、跨体系的协同；供需间协同为供应链上下游的企业间共享重要信息，各企业根据这些信息规划自己的生产、订单、销售、库存等的管理，避免各自为战。

#### （二）实现集成化运营

集成化运营是基于产业链、供应链、价值链、交易链四个模块之间相互协同需求，提供端到端全流程管理来保障供应链整体运营的顺畅和高效，塑造供应链生态核心竞争力的同时打造一个健康安全的产业链，支撑企业产品全面商业成功。集成化运营主要体现在四个方面：

（1）目标集成：确认客户所需求的交付、成本、质量与支持，在共同的目标下开展产品设计、制造和交付，力争整体绩效指标最优。

（2）流程集成：围绕客户打造端到端的流程，从需求开始到需求满意为止，业务要通过流程驱动，而不是领导驱动。在流程设计过程中，统一规划公司供应链的流程架构❶，把最优秀的实践和总结固化为流程，让成功可以复制。

（3）组织集成：成立统一的组织，如供应链管理部，作为供应链业务运作的核心，来统筹管理组织、流程、信息、指标等业务。供应链管理部不是简单地把分散在不同系统的部门合并起来，换一个名称，而是把供应链管理当作了公司降低成本、库存，提高供货质量、资金周转率、供货速度以及工程质量的有效手段。

（4）信息集成：由于企业内部存在着不同类型的独立的信息系统，使得企业内部需要

---

❶ 供应链运营要构建和集成三种流程：运营流程（基本业务运作流程）、使能流程（策略流程和跨部门协同流程）和支持流程（能力建设流程和基础数据管理流程）。

集成，同时由于企业是供应链中的一员，为了更好地应对商业环境的变化，在激烈的市场竞争者取得主动，企业需要和商业伙伴的系统集成，以共同对最终客户提供更好的服务。

（三）实现合规化运营

供应链运营涉及大量跨职能部门合作、外部供应商和第三方合作伙伴的协同，业务模式和流程往往很复杂，因此有效的供应链合规风险管理，应当是一套可以跨各业务组织整体的、集成的操作模型，即在企业整体供应链战略指导下，将合规监管要求有机嵌入各供应链相关的管理办法、流程文件及角色职责中，来解决供应链各环节合规风险问题，增加供应链整体的协同性和敏捷性，以做出更好的风险决策。

一个完善的企业合规管理体系应当从风险管控体系、流程和制度设计、绩效考核和分配机制设计、信息化管控平台四项能力建设为出发点，由企业战略层、管理层、执行层共同推动。

（四）实现创新性运营

创新性运营是指为了给利益相关方创造价值，供应链网络相关的所有参与者在产品、过程、市场、技术、资源配置及组织上进行综合性变革。通过创新让产业链各环节实现价值增值，依托创新链促进产业链升级，打造具有竞争力的产业链创新高地。通过供应链模式的创新，形成新的供给；通过新的供给形成新的消费、新的需求、新的市场，最终形成新的价值；通过机制创新，激发企业活力，使各项工作都基于创新来开展；通过技术创新，在产业链中形成新的核心竞争力。供应链创新的趋势包括：

（1）人工智能（Artificial Intelligence，AI）和高级分析制定数据驱动型决策。AI和高级分析在后台工作，使用算法和预测方法深入研究大数据，从而使供应链用户可以快速做出数据驱动型决策，提高盈利能力并提前应对中断。

（2）通过实现自动化提高效率。供应链自动化可提高工作效率和速度，接替人工处理耗时且容易出错的任务，并毫不费力、准确无误地运行。

（3）打造可组合的简化 IT 系统。可组合性是一种新兴的供应链技术趋势，该技术需要使用模块化的"构建基块"软件连接系统之间的数据，以提高供应链和运营的可见性。

（4）区块链记录货物交换。区块链是一种重要工具，可创建不可更改的交易记录，可以使货物交换的过程更加可信。

（五）实现绿色化运营

绿色供应链是一种在整个供应链中综合考虑环境影响和资源效率的现代管理模

式，以绿色制造理论和供应链管理技术为基础，涉及供应商、生产厂、销售商和用户，其目的是使得产品从物料获取、加工、包装、仓储、运输、使用到报废处理的整个过程中，对环境的影响（负作用）最小，资源效率最高。绿色供应链要求按照产品生命周期，对设计、采购、生产、物流、回收等业务流程进行绿色化管理，其中涉及供应商、制造企业、物流商、销售商、最终用户以及回收、拆解等企业的协作。

在企业绿色化运营中，要树立绿色理念，统一规范绿色标准；精准做好市场分析，努力破除信息壁垒；升级改造基础设施，创新发展低碳运输；大力推广绿色包装，提倡资源循环利用；鼓励设备绿色更新，加快物联网、大数据、人工智能在传统物流设备中的应用，形成可持续的绿色供应链管理战略，不断降低环境风险，提高能源资源利用效率，规避绿色技术贸易壁垒，扩大绿色产品市场份额。

# 第二节　供应链运营的管理模式

## 一、供应链运营的组织模式

### （一）资源横向集成模式

基于横向思维的运营组织模式强调的是优势资源的横向集成，即供应链各节点企业均以其能够产生竞争优势的资源来参与供应链的资源集成，在供应链中以其完成的优势业务来参与供给链的整体运作。

在经济全球化迅速发展的今天，企业仅靠原有的管理模式和自己有限的资源，已经不能满足快速变化的市场对企业所提出的要求。企业必须放弃传统的基于纵向思维的运营组织模式，朝着新型的基于横向思维的运营组织模式转变。企业横向集成外部相关企业的资源，形成"强强联合，优势互补"的战略联盟，结成利益共同体去参与市场竞争，提高质量，在降低成本、快速响应顾客需求的同时给予顾客更多项选择。

### （二）系统性组织模式

系统性组织模式认为供应链是一个系统，是由相互作用、相互依赖的局部结合而成的具有特定功能的有机整体，是围绕核心企业，通过对信息流、物流、资金流的控制，把供给商、制造商、分销商、零售商直到最终用户连成一个整体的功能网链结构模式。

这一整体功能是组成供应链的任一成员企业都不具有的特定功能，是供应链合作伙伴间的功能集成，而不是简单叠加。供应链系统的整体功能集中表现在供应链的综合竞争能力上，这种综合竞争能力是任何一个单独的供应链成员企业都不具有的。

供应链成员企业关系是基于共同利益的合作伙伴关系，在系统性组织模式下，受益的不只是一家企业，而是一个企业群体。因此，各成员企业均具有局部利益服从整体利益的系统观念。供应链各成员企业分别都是一个系统，同时也是供应链系统的组成部分；供应链是一个系统，同时也是它所附属的更大系统的组成部分。

（三）合作共享组织模式

由于任何企业所拥有的资源都是有限的，它不可能在所有的业务领域都获得竞争优势，因而企业要想在竞争中获胜，就必须将有限的资源集中在核心业务上。与此同时，企业必须与全球范围内的在某一方面具有竞争优势的相关企业建立紧密的战略合作关系，将本企业中的非核心业务交由合作企业来完成，充分发挥各自独特的竞争优势，从而提高供给链系统整体的竞争能力。

合作共享组织模式是在供应链运营中实现管理思想与方法的共享、资源的共享、市场时机的共享、信息的共享、先进技术的共享以及风险的共担等。信息共享是实现供应链管理的根底，准确可靠的信息可以帮助企业做出正确的决策。供应链的协调运行建立在各个节点企业高质量的信息传递与共享的根底之上，信息技术的应用有效地推动了供应链管理的开展，它可以节省时间和提高企业信息交换的准确性，减少了在复杂、重复工作中的人为错误，因而减少了由于失误而导致的时间浪费和经济损失，提高供应链管理的运行效率。

（四）需求驱动组织模式

需求驱动的供应链组织运营模式以订单驱动的方式进行，商品采购订单在用户需求订单的驱动下产生，商品采购订单驱动产品制造订单，产品制造订单又驱动原材料（零部件）采购订单，原材料（零部件）采购订单再驱动供给商。这种逐级驱动的订单驱动模式，使供应链系统得以准时响应用户的需求，从而降低库存，提高物流的速度和库存周转率。

基于需求驱动原理的供应链运作模式是一种逆向拉动的运作模式，与传统的推动式运作模式有本质区别。推动式运作模式以制造商为中心，驱动力为制造商，而拉动式运作模式以用户为中心，驱动力为最终用户。两种不同的运作模式分别适用于不同的市场环境，有不同的运作效果。不同的运作模式反映了不同的经营理念，由推动式运作模式向拉动式运作模式的转变，反映的是企业所处环境的巨变和管理者思想认识上的重大转变，反映的是经营理念从"以生产为中心"向"以顾客为中心"的转变。

（五）集成供应链 + "数智化"运营模式

随着大数据、云计算、物联网、5G、区块链等新技术的发展与应用，数字化技术和数据驱动在供应链运营中发挥了重要作用，以"数字化 + 智能化"为标志的新兴供应链模式正在快速兴起。例如，物联网技术可以实时监测物流运输过程，提高可视性和预测能力；人工智能和机器学习可以优化需求、库存管理和供应计划；区块链技术可以增强供应链的透明度和安全性。

集成供应链和"数智化"相结合的组织模式，将供应链上多个资源和能力整合在一起，形成一个更为高效和协同的供应链网络，结合数字化技术和数据驱动，实现供应链全流程监控预警、分析预测和统筹协同，推动资源的全局动态优化配置和数据价值的持续再造，帮助企业实现更高效的供应链运作，国家电网有限公司（简称国家电网公司）供应链运营即为这种组织模式。

## 二、供应链运营的管理机制

供应链运作的对象是物流、商流、信息流和资金流，供应链运营实际上是基于一种"竞争 - 合作 - 协调"机制的、以企业集成和作业协调为保证的新的企业运作模式。供应链运营主要通过合作机制、决策机制、激励机制和自律机制等管理机制来实现目标。

（一）合作机制

供应链合作机制体现了战略伙伴关系和企业内外资源的集成与优化利用。基于这种企业环境的产品制造过程，从产品的研究开发到投放市场，周期大大地缩短，而且顾客导向化程度更高，模块化、简单化产品、标准化组件，使企业在多变的市场中柔性和敏捷性显著增强，虚拟制造与动态联盟提高了业务外包策略的利用程度。扩展企业集成的范围，从原来的中低层次的内部业务流程重组上升到企业间的协作，这是一种更高级别的企业集成模式。

（二）决策机制

由于供应链企业决策信息的来源不再仅限于一个企业内部，而是在开放的信息网络环境下，不断进行信息交换和共享，达到供应链企业同步化、集成化计划与控制的目的，而且随着 Internet/Intranet 发展成为新的企业决策支持系统，企业的决策模式将会产生很大的变化，因此处于供应链中的任何企业决策模式应该是基于 Internet/Intranet 的开放性信息环境下的群体决策模式。

（三）激励机制

建立健全业绩评价和激励机制，使企业知道供应链运营管理哪些方面、多大程度上给予企业改进和提高，以推动企业管理工作不断完善和提升，也使得供应链运营管理能够沿着正确的轨道与方向发展，真正成为能为企业管理者乐于接受和实践的新管理模式。

（四）自律机制

自律机制要求供应链企业向行业的领头企业或最具竞争力的竞争对手看齐，不断对产品、服务和供应链业绩进行评价，并不断地改进，以使企业能保持自己的竞争力和持续发展。自律机制主要包括企业内部的自律、对比竞争对手的自律、对比同行企业的自律和比较领头企业的自律。企业通过推行自律机制，可以降低成本，增加利润和销售量，更好地了解竞争对手，提高客户满意度，增加信誉，企业内部部门之间的业绩差距也可以得到缩小，提高企业的整体竞争力。

## 三、供应链运营模式

（一）精益供应链

1. 概念

精益供应链运用精益思想，从产品设计到客户消费的过程中，企业对每个步骤、每个合作伙伴加以整合，以便迅速响应客户多变的需求，减少并消除整个流程中的浪费，用尽可能少的资源最大限度地满足客户需求；同时，精益供应链通过产品（服务）流、资金流和信息流，在企业的上下游之间协同，专注于创造价值的流程，并通过高效拉动提供能满足客户需求的产品和服务。供应链精益运营能帮助企业减少浪费、降低成本、缩短操作周期、提供强化价值，最终提升企业竞争力。

精益供应链是一个复杂、动态、多变的过程，将更多地应用物联网、互联网、人工智能、大数据等新一代信息技术，使用可视化的手段显示数据，采用移动化的手段访问数据，对数据进行分析和预测，实现供应链数智化建设。

2. 关键要素

（1）改善需求管理。

精益理念要求企业应尽可能贴近拉动式生产模式，即只有在明确终端客户的需求时才输出产品或服务（生产启动、服务提供、产品配送等）。为尽可能减少牛鞭效应，精益供应链要求企业了解各销售点的实时情况、判断客户需求、规划产品生产。

（2）减少成本与浪费。

精益供应链管理中，各方既应协作配合，也应独立运作，以减少浪费现象，消耗多余库存。整体而言，减少浪费有利于降低供应链成本。应用价值链地图有助于识别供应链全程的非增值活动。

（3）流程和产品标准化。

实现标准化有助于供应链上的物料、产品和信息持续不断地流动。随着企业间协作配合不断增强，标准化流程有助于各方识别重复操作、了解上下游关联情况，并做出针对性改进。产品标准化有助于减少产品备件的种类和供应商数量，降低产成品库存量，也有助于供应商实现自身产品的标准化。如今，企业之间可以共享知识产权、绩效指标与优秀案例，也可使用统一的绩效指标反过来推进产品与流程标准化。

（4）行业标准制定。

精益供应链管理需要贸易伙伴之间的信息以标准格式传递，以实现更加高效的交流与协作。工业产品与流程的标准化有利于降低成本，却会削弱商品的所有权特性，使得供应链在企业竞争中的作用越来越重要。

（5）企业文化转变。

成功推行精益理念可能会使原有企业文化发生转变。企业领导人会十分重视精益理念与全面质量管理，并将其作为新入职员工培训的核心内容之一。

精益供应链中的团队并非以功能为导向，也不面向企业内部，而是从更宏观的维度进行管理和运作。

3. 特征

（1）以客户为中心。

从某种意义上讲，精益供应链就是以客户为中心的"拉式"营销推动的结果，其出发点和落脚点，都是为客户创造更多的价值，都是以市场需求的拉动为原动力。其架构包括三个部分：①客户服务战略决定企业如何从利润最大化的角度对客户的反馈和期望作出反应；②需求传递战略则是企业以何种方式将客户需求与产品服务的提供相联系；③采购战略决定企业在何地、怎样生产产品和提供服务等。

以往供应链的起始动力来自制造环节，先生产物品，再推向市场，在消费者购买之前，是不会知道销售效果的。在这种"推向系统"里，存货不足和销售不佳的风险同时存在。现在，产品从设计开始，企业已经让顾客参与，以使产品能真正符合顾客的需求。

（2）强调企业的核心竞争力。

在精益供应链中，一个重要的理念就是强调企业的核心业务和竞争力，并为其在供应链上定位，将非核心业务外包。由于企业的资源有限，企业要在各式各样的行业和领域都获得竞争优势是十分困难的，因此它必须集中资源在某个自己所专长的领域，即核心业务上。这样在供应链上定位，成为供应链上一个不可替代的角色。

企业核心竞争力具有以下特点：①独特性，别的企业模仿不了，它可以是技术，也可以是企业文化；②这样独特的资源没有市场可以买到，所有在市场上能得到的资源都不会成企业的核心竞争力；③企业的资源和能力具有互补性，合起来才值钱；④资源的组织性，因为资源本身不构成企业的核心竞争力，带不走的东西或者是属于企业的，例如专利权，如果专利权属于个人，这个企业就不具有竞争力。一些优秀企业能够以自己为中心构建起高效的供应链，就在于它们有着不可替代的竞争力，并且凭借这种竞争力把上下游的企业串在一起，形成一个为顾客创造价值的有机链条。

（3）相互协作的双赢理念。

传统的企业运营中，供销之间互不相干，是一种敌对争利的关系，系统协调性差，企业和各供应商没有协调一致的计划，与供应商和经销商都缺乏合作的战略伙伴关系，且往往从短期效益出发，挑起供应商之间的价格竞争，失去了供应商的信任与合作基础；市场形势好时对经销商态度傲慢，市场形势不好时又企图将损失转嫁给经销商，因此得不到经销商的信任与合作。而在精益供应链的模式下，所有环节都看作一个整体，链上的企业除了自身的利益外，还应该一同去追求整体的竞争力和盈利能力。因为最终客户选择一件产品，整条供应链上所有成员都受益；如果最终客户不要这件产品，则整条供应链上的成员都会受损失。可以说，合作是供应链与供应链之间竞争的一个关键。

在精益供应链运营中，不但有双赢理念，更重要的是通过技术手段把理念形态落实到操作实务上，将企业内部供应链与外部的供应商和用户集成起来，形成一个集成化的供应链。而与主要供应商和用户建立良好的合作伙伴关系，即所谓的供应链合作关系，是集成化供应链管理的关键。企业要特别注重战略伙伴关系管理，管理的重点是以面向供应商和用户取代面向产品，增加与主要供应商和用户的联系，增进相互之间的了解（产品、工艺、组织、企业文化等），相互之间保持一定的一致性，实现信息共享等。通过建立良好的合作伙伴关系，企业就可以更好地与用户、供应商和服务提供商实现集成和合作，共同在预测、产品设计、生产、运输计划和竞争策略等方面设计和控制整个供应链的运作。

（4）数据流动。

信息流程是企业内部员工、客户和供货商的沟通过程。为了适应精益供应链运营的优化，必须从与生产产品有关的第一层供应商开始，环环相扣，直到货物到达最终用户手中，真正按链的特性改造企业业务流程，使各个节点企业都具有处理物流和信息流的自组织和自适应能力。要形成贯穿供应链的分布数据库的信息集成，从而集中协调不同企业的关键数据。所谓关键数据，是指订货预测、库存状态、缺货情况、生产计划、运输安排、在途物资等数据。为便于管理人员迅速、准确地获得各种信息，应该充分利用电子数据交换（Electronic Data Interchange，EDI）等技术手段，实现供应链的分布数据库信息集成，达到信息共享。

（5）持续改善。

对供应链运营进行实时的监控与分析，针对近几年生产经营中出现的全局性、趋向性的问题，及时查找原因进行改善。对供应链内价值流动的改进和完善是不断循环的，其具体流程包括改进、消除浪费、形成新的价值流、持续改进、消除新的浪费等。

为了应对复杂多变的国内国际形势，企业也需要扩展供应链的透明度，通过数据和分析来加速决策，持续改善，建立有弹性的供应链体系，以确保供应安全，满足客户需求。

（二）敏捷供应链

1. 概念

敏捷供应链是指在竞争、合作、易变的动态环境中，由供应链上各个节点企业（如供应商、客户等）构成的快速响应市场环境变化的动态供需联盟。其核心是在不确定性和持续变化的环境中，充分利用每个市场机会，提升产品的可获得性，快速响应复杂多变的市场或满足最终客户需求。这种供应链管理方式的核心在于建立战略合作伙伴关系，实现信息的充分共享，并通过多种渠道进行合作，以此来降低供应链体系的复杂性。

敏捷供应链与传统供应链管理不同，它更加注重企业的灵活性和创新性，强调快速反应市场的变化和消费者的需求。实现敏捷供应链管理需要构建一个快速响应、信息共享和协调配合的网络，其中包括供应商、生产商、分销商和客户端，形成一个紧密协作的体系。这样的体系可以优化生产和物流流程，提高企业的运作效率和盈利能力。

2. 特点

敏捷供应链通过计算机信息集成技术和管理技术对知识流、物流和资金流等进行有效控制，将供应商、制造商、批发商和零售商和客户整合到一个极具竞争力的动态供需网络，通过不断进行链条上的重构与调整的动态联盟，来快速响应市场需求变化。敏捷供应链具有以下方面的特点：

（1）以产品需求为导向的动态联盟。

动态联盟随产品需求而快速重构，敏捷供应链主要是快速响应市场需求而形成的临时短期组织联盟，以市场需求拉动敏捷制造，分析产品需求，主动或者被动的去创造产品。如果需求消失，那么动态联盟也将解散。

（2）集成其他供应链和管理信息系统。

在重构中，核心企业或者平台集成其他合作伙伴的信息与供应链情况，进行不同企业的整合，建立信息集成系统，将他们联系起来，协同工作，实现信息共享，制订协作计划，实现流程一体化。

（3）共担风险与利益。

敏捷供应链的各节点企业集自身的核心优势形成一条极具竞争力的供应链，利益共享，实现顾客需求的透明传递，避免牛鞭效应带来的信息不匹配等影响。一荣俱荣，一损俱损，每个节点企业完成自己的任务，如果有一端产生中断，协作计划被打乱，风险共担。

（4）速度优势。

最快地满足消费者的个性化需求，企业能及时提供顾客所需要的产品和服务，企业实行敏捷供应链战略的一个重要竞争优势就在于速度。在传统企业运作方式中，从接受订单到成品交付是一个漫长的过程，企业如果按敏捷供应链观念组织生产，用订单驱动生产组织方式，在敏捷制造技术支持下，可以最快速度响应客户需求。敏捷供应链增加了对市场反映的灵敏度，通过供应链上多个合作企业的信息共享，可以全方位地对市场情况做出响应，因此提高了企业的反应速度。同时，由于各企业都专注于自己的核心优势，可以减少产品的生产与物流时间，可以实现供应链的即时销售、即时生产和即时供应，将消费者的定货提前期降到最低限度。

（5）满足顾客个性化需求优势。

依靠敏捷制造技术、动态组织结构和柔性管理技术三个方面的支持，敏捷供应链解决了流水线生产方式难以解决的品种单一问题，实现了多产品、少批量的个性化生产，从而满足顾客个性化需求，尽可能扩大市场。

首先是敏捷制造技术的突破，计算机辅助设计（Computer Aided Design，CAD）、ERP、精益生产技术制造是敏捷供应链的主体核心技术。其二是动态变化的组织结构形成虚拟组织，动态联盟要求各个企业能用一种更加主动、更加默契的方式进行合作，充分利用供应链上各个企业的资源，使整条供应链保持良好的组织弹性和迅速的市场需求响应速度，敏捷供应链突破了传统组织的实体有界性，在信息技术的支持下，由核心企业根据每一张订单将若干相互关联的厂商结成虚拟组织，并根据企业战略调整和产品方向转移重新组合、动态演变，以随时适应市场环境的变化。第三是柔性管理技术，敏捷供应链观念摒弃单纯的刚性管理，强调打破传统的严格部门分工界限，实行职能的重新组合，让每个员工或每个团队获得独立处理问题的能力，通过整合各类专业人员的智慧，获得团队最优决策。

（6）成本优势。

成本管理是一项复杂的系统工程，涉及企业生产经营的全过程和每一个环节，只有将成本管理建立在全方位的供应链管理平台上，着眼于对企业活动全过程、全方位的系统化管理和控制，才能收到良好的效果。敏捷供应链通过流程重组，在上下游企业之间形成利益一致、信息共享的关系，通过敏捷性改造来提高效率从而降低成本。

通过对供应链整体的合作与协调，产生拉动式的需求与供应，可以在加快物流速度的同时，减少各个环节的库存数量，避免不必要的浪费。由于供应链各个企业之间是一种合作关系而不是竞争关系，因此避免了不必要的恶性竞争，降低了企业之间的交易成本。

3. 建立敏捷供应链管理系统的关键技术

在供应链管理系统中，最核心的研究内容之一，是随着动态联盟的组成和解散，如何快速地完成系统的重组。这不可避免地要求各联盟企业的信息系统也能进行重组，如何采用有效的方法和技术，实现对现有企业信息系统的集成和重组，保证它们和联盟企业的其他信息系统之间信息交互畅通，是供应链管理系统要重点解决的问题。供应链管理系统的另一项核心研究内容是多种异构资源的优化利用。在跨企业的生产计划调度和资源控制方面，联盟内各企业的信息系统往往是异构的。如何有效地利用这些资源，支持它们之间的协同工作，是供应链管理系统必须解决的关键问题。

（1）统一的动态联盟企业建模和管理技术。

为了使敏捷供应链系统支持动态联盟的优化运行，支持对动态联盟企业重组过程进行验证和仿真，必须建立一个能描述企业经营过程和产品结构、资源领域和组织管理相互关系，并能通过对产品结构、资源领域和组织管理的控制和评价，来实现对企业经营管理的集成化企业模型。在这个模型中，将实现对企业信息流、物流和资金流以及组织、技术和资源的统一定义和管理。

为了保证企业经营过程模型、产品结构模型、资源利用模型和组织管理模型的一致性，可以采用面向对象的建模方法，如统一建模语言（Unified Modelling Language，UML），来建立企业的集成化模型。

（2）分布计算技术。

由于分布、异构是结成供应链的动态联盟企业信息集成的基本特点，而 Web 技术是当前解决分布、异构问题的常用代表，因此，需在 Web 环境下，开展供应链的管理和运行。Web 技术为分布在网络上各种信息资源的表示、发布、传输、定位、访问提供了一种简单的解决方案，能够很容易地把不同类型的信息资源集成起来，构造出生动的用户界面，是现在互联网使用最多的网络服务。

（3）互联网环境下动态联盟企业信息的安全保证。

动态联盟中结盟的成员企业是不断变化的，为了保证联盟的平稳结合和解体，动态联盟企业网络安全技术框架要符合现有的主流标准，遵循这些标准，保证系统的开放性与互操作性。企业面对着巨大的压力来保护信息的安全，这种保护主要体现在如下五个方面：①身份验证，用来确信用户身份的真实性。②访问控制，对任何资源仅允许被授权的用户访问。③信息保密，任何安全环境的基础。根据信息的重要性，不论是存贮还是传送，信息必须被加密，并保证未授权的第三方不可解密。④信息完整性，通信双方必须确信信息在传送中没有被截获后篡改，或完全就是假造的信息。⑤不可抵赖，指随着越来越多的商业事务的发生，不论是内部的还是外部的都需要通过电子形式来进行，这就有必要为发生了的事务提供法律上的证据，也就是"不可抵赖"。

（三）柔性供应链

1. 概念

柔性供应链是指供应链对于需求变化的敏捷性，或者叫作对于需求变化的适应能力。需求的变化也可以称之为不确定性或者风险，这是供应链上的各个环节都客观存在的一种现象，企业与企业之间或者企业与最终消费者之间。需求的不确定性程度提高会导致加大了供应链管理难度和成本。

供应链的柔性是指快速而经济地处理企业生产经营活动中环境或由环境引起的不确定性的能力，它一般由缓冲、适应和创新三种能力构成。缓冲能力，供应链抵御环境变化的一种功能，即是一种"以不变应变"的能力。适应能力，指当环境发生变化时，供应链在不改变其基本特征的前提下，作出相应调整，以适应环境变化的能力。创新能力，指供应链采用新行为、新举措，影响外部环境和改变内部条件的能力。

2. 体现方面

（1）从流程的角度看，穿透供应链全过程的供应、制造、物流以及相应的信息系统都应具备一定柔性。

1）制造系统柔性。制造系统柔性是指为应对外部环境变化，在现有的资源条件下低成本快速地生产出满足顾客和市场需要的质量优良产品的能力，包括机床柔性、产品柔性、加工柔性、工序柔性、运行柔性、产量柔性、扩展柔性和生产柔性等。

2）物流系统柔性。物流柔性是指在外部环境条件变化的情况下，以合理的成本水平采用合适的运输方式在合适的时间和地点收集和配送合适的产品或资源以及服务以满足顾客或合作伙伴需要的能力。

3）信息系统柔性。由于供应链在其整个生命周期运作过程中具有动态性，期间会发生供应链各个层面的重组或重构，信息柔性子系统能够相应的调整以适应变化。柔性信息系统具有可重组、可重构、模块化、可扩展以及热插拔的特性等。

4）供应系统柔性。根据顾客或合作伙伴的需要改变供应计划有利于提高服务水平及合作伙伴之间的合作水平。具有供应柔性的供应链能够适时调整生产计划，改变零件或产品的产量、种类或组合以满足合作伙伴或顾客的需要。

（2）从经营管理方面考虑，产品研发、组织设计、战略决策和文化构建也需要增加相应的柔性。

1）研发柔性。研发柔性是指针对外部市场环境的变化以合理的成本水平迅速开发出满足顾客需要的不同种类新产品的能力，新产品推出的越迅速，付出的成本越低，其具有的柔性越好。良好的研发柔性使系统能够及时地发现市场机遇，并能不断地采用新技术、新方法提高研发柔性。

2）组织柔性。柔性组织是一种松散灵活的、具有高度适应性的组织形式，能够弥补传统组织个性的不足。而供应链的柔性组织是一种动态的、扁平化、网络化的组织结构，根据外部环境的变化做出相应的调整，不同于传统企业的刚性组织，具有更大的灵活性和适应性，是柔性供应链系统的一个有机组成部分，也是其他柔性要素的基础和组织保障。

3）战略决策柔性。柔性决策研究具有以下特点：①参与决策的决策者是有限理性的，决策目标是柔性的；②决策者的偏好是柔性的；③决策的约束条件一般是柔性的，随着决策过程的进行，约束条件也会发生变化；④柔性决策的目标是得到满意解，决策过程中逐步放宽约束条件。

4）文化柔性。企业文化是企业系统中的一个重要组成部分，是企业运营的灵魂。为建立与系统柔性相适应的企业文化，必须改变传统的具有高度牢固度、一致度和系统和谐性的硬性文化，建立适应柔性要求的新型柔性文化体系。

（3）在供应链合作伙伴之间也有柔性。

1）合作关系柔性。合作关系柔性是指供应链内部的合作伙伴资源共享，实现核心能力的有机集成。资源柔性是指在各种不确定性情况下，为满足顾客和市场的需求以合理的成本快速地调度资源实现优化配置。良好的伙伴关系能够提高资源配置的效率，以较低的成本实现资源的快速配置，提高资源柔性。较好的资源柔性能够增强供应链的竞争能力。

2）柔性利益分配。供应链是以市场机遇为主要驱动力的、具有生命周期性的组织结构，供应链中每一个合作伙伴的根本目的是获取一定的收益，合理的收益分配机制是供应链运作成败的关键因素，柔性收益分配机制是符合供应链特点的分配机制，供应链的运作过程是动态的，因此，在收益分配上要考虑这一特点，使收益的分配机制具有合理性和激励性。

3）柔性合同。柔性合同又称动态合同，它在内容上提供了许多根据市场变化情况和合同进展情况而定的灵活性选择条款，与传统的确定性合同有很大的不同。柔性合同的另外一个含义是，合同的执行分阶段进行，根据前一阶段合同的执行情况，确定下一阶段执行的条款或合同，一般不采取一次性合同。柔性合同还包括配套的动态检查机制、激励机制、收益/风险分配机制、清算机制等。

4）人力资源柔性。人力资源的柔性对企业整体柔性的影响是至关重要的，在供应链生命周期的各个阶段，经营的目标和管理的重点不尽相同，对应地，人力资源管理的侧重点也应相应的调整，适应不同阶段对人力资源管理的不同要求。

**3. 柔性供应链的实施**

（1）信息技术的支持。信息技术可以帮助企业实现供应链的透明化、协同管理、风险管理、成本降低和效率提高等目标，从而实现柔性供应链的管理和优化。

1）数据共享和协同：信息技术可以帮助企业在供应链各环节之间实现数据共享和协同管理，从而提高供应链的透明度和效率。

2）实时跟踪和监控：信息技术可以帮助企业实时跟踪和监控供应链中的各个环节，及时发现和解决问题，保证供应链的稳定性和可靠性。

3）预测和分析：信息技术可以帮助企业对市场需求和供应链风险进行预测和分析，从而调整生产计划和库存管理，降低成本和风险。

4）自动化和智能化：信息技术可以帮助企业实现供应链中的自动化和智能化，例如通过物联网技术实现生产设备的自动化监控和维护，以及通过人工智能技术实现供应链的智能化分析和决策。

（2）供应链协同管理。供应链协同管理是柔性供应链的重要实现方法之一，其主要包括以下内容。

1）信息共享：实现供应链中各个环节之间的信息共享，包括生产计划、库存信息、交货情况、质量管理等，提高供应链的透明度和效率。

2）协同决策：实现供应链中各个环节之间的协同决策，包括生产计划、库存管理、物流管理等，提高供应链的响应速度。

3）协同风险管理：实现供应链中各个环节之间的协同风险管理，包括风险预测、风险评估、风险管理等，降低供应链的风险和不确定性。

4）协同改进：实现供应链中各个环节之间的协同改进，包括生产工艺的改进、物流流程的改进、质量管理的改进等，提高供应链的效率和质量。

（3）多元化供应商和物流合作。企业可以建立多元化的供应商和物流网络，提高供应链的灵活性和适应性，从而实现柔性供应链的目标和优势。

1）建立多元化供应商网络：企业可以通过建立多元化的供应商网络，选择多个具有不同优势和特点的供应商，以满足不同的需求和要求。这样可以在保证供应链可靠性和稳定性的前提下，提高供应链的灵活性和适应性。

2）建立物流合作关系：企业可以通过建立物流合作关系，选择具有不同优势和特点的物流服务商。例如，根据货物的性质和目的地的不同，选择不同的物流服务商，如快递、陆运、海运、空运等，以提高物流效率和降低物流成本。

3）建立风险管理机制：企业可以通过建立风险管理机制，预测和评估供应链中的风险，并采取相应的措施进行管理和应对。例如，通过建立备用供应商和备用物流服务商，以应对供应链中出现的突发事件和风险。

# 第三节　供应链运营的实施

## 一、实施意义

**（一）促进企业结构和业务流程的重构，增强供应链核心竞争力**

未来的产业竞争不仅是个体企业间的竞争，更是产业链、供应链的竞争。实施供应链运营，用尽可能少的资源最大限度地满足客户需求，促进企业业务流程及组织机构的重构，以提升横跨供应链成员的总体流程的高效性与有效性。在重构中，对内要冲破传统生产和流通方式，对供应链涉及的全部活动进行计划、组织、协调与控制，去掉一切不产生价值的东西；对外选择好自己的战略联盟伙伴，规范联系的程序和技术，并对风险和利益进行合理的承担，提高供应链整体效率、缩短供应链响应时间、增强供应链核心竞争力。

**（二）促进供应链生态圈建设，提升产业链供应链韧性和安全水平**

供应链运营跨越分隔顾客、厂家、供应商的有形或无形的屏障，把它们整合为一个紧密的整体，要求上下游共同努力消减整个流程的成本，并对合作伙伴进行协调、优化管理，使企业之间形成良好的合作关系，构建互相依存、共生共荣的生态系统，实现资源高度整合；同时，可以根据需求变化或是外部因素导致的断链及时调整供应链策略。既能充分发挥资源集聚带来的规模效应，整合区域产业链的竞争优势，促进供应链生态圈建设，又能进行领域细分，集中力量于具有比较优势的领域，提升链条附加值，形成专业化、市场化、集群化的经济共同体，还能对供应链全链进行分析和风险控制及预警，提升供应链抗风险能力，进一步提升产业链供应链韧性和安全水平。

**（三）促进降本增效，提升价值链**

供应链运营的重点不在于简单地使某个供应链成员的运输成本达到最小或减少库存，而在于通过采用系统方法来协调供应链成员以使整个供应链总成本最低，使整个供应链系统处于最流畅地运作中，提升各环节价值。同时，通过价值链提升所带来的效益不断提高自身的竞争力、继续扩宽市场，形成良性循环，在全球价值链中逐步实现从生产加工环节向高附加值环节延伸，进入中高环节，建立在全球价值链中的优势。

（四）促进现代信息技术的应用，提升创新发展水平

供应链的管理比企业的管理更为复杂，特别是供应链的各企业的地域分布更广，因此，现代信息技术是供应链管理必不可少的技术。供应链运营的开展，推动上下游企业形成战略联盟，社会竞争从企业的竞争转变为供应链之间的竞争，竞争的核心是组织和管理手段的现代化程度，是现代信息技术更高水平的竞争，并将促进整个社会现代化程度的提高，进一步推动人工智能、5G、工业互联网等新兴数字技术的广泛应用。围绕智能、绿色等产业升级方向，完善新技术、新工艺、新材料、新设备、新业态、新模式的应用推广机制，建立智慧供应链运营体系，实现对全产业链的技术改造，提升传统产业创新发展水平。通过加大科技成果转化投入和信息技术、交通技术和能源技术的全方位融合性变革，改变以往独立创新的特征，呈现出技术创新相互融合、交互促进的新局面。

## 二、重点方向

### （一）确定客户需求优化流程

做好供应链运营需从优化流程开始，定义关键客户或客户群，专注于创造价值的流程，确保短板变长，长板更长。为了经济有效地满足需要，对标准化对象的结构、形式、规格或其他性能进行筛选提炼，剔除多余、低效能、可替换的环节，精炼并确定出满足需要的必要高效能环节，保持精简合理。如密切关注市场信息，有选择性地将资源向终端效益高的下属公司倾斜，实现系统资源效益最大化；对物流体系进行优化，科学测算配送方案，提高营运效率；优化流程，使企业内部各个环节得到有效的连接，从而使企业形成了螺旋式上升的良性发展；剔除冗余环节，实现流程内外部的无缝接口，保证流程的清晰和高效运作。

### （二）加强数据驱动

结合数据的供应链运营才能产生更大的价值，企业只有将数据应用到企业管理的各个模块，才能让数据真正成为引领智造变革的生产力。在企业内部，借助信息网络协调各项业务的处理与跟进，进行分析和决策，在企业之间，集成供应链相关信息在网络上，建立数字化供应链协同平台，各节点企业均可获取、分享、使用信息和知识。

数字化供应链协同平台以信息化手段控制、优化供需企业之间的信息流、物流和资金流，可以将供应商、制造商、销售商等连成一体，对需求采购、订单处理、仓储、物流等供应链各环节实现智能协同，包括上下游企业间的生产协同、采购协同、运输协同、库存

协同、销售协同等，打破资源或信息壁垒和界线，实现其内部各要素之间有机的结合。

随着市场环境复杂化、用户需求多样化和个性化，增加了企业运作中的各种不确定因素，信息共享能够减少供应链上的信息不对称，降低风险，使供应链失调得到缓解，实现"1＋1＞2"的效益目标最大化。

（三）统一思想及标准化管理

供应链运营要求任何一个参与者都要有全局观念，参与者不仅要考虑其直接下游参与者的需求，还应尽可能考虑最终客户的需求，将设计、采购、制造和销售融为一体来降低成本。供应链运营会带来企业文化的重大转变，这种转变需员工全面、全程参与才能顺利实现。

供应链运营强调需用管理的确定性，应对供应链内外部不确定性，减少缓冲，使无论是内部问题，还是外部输入变异，更有可能被快速识别出来，并被纳入管理。如制定基于供应链运营管理的绩效管理方案、管理指标及考核方式，以支撑企业战略；建立完善的质量管理体系，减少供应链运作中的异常和问题；使用"拉动"管理体系，根据客户的需求进行管理部署等。

（四）加强集成与全链协同

集成是供应链运营的重要组成部分，是对于流动的价值、资源、技术与信息等，以最低成本进行整合，将散漫的企业和职能部门链接起来，用更简单、更稳定、更快速、更低成本的方法使之能迅速提供客户所要求的高效服务，这种集成不是简单的企业兼并，或是复杂的集团化，而是通过凝聚与扩散完成的结合，如不同形式的企业组织而成的联合式集成、由企业之间（或企业内部部门之间）的技术交流与扩散而形成的融合式集成、由不同行业之间的交叉而形成的跨越式集成等。

供应链全链协同在于做好跨组织、跨部门、跨行业的协同，使总成本最低，工作效率和水平更高。这里所说的协同包含了两层含义，既有企业内部流程的协同，更有外部协同，即强调企业、供应商和客户之间要尽可能地建立信任基础、实现最大限度的联系沟通。

价值流图有助于分解流程，能够更有效地重建流程；利用六西格玛、PDCA❶等工具，可以进行计划、执行、检查和处理，来解决问题并降低成本，从而为客户增加价值；供应商协同机制的建立，可以减少供应商之间的信息壁垒，加强沟通和合作，达

---

❶ PDCA：Plan（计划）、Do（执行）、Check（检查）和 Act（处理）。

到共赢的局面。

（五）探索全球化布局

全球供应链扰动日趋频繁，致使企业更加重视供应链的韧性与稳健性；同时，绿色转型趋势也影响着供应链上企业的运营成本。多重因素作用下，企业需开始评估全球供应链布局，向多元化、区域化、数字化、绿色化转型。

全球供应链是核心企业在全球范围内进行要素资源优化配置形成的结果。企业具有全球供应链管理能力，才能有效整合全球优势资源，在全球市场竞争中取得胜利。当企业从国内市场，走向全球市场，需要设计合适的供应模式，这是供应链响应周期和供应成本平衡的关键，并且需要匹配建设全球供应链的运营能力。

在供应链运营体系建设时，可从以下四个维度改善供应链生态：①物流方面，抢占国际核心物流节点，提升海外物流综合服务能力；②资金流方面，发挥核心企业主导的供应链金融作用；③信息流方面，加强 5G、AI、云计算等技术运用，显著优化企业运营效率、节约决策成本；④业务流程方面，选择外包或一体化，寻找外包供应商减少企业在供应链上的投资成本，一体化生产则能够降低企业对供应链各环节的协调和管理成本，从而提高供应链盈余。

## 三、数智供应链运营

### （一）数智供应链内涵

在企业中，数据是对某一事物的描述，描述形式包括数字、文字、符号、图形、图像等，例如传感器、全球定位系统（Global Positioning System，GPS）、摄像头等设备，基于人工智能技术的视觉识别、语音识别，以及海量数据存储等新技术，4G、5G、窄带物联网等通信技术，都产生了大量的数据。数智化的前提是数据化。

2020 年 4 月，《国家发展改革委　中央网信办印发〈关于推进"上云用数赋智"行动培育新经济发展实施方案〉的通知》（发改高技〔2020〕552 号）中也提到，大力培育数字经济新业态，深入推进企业数字化转型，打造数据供应链，以数据流引领物资流、人才流、技术流、资金流，形成产业链上下游和跨行业融合的数字化生态体系，构建设备数字化—生产数字化—车间数字化—工厂数字化—企业数字化—产业链数字化—生态链数字化的典型范式，推动了企业数字化的进程，为打造数智供应链奠定了基础。

智能化是指事物在大数据、物联网和人工智能等技术的支持下，所具有的能动地满足人的各种需求的属性。在数字化的基础上增加了智能化，即在数字化基础上的更高诉求。把数字化与智能化相结合，构成了人机的深度对话和互相的深度学习，衍生出了"数智化"。具体来说，数智化是在数字化的基础上，把算法应用到不同的场景里，进行算法建模，建立决策机制的自优化模型，进行资源优化配置，实现智能化的分析与管理，让供应链变得智能化。

在工业互联网产业联盟发布的《数智化供应链参考架构》（AII/026—2022）标准中，数智供应链被定义为：以用户为中心且有效连接供应商、制造商、服务商、经销商、零售商等主体的网链结构体，应用数字化和智能化技术赋能计划、采购、制造、服务、履约、逆向等全流程的业务数字化、决策智能化，实现降本增效、安全稳定、绿色低碳等价值创造。从另一方面来看，数智供应链就是用数智化技术连接和优化社会生产、流通、服务的各个环节，降低社会成本，提高社会效率，进而实现供应链的高效运转和供应链的韧性与安全。

（二）数智供应链运营的一般架构

数智供应链的实现在流程上依赖于"四化"管理，即供应链决策智能化管理、供应链运营可视化管理、供应链组织生态化管理、供应链要素集成化管理。这四个方面分别对应了供应链管理的宏观战略决策层面、微观运营层面、主体组织层面和客体要素层面。这四个层面能否有效地落地并产生绩效，以及较好地结合、相互作用、相互促进，对于数智供应链的确立至关重要。基于此，数智供应链运营框架（见图1-1）分为三大部分：价值创造、生态运营、基础设施。

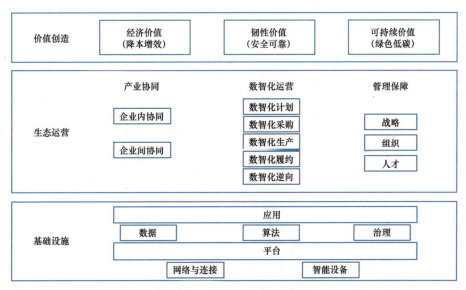

图1-1　数智供应链运营框架

1. 价值创造

价值创造分为经济价值（降本增效）、韧性价值（安全可靠）和可持续价值（绿色低碳）。经济价值主要体现在企业自身经济价值、生态伙伴经济价值两方面，以达到降低成本，从而创造利润；韧性价值体现在建立全业务流程风险防控体系，保障安全稳定；可持续价值主要体现在绿色环保、产业创新、社会发展三个方面，促进环境、产业、社会层面的可持续健康发展。

2. 生态运营

生态运营分为产业协同、数智化运营以及管理保障三个方面。

（1）在数智供应链的产业协同层，包括企业内协同和企业间协同。企业内协同，指供应链内部职能部门（如采购、生产、物流）和销售、研发、财务等各部门跨职能打通，实现数据的端到端共享、分析与处理，并形成跨职能部门的基于数据的智能协同决策。通过企业内跨职能部门的协同，供应和需求可以实现中长期匹配，可以更好地平衡成本和服务质量。企业间协同，指产业链供应链利益相关方的价值、产品、创新、知识，利用物联网、大数据、区块链、人工智能、5G 等技术连接，建立以数智化战略目标、组织架构、业务流程、信息共享及仓配物流支撑为一体的新型组织体系，实现产业链供应链上下游企业活动统筹衔接、互相支持管理，跨区域资源的集聚和资源调配，带来合作共赢的发展机遇。比如在供应商之间，构建各级供应商和采购商之间的产品质量、生产、仓配物流、采购等各要素的高效协同平台，实现自动采购、询报价、招投标、下订单、到货、入库、对账开票、质量管理、退货管理等全流程协同。

（2）数智化运营层，包括数智化计划、数智化采购、数智化生产、数智化履约、数智化逆向等，实现供应链的可视化运营管理。

（3）管理保障层，包括战略、组织、人才：建立战略执行保障体系，可为数智供应链战略目标的有效实施创造有利条件、提供有力保障；组织创新需要供应链企业审视自身战略，找到战略薄弱点及未来突破口，不断创新数智化运营的组织功能，推动数智化战略落地；人才则指人才的培养，培养领导、员工的数智供应链理念、技能，以及提升业务能力。

3. 基础设施

基础设施包括网络与连接、应用、平台、数据、算法和治理，以及所需要的智能设备等。网络与连接，指通过有线方式、无线方式连接数智供应链上的"人、机、料、法、环"等多个要素，完成数据传输、要素接入。

和传统的供应链相比，数智供应链的核心是数智化决策，是基于"数据＋算法"的决策方式。其可广泛连接供应链内部各专业领域、企业内部各职能部门及企业外部的生态伙伴，自动获取宏观环境数据、客户需求数据、企业产品数据、自身经营数据、销售线索和机会点、发货数据及外部重大风险事件等，通过数据的结构化分析和量化分析，应用客户需求预测模型，输出客户需求预测，给出销售策略、资源计划和风险防控建议，为供应链提供高级分析、数据识别、智能决策等功能。

（三）数智供应链的应用

1. 产业连接

帕拉格·康纳（Parag Khanna）在《超级版图：全球供应链、超级城市与新商业文明的崛起》中提出，在供应链世界里，领土征服的时代已经过去，重要的是互相联结，而基础设施是联结的前提。现阶段，企业可依托新一代信息技术，利用高度开放共享的智能化信息网络，实现供应链各环节从单点到联网的连接，帮助产业链相关方之间进行高效的协调与合作，实现商流、物流、信息流、资金流的高效整合和无缝对接，助力各方打通产业链供应链全链路路径。

2. 数智化创新

数智化创新是指基于数字技术的创新方法和思路，通过智能化、可视化、协同化、服务化等方式进行创新实践，以实现企业的转型升级和持续发展。利用数智技术挖掘新的增长点，做附加值更高的业务。最典型的案例就是数字驱动生产的 C2M 协同研发，即企业通过终端数字化反向影响上游生产研发环节，避免无效的产品开发、投放、营销、物流等支出。

3. 生态融合

价值链上的各个角色通过协作、共生、融合，正在催生新的商业价值和社会价值。数字经济不可能靠某一家企业独立完成，一个企业想要走出国门也不可能单打独斗，只有生态繁荣，才有中国数字经济的繁荣和竞争力。数智化的发展为市场经济的发展提供数字信息指导，数智化技术的应用也能加速政府数智化转型，为经济生态化发展提供高效服务。如整合电商、物流、数字技术等领域，协同政府、企业、高校等多方资源，通过"数智"应用场景打造及生产、生活、生态空间优化完善，提升城市产业数字化运营基础能力以及数智产城融合承载力，与区域经济形成生态层面的深度融合，推动当地经济发展。

# 第四节　供应链精益运营的管理方法

## 一、供应链控制塔（Supply Chain Management-Control Tower，SCM-Control Tower）理论

随着对供应链整合发展的需求不断演进，推动对供应链各个环节的深度业务整合及释放更多价值链潜能，为了满足供应链整合发展中多方深度协同的要求，供应链管理参照"航空控制塔"，抽象出其作为机场内最高的建筑物，具备高可视度，从而能够指挥与调度机场内飞机起降的特性，催生出供应链控制塔的一体化供应链运营管理概念，其定义也随着不断成熟的供应链管理实践而得到持续丰富和多元的补充，高德纳咨询公司（Gartner Group）认为供应链控制塔是一个物理或虚拟仪表板，可以提供准确的、及时的、完整的物流事件和数据，从组织和服务的内部跨组织运作供应链，协调所有供应链相关活动。埃森哲认为供应链控制塔是一个共享服务中心，负责监控和指导整个端到端供应链的活动，使之成为协同的、一致的、敏捷的以及需求驱动的供应链。凯捷咨询认为供应链控制塔是一个中心枢纽，具有所需的技术、组织和流程，以捕捉和使用供应链数据，以提供与战略目标相一致的短期和长期决策的可见性。总结上述理论共性可发现供应链控制塔应承担供应链体系运营的"指挥中枢"角色，通过整合供应链业务全量数据，协同供应链端到端流程，监控和指导全链路业务，帮助实现供应链快速响应及高效协同。作为一个指挥和控制中枢，控制塔应具备统筹供需计划、客户服务及订单管理、过程管理及分析、部署及运输等功能。为实现这些功能，控制塔可分为三个层次：可视层、分析层及执行层。具体供应链控制塔结构见图 1-2。

（一）可视层

回答发生了什么，以及为什么是现在发生的问题。通过全面收集物料、库存、订单、发货等数据，利用仪表盘等可视化手段，让业务人员直观、全面、快速了解供应链运行现状。在全方位展示的基础上，在本层控制塔还应智能地发现供应链中的问题，并向业务人员发送报警信息，提醒对方关注并解决，从而实现"智能监控"，减少人力成本、提高运营效率、降低供应链风险。

（二）分析层

回答为什么发生、下一步会发生什么、如何去提高的问题。在了解现状的基础上，

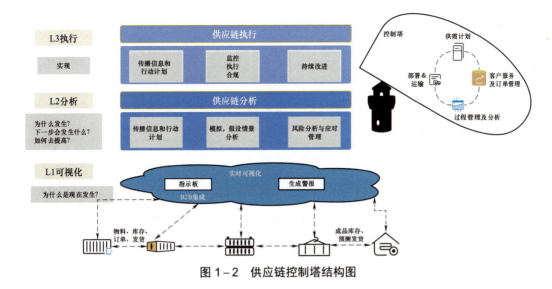

图 1-2 供应链控制塔结构图

进行进一步的根因分析、预测分析及策略管理和策略完善。在本层可以使用分析、预测、模拟、假设场景分析、风险分析及应对管理等手段，协助业务人员及管理人员从策略层面对供应链进行改进。

（三）执行层

直接干涉供应链，协助执行新的策略。干预方式包括对供应链相关各方下达指示和行动计划，并监控各方对新策略的执行情况，协助实现真正的策略落地。

## 二、供应链体系结构和运作理论

协同式供应链库存管理（Collaborative Planning Forecasting and Replenishment，CPFR），也叫协同规划、预测与补货，由沃尔玛公司和 Waner Lambert 公司于 1995 年提出。通过应用一系列的处理和技术模型，提供覆盖整个供应链的合作过程，通过共同管理业务过程和共享信息，改善零售商和供应商的伙伴关系，提高预测的准确度，最终达到提高供应链效率、减少库存和提高消费者满意程度的目的。CPFR 有以下四个本质特点。

（一）协同

通过签署保密协议、建立纠纷机制、确立供应链计分卡、形成共同计分表等，使供应链上下游企业确立起共同目标，取得综合性的效益。

（二）规划

为了实现共同的目标，需要双方协同制定促销计划、库存政策变化计划、产品导入和中止计划以及仓储分类计划，增加合作规划（品类、品牌、分类、关键品种等）以及合作财务（销量、订单满足率、定价、库存、安全库存、毛利等）。

（三）预测

CPFR 强调买卖双方必须做出最终的协同预测，基于这类信息的共同预测能大大减少整个价值链体系的低效率、死库存，促进更好的产品销售、节约使用整个供应链的资源。CPFR 同时也强调双方都应参与预测反馈信息的处理和预测模型的制定和修正。

（四）补货

销售预测必须利用时间序列预测和需求规划系统转化为订单预测，并且供应方约束条件，如订单处理周期、前置时间、订单最小量、商品单元以及零售方长期形成的购买习惯等都需要供应链双方加以协商解决。潜在的分歧，如基本供应量、过度承诺等双方事先应及时加以解决。图 1-3 是以 CPFR 概念为基础建立的供应链体系结构，分为以下四个职责层。

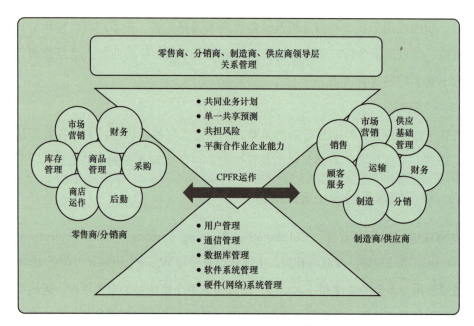

**图 1-3　基于 CPFR 的供应链体系结构图**

（1）决策层：主要负责管理合作企业领导层，包括企业联盟的目标和战略的制定、跨企业的业务过程的建立、企业联盟的信息交换和共同决策。

（2）运作层：主要负责合作业务的运作，包括制定联合业务计划、建立单一共享需求预测、共担风险和平衡合作企业能力。

（3）内部管理层：主要负责企业内部的运作和管理，主要包括商品或分类管理、库存管理、商店运作、后勤、顾客服务、市场营销、制造、销售和分销等。

（4）系统管理层：主要负责供应链运作的支撑系统和环境管理及维护。

## 三、供应链需求驱动价值网络成熟度模型（Demand-Driven Value Network，DDVN）

咨询公司 Gartner 于 2013 年提出供应链需求驱动价值网络成熟度模型。DDVN 是从企业全局（内部）和供应全链条（外部）角度，提供整套流程和几乎零延迟的需求信息捕捉和预测技术的体系，旨在实现供应链价值最大化和风险管控。DDVN 在国外应用广泛，特别是北美、欧洲、澳洲的跨国企业应用多，在国内应用较少。Gartner 基于 DDVN 为客户提供供应链研究、咨询和评测。

（一）DDVN 的五阶段成熟度评估

DDVN 供应链成熟度分为五个阶段，分别是被动响应型供应链、内部功能划分型供应链、整合型供应链、需求驱动价值网络型供应链、网络价值创造型供应链，详见图 1-4。

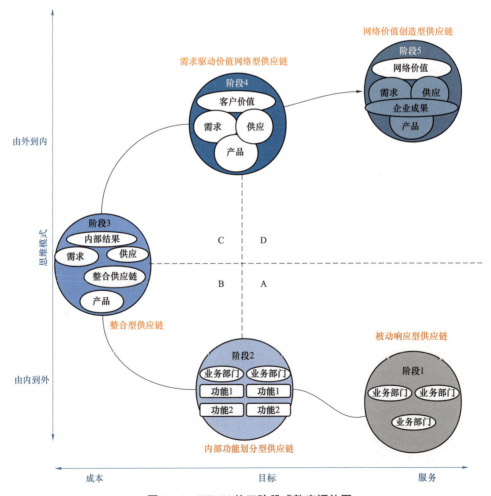

图 1-4　DDVN 的五阶段成熟度评估图

（二）DDVN 的七维度能力评估

通过对战略与组织、产品寿命周期、供应网络设计、需求管理、供应操作、客户满意度、供应链管控七个维度进行评估（见图 1–5），得出相应的分值。满分 5 分，1～5 分别对应五个阶段，得分越高对应的阶段越高。

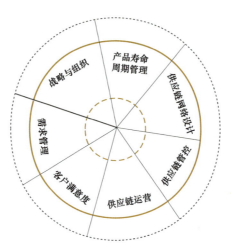

图 1–5　DDVN 的七维度能力评估图

# 第二章

## 国家电网公司供应链精益运营体系

2002 年以来，国家电网公司持续探索物资管理体系变革，以适应复杂多变的供应链环境，提高资源利用效率，确保电力供应链的安全稳定运行。经过 2002 年到 2017 年"物力集约化"阶段、2018 年到 2022 年"现代智慧供应链"阶段的发展，国家电网公司供应链管理和运营体系逐渐深化，为供应链数智化、精益化发展打下了坚实基础。2022 年，国家电网公司提出打造绿色现代数智供应链体系，夯实供应链数智运营能力，深化跨专业跨企业数智融合以及生态圈数智协同，推动公司供应链从企业级向行业级跨越升级，国家电网公司也逐步迈向了供应链精益运营的发展新阶段。国家电网公司供应链精益运营作为具有中国特色的电力行业供应链管理实践，它以提升供应链资源保障能力、风险防控能力、价值创造能力、行业引领能力和效率、效益、效能为主要管理目标，以"全量数据资产管理、全景规划设计建设、全链运营分析评价、全域资源统筹调配、全程监控预警协调"（简称"五全"）高效运营为核心业务载体，以完善的组织机制为基础运营保障，以先进的供应链运营平台为关键业务支撑，通过打造数据驱动、链主引领、协同联动、灵活敏捷、持续改进的供应链精益运营方式，最终实现提升供应链价值持续创造。

本章主要阐述国家电网公司物资管理体系的发展概况，总结不同发展时期国家电网公司供应链运营的发展历程，介绍国家电网公司供应链精益运营的内涵特征和重要意义，全面阐释了国家电网公司供应链精益运营体系构成要素。

# 第一节　国家电网公司供应链精益运营发展历程

## 一、物力集约化管理体系下的基础运营阶段

### （一）物力集约化管理体系发展概况

提升供应链运营效率和质量，降低供应链成本和风险，一直以来都是电网企业供应链管理的持续追求。2002—2017 年，国家电网公司的物资管理经历了分散自采、两级集中规模招标、物资集约化管理、物力集约化管理的演变历程。为保障公司和电网发展、实现综合效益最大化，此阶段国家电网公司供应链管理以集约化、扁平化、专业化为方向，通过健全集中管控、需求导向、质量优先、协同高效的物资管理体系，实现了从松散到集中、从粗放到精益、从单一采购业务向全供应链管理的升级转型，供应链管理也逐步趋于稳定可持续发展。供应链运营也得到了初步发展。

2002—2004 年期间，国家电网公司的供应链处于分散自采的阶段。公司系统各单位实施分级招标采购，管理较为分散。2005—2008 年期间，国家电网公司开始进入两级集中规模招标采购的阶段。国家电网公司打造总部和网省公司两级集中招标平台，有效解决了采购权限多级分散、点多面广、无法有效管控的问题。2009—2012 年期间，国家电网公司发展到物资集约化管理的阶段。各级电网建设对物资采购的规模、质量、效率、效益提出更高要求。国家电网公司全面推行集中招标采购管理，在国家电网公司总部与省公司两级层面设立物资部与物资公司，实现了物资归口管理。2013—2017 年期间，国家电网公司走向物力集约化管理的阶段。国家电网公司围绕物力资源的科学配置和高效利用，将物资管理上升到物力管理的新高度，不断扩大公司集中采购范围，逐步实现两级招标管理向一级集中管控模式的转变。

通过不断变革和发展供应链管理模式，国家电网公司逐步完成了从传统物资管理向"物力集约化管理"的转型。物力集约化是对物资集约化管理的丰富、拓展与深化，贯穿供应链全环节。通过物力集约化管理，国家电网公司克服了物资专业领域存在的分散采购、重复建设、低效运作等弊端，实现了物资专业领域的集约化、规范化、高效化。这一转型提升了国家电网公司供应链管理水平，使其从成本控制向价值创造、从分段管理向全局统筹、从刚性管理向柔性管理的升级。

（二）物力集约化管理体系下的供应链运营

1. 运营工作初步萌芽

历经四个阶段的更迭，国家电网公司供应链运营管理也得到初步发展，围绕物资各专业的供应链运营分析和统筹协调等工作也在逐步开展。在物力集约化管理体系下的供应链运营可以视为供应链运营的 1.0 阶段。主要依托物资管理的各专业自身进行运营的运营模式和 ERP、ECP❶等信息系统应用的运营方式，国家电网公司实现了针对供应链的信息化运营。该阶段期间，供应链运营实现了职能化分工转变，其显著特征是企业中设置了专门的计划、采购、生产、物流、仓储等职能岗位，并制定了规范的岗位绩效考核标准。

为支撑物资专业数字化转型，发挥业务数据价值，国家电网公司于 2009 年建设物资辅助决策系统，作为物资业务的业务分析统计、决策数据辅助系统；2012 年建设

---

❶ ECP，即 E-Commercial Platform，电子商务平台。

物资调配平台，作为全局物资调配、应急保障指挥系统。依托前期构建的 ECP1.0、ERP MM 模块以及以物资辅助决策为基础的物资管理系统平台，国家电网公司完成了供应链的信息化建设，有效支撑供应链信息化发展，物资各专业条线可依托各类线上数据开展业务数据的统计分析、辅助决策等运营分析工作。

2. 专业条块化的运营模式

由于缺乏体系化的供应链运营组织和运作模式，以及对于各类新兴智能技术的应用还不够深入，此阶段供应链运营的数字化程度还有待提升。供应链运营工作主要还是通过传统的数据导出再结合人工分析的方式来进行，分析效率和数据时效性都存在一定的滞后，也制约了对供应链关键节点的实时预警监控以及对业务堵点的深度挖掘。此外，在传统的物流运行体系中，各业务模块信息较为独立、运行相互分离，物力集约化管理虽然有效整合协调了物力资源，但是公司跨部门专业之间的横向协同运营依然相对比较薄弱，国家电网公司在此期间的供应链运营管理工作还有待往专业化方向深化拓展。

## 二、现代智慧供应链体系下的协同运营阶段

（一）现代智慧供应链体系发展概况

在大数据、云计算、物联网、移动互联网、人工智能、区块链等新一代信息技术蓬勃发展下，企业数字化转型浪潮方兴未艾。党的十九大报告提出了"现代供应链"的新发展理念，《国务院办公厅关于积极推进供应链创新与应用的指导意见》（国办发〔2017〕84 号）中明确了"打造大数据支撑、网络化共享、智能化协作的智慧供应链体系"的工作要求。

当时，国家电网公司在物资供应链管理方面还面临着业务链条冗长、全过程透明度不高、管理优化手段薄弱的短板，存在与供应商、设计单位、物流企业协同效率低下等痛点问题，亟需用数字技术和数据要素驱动业务变革，助力战略实施，服务经济发展。

为了适应新时代能源革命和数字化转型的要求，解决物资专业管理要求和供应链复杂性的新挑战，国家电网公司抓住供应链管理向卓越、智慧模式转型升级的新机遇，自 2018 年起开始启动现代智慧供应链建设。推动供应链管理需要从单纯追求性能和成本，向高质量用户服务、复杂及突发事件应对、全链多方协同转变。

作为全国首批供应链创新与应用的试点单位，国家电网公司以"创新、协同、共

赢、开放、绿色"为发展理念，通过大数据、云计算、物联网、移动应用、人工智能、区块链等技术，构建现代智慧供应链数字化平台，全面支撑阳光采购、现代物流、全链质控三大业务链，内外高效协同，智慧运营调配，供应链全程电子化、网络化、可视化、便捷化、智慧化，最终实现采购设备质量、采购供应效率、用户服务效果、业务规范水平的全面提升。

现代智慧供应链体系是对国家电网公司集约化管理体系的全面继承和发展，也是国家电网公司由传统物资管理向供应链数字化管理全面转型的重要载体。国家电网公司现代智慧供应链体系构建与实施总体分为基础建设、全面提升、创建示范三个阶段，按照"顶层设计、统筹推进、试点先行"的原则，自 2018 年起到 2020 年完成建设任务，并于 2021 年开启深化应用。在现代智慧供应链顶层规划设计基础上，国家电网公司基于 ECP、ERP 等信息系统，以场景建设为抓手，通过试点先行、样板引领、成果共享，打造出了"五 E 一中心"[1]现代智慧供应链体系。

（二）现代智慧供应链体系下的供应链运营

1. 实体化的运营组织

随着国家电网公司各业务系统协同关系日趋复杂，供应链业务各环节、各平台的网络关系也更加精密和复杂，对业务运营提出了更高的要求。跨业务、跨专业、跨系统数据融合，成为供应链运营的新趋势。为推动供应链全链业务有序运作，国家电网公司成立了三级协同的供应链运营实体组织，打造现代智慧供应链的"大脑中枢"——供应链运营调控指挥中心，驱动供应链管理从"业务数据化"向"数据业务化"转型。

2. 数字化运营平台发展

在新业态要求及新技术驱动下，国家电网公司以现代智慧供应链分析决策类场景、原物资辅助决策系统功能、原物资调配平台功能及调配业务拓展为基础，开展各业务板块标准化业务设计以及两级业务协同设计，以数据中台为数据源，结合大数据分析工具和人工智能技术打造了全新的供应链运营调控指挥中心（Enterprise Supply Chain Center，ESC）。ESC 是国家电网公司供应链平台的数字化运营系统，涵盖阳光采购、现代物流、全链质控、供应链运营、风险防控五大板块，支撑全量数据资产管理、全景规划设计建设、全链运营分析评价、全程监控预警协调、全域资源统筹调配五大职能。

---

[1] 五 E 一中心：电子商务平台（E-Commercial Platform，ECP）、企业资源管理系统（Enterprise Resource Planning，ERP）、电工装备智慧物联平台（Electrical Equipment Intelligent IoT Platform，EIP）、电力物流服务平台（Electrical Logistics Platform，ELP）、掌上应用"e 物资"和供应链运营调控指挥中心（Enterprise Supply Chain Center，ESC）。

基于供应链数字化平台，供应链运营调控指挥中心在运作过程全景可视、管理策略自动优化、战略决策有效支撑、数据服务全面精准方面实现了新的突破。

3．运营价值提升彰显

依托供应链运营调控指挥中心，国家电网公司供应链运营工作从以静态、简单的报表为主的数据统计管理，转变为对海量数据的实时分析、灵活分析，从而更加全面获知业务态势、深度洞察运营规律，用数据精准指导、指挥业务运作。国家电网公司实现了供应链各业务深度融合，有效提升供应链资源整合能力，进一步凸显供应链资源配置枢纽优势。2021年国家电网公司被评为全国供应链创新与应用示范企业，连续7年获国资委中央企业采购管理对标评估能源行业第一名。

现代智慧供应链体系的建设为各类新技术的应用以及业务数据背后的因果关系、关联关系的深度挖掘提供了条件。但是公司供应链整体运营方面还存在库容利用率不高、供需匹配不够精准、需求被动式响应、配送过程监控不足、部分业务数据质量较低、质量问题溯源难、资源利用率不高、绿色低碳运营不够凸显等问题待解决。

## 三、绿色现代数智供应链体系下的精益运营阶段

### （一）绿色现代数智供应链体系发展概况

步入"十四五"发展新阶段，电网企业供应链内外部形势也发生了新的变化。党中央、国务院在提升产业链供应链现代化水平、保证产业链供应链安全稳定、建立健全绿色低碳循环发展经济体系、质量强国建设、构建全国统一大市场、建设世界一流企业等方面作出了一系列战略部署要求。2022年党的二十大报告提出着力提升产业链供应链韧性和安全水平。2024年党的二十届三中全会提出健全提升产业链供应链韧性和安全水平制度。为更好服务发展新格局，国家电网公司需要推动能源电力产业链供应链贯通融合，实现上下游企业各环节、产品全寿命周期的有效衔接、高效运转，以此提升供应链的系统性、整体性、协同性，重塑产业生态价值链。

与此同时，国家电网公司基于现代智慧供应链的深化运营，在物资采购计划、招标采购、合同物流、质量监督、运行评价、供应商管理和废旧物资处置等方面逐渐积累了丰富的运营实践经验，实现了从供应链运营工作向供应链到产业链的延伸。如何进一步挖掘供应链数据价值、赋能运营策略也成为国家电网公司不断改善供应链运营效率和效益的新要求。

为此，国家电网公司提出实施打造绿色现代数智供应链，并出台了《绿色现代数

智供应链发展行动方案》《"人工智能＋供应链管理"专项行动方案》，规划了供应链绿色、数智运营的新方向。绿色现代数智供应链承继公司现代智慧供应链建设成果，持续深化发展，部署了供应链链主生态引领、规范透明化阳光采购、全寿命周期好中选优、建现代物流增效保供、绿色低碳可持续发展、创新固链保安全稳定、数智化运营塑链赋能、全面强基创国际领先 8 方面 29 项重点任务。全面推动企业级供应链 2.0 向行业级供应链 3.0 升级。以优质高效的物资采购和供应服务，推动能源电力产业链供应链高质量发展，为助力建设统一的能源电力产业链供应链大市场，更好服务"一带一路"发展，加快构建以国内大循环为主体、国内国际双循环相互促进的新发展格局提供有力支撑。

（二）绿色现代数智供应链体系下的供应链运营

1. 深度融合精益思想

为了发挥供应链运营质效，进一步提升供应链整体资源协同效率、发挥供应链数据资源价值，促进全链降本增效、低碳发展，国家电网公司供应链运营迈向了精益运营的发展新阶段。

供应链精益运营是在绿色现代数智供应链体系下对供应链运营工作的更进一步探索。国家电网公司通过引入现代化供应链趋势、绿色发展理念、数字化技术，并深度融合精益管理的思想精髓，聚合链上全域数据要素，深化数字新技术和供应链创新融合，以打造更加主动的供应链运营服务模式，赋能公司供应链体系安全稳定运行和价值创造。

2. 全链视角协同运营

通过精益运营，国家电网公司旨在实现供应链运营从专业线深耕转向跨专业协同，从企业内部协同转向企业外部协同。从而打破以往供应链运营工作单纯关注物资供应环节的局限性，实现供应链规划设计、需求计划、招标采购、生产制造、产品交付、履约执行、施工安装、运行维护、退役回收等供应链九大环节全链条运营，实现全链条资源高效流动。

基于全链运营视角，国家电网公司能够充分发挥平台数据运营和服务的价值，通过以实物 ID 为基础，实现供应链全链条"业务流"贯通和"实物流"感知，推进跨专业、跨环节的前后端协同与数据共享。

3. 基于控制塔的智能主动服务

在此基础上，供应链精益运营通过自动统计分析全链业务、智能诊断供应链薄弱环节、智慧推荐最优供应策略，并结合供应链控制塔的运营管控，得以实现更加主动式的服务。

在精益运营管控模式上，国家电网公司在业界流行的供应链控制塔理论基础上进行创新，推进电网企业数字化供应链控制塔理论的深化应用。国家电网公司供应链数智运营汇聚了供应链全量供应链数据，通过各类管理"驾驶舱"等形式，确保业务实时可查可视，全面掌握业务状态。在此集成上实现不同角度、维度和专题的深度分析，为管理层提供决策意见，并评估可能产生的影响，支持决策。基于业务的可视、分析，实现智能化统筹调配全链资源，对执行结果进行数据挖掘，为供应链各环节主动提出优化策略，推动各业务环节持续改进提升，并监控业务执行合规性。

在保障完成各专业物资供应的基础上，供应链数智运营完成了从全链视角进行供应链分析、监测、预警管控的闭环管理，实现物资全业务流程中各项成本的最小化、供应链全链运营价值最大化，最终提高物资采购和产品供应的质量和效率，降低供应链全链运营成本和风险，同时促进绿色低碳发展理念在整个产业生态中的传播与践行。

# 第二节 国家电网公司供应链精益运营内涵特征

## 一、国家电网公司供应链精益运营主要内涵

### （一）定义

国家电网公司供应链精益运营是一种以精益思想为引领，以供应链全链数据资产为基础，以供应链效率、效益、效能提升为目标，聚焦供应链全链最优运行和供应链数据价值持续再造，并通过数字化、智能化运营技术，精准识别并全面消除供应链全过程中的各类非增值活动造成的时间和资源分配不合理，实现业务创新和价值增值的供应链管理新模式。

### （二）内涵

国家电网公司供应链精益运营融合了精益思想和现代供应链管理理念，通过汇聚供应链全过程商流、物流、资金流、碳流、信息流的数据资产，围绕供应链规划设计、需求计划、招标采购、生产制造、产品交付、履约执行、施工安装、运行维护、退役回收九大环节开展供应链运营规划、分析评价、监控预警、统筹调配和数据管理等工作。供应链精益运营依托数字化平台精准识别供应链各环节的断点、痛点、堵点，洞察业务规律，消除供应链信息孤岛和非价值活动，并依托数据资产创新供应链新业态，实现供应链资源的全局动态优化配置。

国家电网公司供应链精益运营内涵示意图如图 2-1 所示。数据是供应链运营的基础，国家电网公司以供应链九大业务环节各类数据为核心资产，以供应链的前瞻规

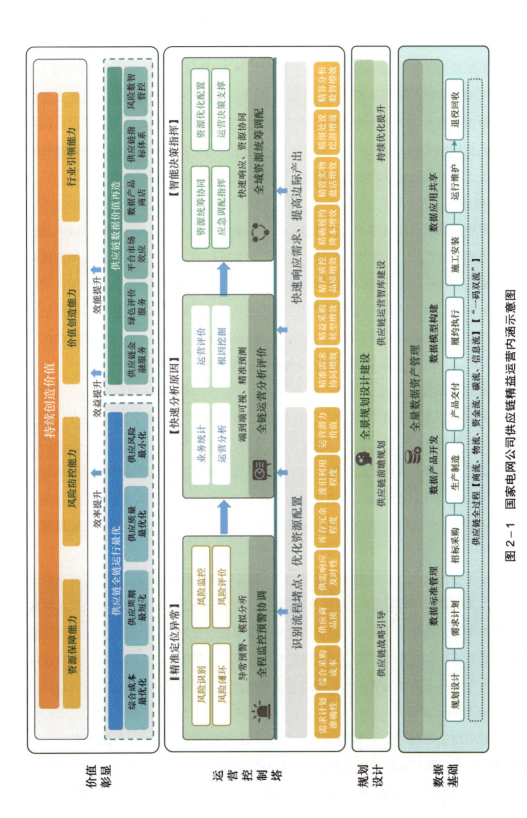

图 2-1　国家电网公司供应链精益运营内涵示意图

划设计和持续优化提升为方向指引，通过供应链控制塔进行全程监控预警、全链分析评价和全域资源统筹，实现精准定位供应链异常节点、快速分析挖掘供应链异常原因，并以此支撑供应链的资源统筹决策。在此基础上，推进供应链全链条运行最优、实现供应链数据价值再造。从而最终推动供应链效率、效益、效能提升，发挥国家电网公司供应链资源保障能力、风险防控能力、价值创造能力、行业引领能力，带动产业链供应链上下游协同发展和绿色数智转型，支撑供应链持续价值创造。

1. 精确定义价值

国家电网公司供应链精益运营的核心在于协调各方资源，构建供应链总成本最低化、采购成本最优化、总库存最少化、供应周期最短化的运营模式来满足电网建设和运营需求，同时充分依托供应链数据资源进行供应链新业态新模式创新，实现供应链数据价值再造。供应链精益运营需要从全局视角，构建灵活、高效、协同的供应链运营体系，持续为用户提供优质的电力服务，才能保障电网建设和运行所需物资的高效供给，从而支持电网的安全稳定运行和电力行业的可持续发展。

2. 精准识别堵点

国家电网公司供应链管理覆盖了电网规划设计、需求计划、招标采购、生产制造、产品交付、履约执行、施工安装、运行维护、退役回收各环节，涉及商流、物流、资金流、碳流、信息流等各维度数据。由于涉及的链条长、流程环节众多，不同环节协同不畅可能导致供应链全链存在潜在堵点、断点或不合理处，比如需求计划不准确、采购成本过高、供应商品质待提升、库存过剩冗余、废旧物资利用不充分、数据潜力未发挥等。

精益思想精髓在于持续追求"零浪费"，通过对此内涵进行延展，供应链精益运营追求"零浪费"，即消除供应链运营过程中各种"不合理"。国家电网公司依托供应链全量数据资产构建坚实数据底座，通过聚焦供应链全过程视角，开展全程监控预警协调，对供应链全链各环节进行实时监控分析和预警提醒等，深入判断和识别供应链全链各类不合理活动和因素，为后续进行运营的持续精益优化提供支撑。

3. 全面提升质效

国家电网公司通过全程监控预警协调和全链运营分析评价实现了对供应链各环节浪费的有效识别。在此基础上对供应链运行情况进行深入分析和精准预测，并通过智能决策模型和优化策略，实现资源的精细化管理和动态优化配置。从供应链全链运营视角来看，通过精准需求实现协同增效，通过精益采购实现转型增效，通过精确履约实现降本增效,通过精严质控实现品质增效,通过精管实物实现盘活增效,通过精细处置实现挖潜增效,通过精算分析实现数智增效。最终实现供应链资源的最优配置与高效协同,推进供应链运营从问题治理向风险精益防控转变,从数据描述向科学精准预判转变,从分段管理向全流程优化转变,以此全面提升运营质效。

### 4. 持续创造价值

国家电网公司立足于供应链全链整体价值提升和供应链价值持续创造,通过全景规划设计建设,开展供应链战略引导、供应链前瞻规划、供应运营智库建设等,持续优化提升供应链效率、效益、效能,引领供应链运营持续精进。

国家电网公司依托供应链运营调控指挥中心打造供应链"大脑中枢",基于供应链全链数据资产,对内打造数据产品商店、构建供应链指标体系、推进风险数智管控,提升资源保障力和风险防控力;对外开展供应链金融服务、绿色评价服务、平台采购与拍卖交易服务、数据产品开发运营等,提升行业带动力和价值创造力。最终实现供应链商流、物流、资金流、碳流、信息流的协同运作,推动供应链管理全方位质量变革、效率提升与价值再造。

### (三)原则

国家电网公司结合自身供应链运营实践和精益供应链管理理论,形成了供应链精益运营的基本原则:

(1)以保障供应安全为前提。电力行业的特点决定了物资供应的安全稳定是电网正常运营和服务的基石。国家电网公司供应链精益运营的前提是要以高质量设备保障电网安全稳定运行,在满足物资及时采购和供应、设备产品质量有效保障、工程物资进度和电网的安全稳定合规运行的基础上开展运营管理。

(2)立足全局效益提升和整体价值创造。供应链精益运营突破了针对供应链单个业务环节运营分析的局限,立足于供应链全链整体价值提升,在汇聚内外部数据的基础上,挖掘业务规律,提供解决方案,从全供应链视角开展运营分析决策、风险监控预警、资源优化配置、数据资产应用、应急调配指挥等运营工作。

(3)以数据为核心资产。数据是全面提升供应链业务感知、运营协同和智慧决策水平的重要基础。国家电网公司供应链精益运营价值彰显的关键是通过数据业务化、数据产品化,应用大数据技术治理、优化、融通供应链数据,建立数据体系标准,挖掘数据资产,培育数据驱动的运营场景,实现数据共享,赋能数据价值,向社会提供数据应用和增值增效服务,从而带动行业供应链协同发展。

（4）尽善尽美、持续改善。国家电网公司供应链精益运营通过供应链全流程的监测、分析与预测，挖掘供应链各环节中非必要的资源消耗与过程损失，并以持续改进的机制不断加以消除，实现管理的持续优化。凸显价值创造能力，实现"尽善尽美""绿色低碳"的持续追求。

## 二、国家电网公司供应链精益运营典型特征

国家电网公司作为全球最大的公用电力企业，其供应链管理极为复杂，国家电网公司供应链精益运营旨在运用精益管理思想和方法，通过引入数据分析模型、策略引擎、流程引擎、机器学习等智能方法与工具，立足全局效益提升和整体价值创造，实现供应链管理全流程的效率最大化和价值优化的管理方式。通过全链精益推动国家电网公司在供应链精益运营分析、资源统筹、风险防范、数据增值、战略引领等方面实现全方位提升。国家电网公司供应链精益运营典型特征如下：

（一）数据驱动

新质生产力的核心标志是全要素生产率大幅提升，数据作为关键生产要素，通过算力能够激发数据要素潜能，推动生产力跃迁升级。国家电网公司供应链数字化转型过程中积累了海量业务数据，这些数据为支撑供应链精益运营提供了核心生产要素。国家电网公司供应链精益运营以数据为驱动，以数据反映业务，通过对数据的分析加工处理，形成更标准、更精准、更智能的业务运营模式。依托整合连通供应链全链数据资源，结合大数据以及各类信息化智能化技术手段，有效支撑供应链端到端的监控预警、供应链交互式可视化、供应链运营和决策的智能化。

通过数据驱动、数据赋能，国家电网公司供应链运营实现了从静态的、简单的报表为主的数据统计，向海量数据的实时分析、灵活分析转变，向全面获知业务态势精细勾描用户画像、深度洞察运营规律转变，向数据精准指导、指挥业务运作转变。通过持续采集和分析供应链内外部数据，还能及时发现管理差距与改进机会，为精细化决策提供依据，提升供应链运营管理的精度和科学性，帮助供应链运营从辅助决策向精益运营转型。

（二）链主引领

作为全球最大的公用事业企业，国家电网公司连接着能源电力产业链上下游众多企业与用户，处于产业链的核心位置，具备产业链供应链"链主"企业的典型特征。基于"链主"企业定位，国家电网公司得以在能源电力行业具备强大的战略响应力和

生态主导力，在引导供应链上下游企业运营能力升级、推动供应链数据资源要素集聚、构筑行业级供应链运营平台方面具有显著优势。

通过供应链"链主"引领，国家电网公司供应链精益运营建设能够实现供应链运营统一标准体系、贯通汇聚供应链全过程数据和设备全寿命周期数据资产、构建供应链基础大数据库和行业级高端智库，从而推动公司各专业、供应链上中下游及相关利益方专业化整合协作，充分发挥超大规模市场的"应用驱动力、需求牵引力"作用，引领行业向绿色低碳、国际一流供应链运营水平方向发展。

（三）协同联动

国家电网公司供应链管理涉及计划、采购、合同履约、仓储配送、质量监督、结算支付等各专业环节，需协同的环节多；内部管理涉及发展、财务、设备、建设、营销、数字化、物资、调控等专业部门，对外涉及供应商、物流单位、设计单位、监造单位、检测机构等外部相关方，需联动的主体多且链路复杂。

供应链精益运营聚焦全链条协同联动，通过高效协调各参与主体，优化联动业务链，统筹整合各资源要素，关注供应链端到端的效率提高，通过流程优化、资源优化配置等手段，实现上下游企业、不同部门与系统之间的深度融合，实现采购、设计、施工、运维等各流程的深度融合与协同，减少冗余与浪费，实现协同效应的最大化。

（四）灵活敏捷

国家电网公司供应链精益运营通过数字化与自动化手段，构建柔性的供应链运营机制。这使公司能够根据需求变化快速重构供应链网络，调整资源配置，实现对需求变化与供应异常的敏捷响应，保证供应链的稳定运转。

通过智能化平台对供应链运行过程实施动态监测，并根据反馈结果不断优化与提高管理策略与手段，为灵活敏捷供应链运营注入持续动力，不断增强供应链需求响应能力。此外，国家电网公司针对供应链运营分析需求复杂的情况，打造自助式可视化分析平台，实现供应链全链条数据个性化、各层级运营分析人员可实现灵活快捷自定义构建专题分析场景，围绕个性化问题进行快速穿透分析。

（五）持续改进

供应链精益运营聚焦效率、效益、效能提升，需要通过不断分析和改进流程，提高运行效率和资源利用率。国家电网公司通过建立全链预警机制、实时监控与响应机制，及时发现问题并持续改进，形成闭环管理、持续优化机制，不断提高管理效率与服务质量。同时利用数字技术与创新理念，推动理论研究与管理创新，形成供应链管理的新模式、新方法与新工具。通过监控与改进机制，不断优化供应链各个环节，减少不必要的时间、成本与资源消耗。

## 三、国家电网公司供应链精益运营驱动因素

（一）外部驱动因素

1. 数字经济带来运营和管理模式变革

从社会和科技的发展历程来看，人类先后经历了农业革命和工业革命，如今正处于信息革命的浪潮之中。信息革命将引领生产力实现又一次"质的飞跃"，而这一飞跃的关键特征之一就是数据要素带来的深刻变革。过去10年，"大云物移智"等信息新技术蓬勃发展，数据作为数字经济时代的关键生产要素，逐步融入生产生活的各个方面，深刻影响并正在重构经济社会运行，已成为影响未来发展的关键战略性资源；在数字经济背景下，数据成为继土地、劳动力、资本、技术之后的"第五大生产要素"。特别是2023年以来，以ChatGPT为代表的人工智能大模型横空出世，又一次刷新了我们对数字生产力的认知。这些技术变革，进一步凸显了数字生产力的巨大潜力，同时也在深刻改变着供应链管理和运营的方式。

2. 国家政策驱动数据要素市场化发展

数字化新时代，我国高度重视现代供应链创新发展。党的十九大提出要在现代供应链等领域培育新增长点、形成新动能，并指出"数据是新的生产要素，是基础性资源和战略性资源，也是重要生产力"。党中央国务院高度重视数据要素的高质量发展，提出了"数字中国""网络强国"战略，出台了一系列推动数据要素市场化的政策文件；2023年3月，党中央决定组建国家数据局并于10月正式揭牌，就是要促进数据合规高效流通使用、赋能实体经济，打通数据流通使用的堵点难点，充分挖掘数据要素潜能，推动做强做优做大数字经济，推进数据领域科技创新。这些决策部署，既为供应链数字化转型和数据价值挖掘指明了方向，也为国家电网绿色现代数智供应链打通外部数据壁垒、实现行业级转型升级提供了有力支撑。

3. 赋能供应链数智升级

为顺应能源革命和数字革命融合发展趋势，国家电网公司围绕数字中国建设和新型电力系统构建，持续推动数字技术与能源技术、数字经济与能源产业深度融合，加快电网数字化转型，助推清洁低碳安全高效能源体系建设，对加强数据管理、拓展数字产业化等也作出了明确部署。国家电网公司物资专业作为能源电力行业供应链创新

龙头，需要发挥电网装备和电力物流生态引领作用，推进供应链全链条精细化运营，通过持续优化供应链平台，深化供应链数据应用，赋能公司数字化转型，带动供应链上下游协同提升、共同发展，将供应链产业链提升发展落实到运营。

（二）内部驱动因素

1. 供应链跨专业协同运营的需求

在专业层面，传统的供应链管理按照计划、采购、合同、履约、仓储等分专业条线进行运营管理的模式，涉及物资专业各环节协同的问题，由于没有专门的职能处室和牵头方，导致跨专业协同更多依赖人工线下协调。对于供应链各环节的问题、堵点、风险点等不能够及时监控预警。

在企业层面，电网企业物资管理主要基于职能的分段式物资管理模式，由职能作为驱动，各个阶段或各个部门根据职能分工负责某一段业务管理，容易造成电网物资供应链管理目标不完全统一、各阶段的信息不对称。职能化运作的结果是专业隔离，供应链信息无法畅通，职能部门之间"抢资源""推责任"成为常态。

职能化运作的结果是专业隔离，供应链信息无法畅通，职能部门之间"抢资源""推责任"成为常态。这种运行模式不能高效适应绿色现代数智供应链体系协同管理的需要。如何消除跨专业、跨系统间的数据壁垒、进行供应链的整体运营和智慧决策、推进供应链各环节流程优化与资源协同，需要从供应链全链条视角和全寿命周期视角出发，突破单个供应链环节局部最优的局限性，实现供应链全局运营质效最优。

2. 供应链数据价值生产力提升的需要

随着供应链数字化转型的持续深化，国家电网公司供应链运营管理的重心从专业线深耕转向跨专业协同、从企业内部协同转向企业外部协同，逐渐建立起有效的跨专业、跨部门、跨组织、贯通供应链上下游的协同运作机制。供应链运营数据资产也得到了持续积累。

如何站在已有运营的基础上，最大程度发挥供应链数据资产价值，如何应用"大云物移智链"等新技术，多角度、多方位、多层次观测业务现象，分析挖掘业务信息背后的深层次因果关系、相关关系，需要有更科学、高效的运营模式。

对国家电网公司而言，要提升供应链的整体运营质效，需要从供应链管理的核心出发，为供应链多创造有价值的行为、减少无价值的行为。供应链管理人员必须站在全链条的高度，运用系统的整体思维对供应链管理进行理解。

供应链精益运营以数据资产为核心，聚焦供应链全链运行最优和供应链数据价值再造，实现精准识别浪费、全面消除浪费，以此针对性制定提升方案，提高管理决策质效，为供应链发展提升提供了重要方向指引。

3. 供应链需求变化对于运营精益化的要求

数字经济时代，随着数据大爆炸、以客户为中心理念的深化，企业面临着越来越庞大的供应链、越来越丰富的服务供应模式以及越来越多的个性化需求。以国家电网公司为例，电网工程供应链结构复杂，电力工程建设使用的物资种类和型号众多繁复，且各类物资需求具有较大的差异性和不确定性，造成物资管理难度大。例如，主网工程物资供应是典型的创新型供应链，物资需要根据现场定制化需求，按图加工生产，供应周期长、标准化程度低；配网项目物资供应属于快速响应型供应链，物资标准化程度相对较高，但其需求较为紧迫，必须快速进行响应；而工器具、仪器仪表等辅助性物资的供应则属于典型的高效益型供应链，这一类物资由于其通用性较好，标准化程度高，需求的时间弹性较大，对成本控制要求较高。

国家电网公司物资供应链是兼具三种供应链管理模式的复合型供应链，需要统筹考虑多样性、差异化的物资需求。同时，供应运营涵盖生产、发运、仓储、配送、质检、报废回收等多个业务节点，涉及物资部门、项目单位、供应商、监理单位、检测机构等众多主体，产生的业务数据呈现出"量大、分散"的特点。供应链运营管理需要协调考虑的因素更多、难度更大。如何通过更加全面的视角、更加智能化的方式，发挥供应链运营"大脑中枢"的作用，需要用更加数字化、智能化、精益化的运营方式实现对全链资源统筹调配和价值创造。

（三）运营基础积累

1. 行业级供应链数字化平台支撑

供应链精益运营工作需要有数字化平台作为基础支撑，国家电网公司依托"五E一中心"等供应链平台系统的建设，持续强化跨专业横向融合、纵向贯通，全面支撑业务流程在线协同，实现了供应链全链实物流、资金流和信息流"三流合一"，为供应链态势感知、预测分析、智慧决策等提供了强大后盾。随着绿色现代数智供应链建设的深入推进，国家电网公司供应链平台从企业级向行业级进行迈进。国家电网行业级供应链公共服务平台（国网绿链云网）的初步上线，将进一步优化供应链运营平台功能，强化与内部各专业和外部相关单位的数据共享，为供应链精益运营提供了强大的数智平台支撑。

2. 海量供应链业务数据积累沉淀

经过供应链数字化转型的持续建设，国家电网公司已经积累了海量的供应链业务数据、物联数据，为供应链精益运营提供了强大数据资产。通过以实物 ID 为纽带的物联网络，国家电网公司将实物 ID 和业务工单相结合，让数据随业务无感而生。同时，国家电网公司行业级供应链基础大数据库已汇聚了发展、营销等 7 个专业 15 亿条内部数据、25 类 11 亿条外部数据，建成 182 张行业级业务数据标准表，支持应急物资保障等 150 多个业务应用。这些数据资产的积累为供应链海量数据的实时分析，业务态势的全面感知、用户画像的精准描绘以及运营规律的深度洞察提供了核心生产要素，能够有效支撑国家电网公司用数据精准指导、指挥业务运作，实现从辅助决策向精益运营升级。在数字经济时代，这些数据资产和实物资产一样，都是公司的核心资产，在未来还可以通过数据分析、应用或交易，挖掘供应链更多潜在价值，实现数据价值再造。

3. 链主生态引领带来产业协同基础

国家电网公司定位能源电力行业级企业，连接着能源电力产业链上下游众多企业与用户，处于产业链的核心位置。国家电网绿色现代数智供应链也汇聚了政府、企业和社会组织等供应链多方主体，这一独特优势，为国家电网公司发挥供应链的链主作用，引领合作伙伴实现供应链管理的现代化转型提供了良好机会。一方面，国家电网公司可利用自身强大的采购需求力量，向供应商提出建设供应链精益运营的要求，带动供应商不断优化流程、提升效率、创新模式，从而获得更高质量的产品和服务支持。另一方面，可通过构筑开放共享的供应链生态平台，汇聚各环节的资源与数据，实现供应链端到端的协同运营与优化配置，大幅降低运营成本。通过引领供应链生态建设，国家电网公司不仅可获得更高效率和质量的供应链服务支持自身发展，还可推动整个电力行业实现供应链协调与优化，从而带动产业链供应链数字化智能化转型。

# 第三节　国家电网公司供应链精益运营体系构成

## 一、国家电网公司供应链精益运营体系概述

为了更好地适应能源电力行业市场和技术变化趋势，提高整个供应链的灵活性、韧性和效率，满足绿色现代数智供应链发展的需求，国家电网公司将供应链运营管理过程形成的各类典型实践经验与精益思想进行融合，探索构建出了一套具有电力行业特色的供应链精益运营体系，如图 2-2 所示。

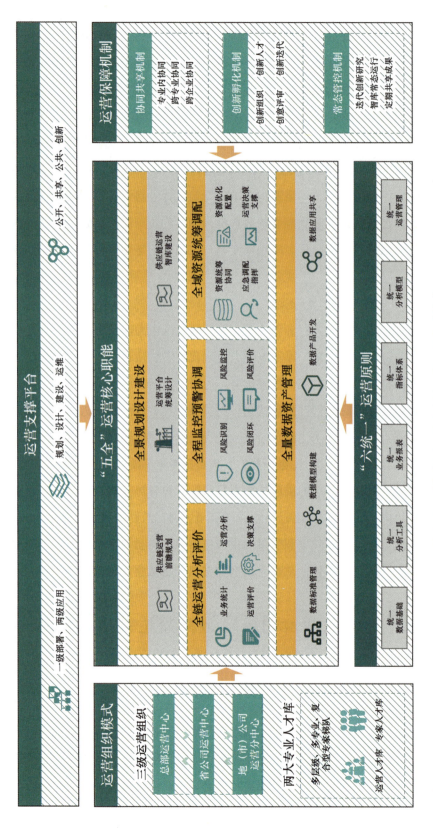

图 2-2 国家电网公司供应链精益运营体系构成

在这个体系中，数据作为最核心的资源，涉及供应链上下游各类主体，数据资产的高效运营协同，首先就需要有完善、合理的组织模式进行支撑。其次，为实现供应链精益运营消除浪费、价值创造的目标，需要明确如何进行供应链断点堵点识别、异常原因剖析、智能决策辅助，并对供应链进行统筹规划，以此形成供应链精益运营的核心业务。此外，供应链精益运营是基于数据资产的整合、可视、分析、挖掘，以此实现价值创造，因此必须依托数字化运营平台作为运营的核心载体。最后，为保障供应链精益运营的持续有效推进，还需要从制度层面建立各类保障机制进行保驾护航。据此，国家电网公司从组织模式、核心职能、支撑平台和保障机制四个层面构建起了符合具有自身特色的绿色现代数智供应链精益运营体系。

其中，组织模式和保障机制是保证，核心职能是路径，支撑平台是载体。四者相互支撑、协调推进，形成有机整体，共同支撑构建"标准引领、需求驱动、数智运营、平台服务"的供应链绿色数智发展新业态。

组织模式是供应链精益运营的组织和人才资源保证。国家电网公司供应链精益运营组织模式通过构建多级协同的运营组织架构、责权明晰的运营岗位分工、创新多元的专家人才团队以及高效量化的绩效评价方法，实现统筹公司内部供应链运营组织资源，并进行合理的优化组合和科学分配，推进物资业务部门和供应链运营调控指挥中心协同沟通，助力资源共享和上下游管理的有机衔接，从而充分发挥组织效能，降低协调成本。

核心职能是供应链精益运营的关键建设路径。国家电网公司供应链精益运营主要围绕"五全"运营职能进行开展日常工作。其中，"全量数据资产管理"是供应链运营的关键基础，为供应运营提供核心数据资源；"全景规划设计建设"为供应链运营工作的顶层规划指引；"全链运营分析评价"精准定位运营环节堵点与断点，为供应链管理决策提供依据；"全域资源统筹调配"通过资源统筹协同、应急调配等，支撑资源的合理分配与充分利用；"全程监控预警协调"及时洞察供应链运营异常和风险，保障供应链合规安全运行。这五大核心职能贯穿于供应链运营管理的全过程，相互关联、相互支撑，共同构成了国家电网公司供应链运营体系的核心建设重点，推动供应链运营价值创造。

支撑平台是支撑供应链精益运营常态化运作的数字化平台载体。国家电网公司供应链精益运营支撑平台主要依托 ESC 进行建设，涵盖了阳光采购、现代物流、全链质控、供应链运营、风险防控等核心功能板块。通过供应链精益运营支撑平台，推动供应链运营业务流程数字化改造，实现供应链全流程数据的可视化、可追溯与可监控，为运营工作开展提供数据支撑与决策依据。

保障机制是供应链精益运营的制度基础。国家电网公司供应链精益运营机制包括了多级协同机制、创新孵化机制、常态化管控机制。通过多级协同机制明确供应链运营组织和业务协同，保证供应链资源和信息有效流通衔接；通过创新孵化机制深化供应链运营理论研究、实践探索，激发组织创新热情；通过常态化管控机制推进供应链运营业务架构优化、运营成果巩固与创新。依托保障机制建设为供应链运营水平的整体提升提供制度基础与组织动力。

运营原则是推进供应链精益运营落地的重要支撑。为增强供应链运营协同与响应速度，降低运作与管理成本，国家电网公司提出了"六统一"的运营原则，即统一数据基础、统一分析工具、统一业务报表、统一指标体系、统一分析模型、统一运营管理。通过统一数据基础和分析模型，能确保供应链各环节使用相同的数据源和数据标准，从而提高数据质量和数据一致性；通过统一业务报表和指标体系，支撑供应链各环节统计分析的规范性和一致性，提升业务的透明度；通过统一分析工具和统一运营管理，支撑供应链运营管理更加高效，提高决策的效率和执行力。

## 二、国家电网公司供应链精益运营组织模式

### （一）国家电网公司供应链运营组织机构构成

国家电网公司推进供应链运营组织运作机制变革，构建了与绿色现代数智供应链精益运营体系相适应的组织架构，采用供应链运营管理"职能+矩阵"的工作模式，在纵向实现对总部、省、地市三级组织机构的规范管理与运行，在横向实现涵盖供应链全流程的业务运营高效协同。供应链运营主要依托各级供应链运营调控指挥中心开展日常工作，将"运营"从各业务职能部门中剥离出来，跳出日常业务的束缚，发挥"旁观者效应"，从全局对供应链运营状态进行预警监控和诊断分析，并上通下达、左右联络，为业务部门提供辅助决策支撑，并从全局出发面向未来去思考、设计供应链运营提升方案。

国家电网公司的物资管理机构包括总部、省、地市三级物资部门，总部和 27 家省公司组建了物资公司，作为物资部支撑单位，地市公司设立物资部（物资供应中心）；县公司根据实际情况，按物资供应分中心、集约管理模式和业务外包模式，实施差异化机构设置。

基于上述管理模式，国家电网公司在总部和各省公司分别设立了供应链运营实体

机构——供应链运营调控指挥中心，供应链运营工作依托各级供应链运营调控指挥中心进行开展。在供应链运营管理模式上，总部和各省公司物资管理部计划处为供应链运营调控指挥中心直接管理处室（单独设立供应链运营处的由供应链运营处负责管理）；总部和各省公司物资管理部其他处室作为业务指导处室参与供应链运营业务；供应链运营调控指挥中心负责供应链运营工作的具体实施。各级物资管理部计划专业作为业务牵头，负责指导供应链运营调控指挥中心管理及运营；其他各专业作为业务指导，协同推进供应链运营业务。

（二）国家电网公司供应链精益运营组织运行模式

国家电网公司按照"总部统筹、三级协同"的原则，采用总部、省、市三级供应链运营模式，协同开展业务运营，形成了以国家电网公司总部、各网省公司、地市公司的三级供应链运营组织架构。各级供应链运营调控指挥中心统筹协同、合理分工。其中，总部供应链运营调控指挥中心负责全网供应链运营工作，在国网物资管理部领导下指导省供应链运营调控指挥中心开展运营工作，对省供应链运营调控指挥中心工作进行检查、评价、考核。省供应链运营调控指挥中心负责承接总部供应链运营调控指挥中心相关运营工作任务以及本省范围内的运营工作，在省公司物资管理部领导下指导市级供应链运营调控指挥中心开展运营工作，对市级供应链运营调控指挥中心工作进行检查、评价、考核。地市供应链运营调控指挥中心负责承接省公司相关运营工作任务，开展地市公司供应链运营管理。

通过物资部统一管理、物资公司（中心）业务支撑，纵向联结省、市、县不同层级物资部门，横向对内与发展、建设、设备、营销等不同专业部门协同，对外强化与供应商、物流单位等的互动，在物资专业内外部、供应链供需之间发挥实物流、资金流和信息流的枢纽作用。

（三）国家电网公司供应链精益运营绩效评价机制

为了全面评价供应链运营的绩效，国家电网公司打造了覆盖全链的运营绩效考核体系。建立涵盖运营效率、运营规范、产品及服务质量、创新发展等全方位的供应链运营评价指标体系，开展供应链绩效评价工作，对运营指标进行监控，定期发布运营评价结果，跟踪绩效优化情况，促进供应链运营绩效的持续提升。

1. 运营评价指标体系

为了全方位评估供应链运营水平，客观量化评价智慧供应链建设成效，供应链运营调控指挥中心从物资管理工作要求出发，综合考虑了供应链运营参考模型（Supply

Chain Operations Reference Model，SCOR)、企业环境、社会和公司治理（Environmental, Social and Governance，ESG）评价指标，欧盟及美国供应链标准、日本供应链透明化指标、国资委央企采购对标、全国供应链创新与应用示范评价指标等标准、指标，并结合国家电网公司"阳光采购引领"要求，构建形成了"九维三级"运营评价指标体系。其中，"九维"指的是指标体系包含的九个一级战略指标，包括供应链社会责任指数、供应链绿色低碳指数、供应链韧性指数、供应链业务规模指数、供应链阳光合规指数、供应链数智转型指数、供应链效率指数、供应链效益指数、供应链效能指数。"三级"指的是指标体系按照战略层、业务策略层、业务执行层分别划分为三个层级的细分指标。

基于供应链运营评价指标体系，供应链运营调控指挥中心设置供应链运营评价指标库，对运营指标进行统一维护和更新。同时综合考虑指标特征，赋予各个指标包括指标分类、评价维度、应用主体、指标来源、指标关联关系、目标和战略支撑情况等标签值，设计形成指标卡，为后续运营分析与决策提供参考。

2. 绩效评价优化提升

建立供应链运营评价指标体系的目的在于以科学的评价体系客观全面地评价物资供应链运营情况，并为业务的改进指引方向，最终形成供应链运营绩效优化提升的闭环。具体的应用过程可分为指标评价、指标分析和绩效优化三个阶段。

（1）指标评价。

根据业务管理要求开展运营指标监控，对各指标设置目标值和预警值，对比分析各指标在统计周期内的实际完成情况与管理目标的差异，定期评价物资业务运营情况，发布运营评价结果。具体评价逻辑如下：

当实际指标值高于目标值时，代表该指标表现优秀，已达到目标；

当实际指标值介于预警值和目标值之间，代表指标正常，待进一步提高；

当实际指标值小于预警值时，代表指标存在风险，需要重点关注。

（2）指标分析。

基于供应链综合管理指标完成情况，对指标进行层层钻取，发现和定位存在问题的关键业务指标。对具体指标的变化趋势、组成因子、基础数据等进行具体分析，掌握指标变化动态，挖掘问题指标的形成原因，以指标找问题，以问题查管理，促进供应链管理水平精准提升。

（3）绩效优化。

根据各指标分析结果和当前供应链运营现状，针对性地制定运营优化方案和管理提升措施。在具体改进措施的落实过程中，持续关注评价指标的变动情况，与之前评价结果进行对比，跟踪和评价优化方案的改进实施效果。同时，根据改进后的情况为相关指标选取新的目标值进行评价，从而实现供应链绩效评价和优化提升的闭环。

同时，从全行业甚至全球化的视角出发，运用对标管理的方法论选取合适的国际领先企业作为标杆。通过科学、先进的指标体系进行全方位对标评价，明确各业务环节的行业领先标准，学习领先企业先进的模式和理念，持续提升供应链运营水平。

### 三、国家电网公司供应链精益运营核心职能

国家电网公司供应链精益运营核心职能定位主要围绕供应链运营目标，重视供应链价值创造，扩大供应链服务辐射范围，强化全链资源统筹和调度响应能力，提升供应链体系规划和持续转型能力。供应链精益运营核心职能具体包括了"全量数据资产管理、全景规划设计建设、全链运营分析评价、全域资源统筹调配、全程监控预警协调"五大模块，具体如图2-3所示。

"全量数据资产管理"是供应链运营的关键基础支撑，通过汇聚供应链全链条九大环节数据，构建供应链基础大数据库，实现数据标准与规范、数据集中管理和业务流程数字化，为供应运营提供核心数据资源。

"全景规划设计建设"是供应链运营工作的顶层规划指引，通过在战略高度谋划供应链发展蓝图，统筹供应链运营平台和智库建设方向，使各项工作得到有效衔接和整体推进。

"全链运营分析评价"快速分析供应链运行情况，通过端到端可视，统计全链运营数据、发现运营环节堵点与断点，分析挖掘供应链运行异常原因，为供应链管理决策提供依据。

"全域资源统筹调配"支撑供应链运营管控有效落地，通过资源统筹协同、资源优化配置、资源应急调配等，实现供应链全链资源合理调配，避免资源浪费和重复投入，支撑资源的合理分配与充分利用。

"全程监控预警协调"精准定位供应链运营异常，通过数字化风险识别、风险监控、风险闭环和风险评价，实现对供应链全链运行状态的实时监测预警，及时洞察可能出现的异常情况与风险，保障供应链合规运行。

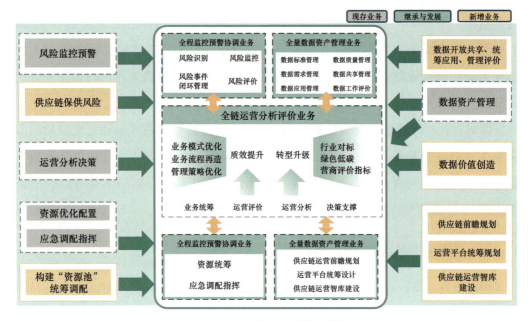

图 2-3　供应链精益运营职能定位

（一）全量数据资产管理

供应链全量数据资产管理作为国家电网公司供应链精益运营管理的基础支撑，是在数据资产应用的基础上，通过数据盘点、数据标准制定、数据质量管理以及数据需求管理等工作，实现供应链全流程数据的整合与开放共享，并对数据应用情况进行管理与评价，推动数据在供应链运营范围内最大限度的运用，发挥数据资产的最大价值。主要包括数据盘点管理、数据标准管理、数据质量管理、数据需求管理、数据共享管理、数据应用管理、数据工作评价等工作。

数据盘点管理作为一项对物资专业信息系统中存储的供应链数据资产进行盘点，对数据表、字段的业务含义及取数逻辑进行阐释，并对业务数据负面清单进行归集、整理、统筹管理的运营管理活动。数据标准管理是指根据物资各专业业务运营需求，开展业务数据标准表设计、修订、溯源、开发、数据贯通及核验等工作，形成一套共享、共用、标准、规范的业务数据标准表库。数据质量管理是指通过配置数据质量监测规则、实施数据质量监测、分析数据质量问题、整改技术问题等措施，对源头数据质量和数据传输质量进行监测、治理及提升。数据需求管理是指应用供应链运营平台数据管理模块，在线进行数据需求申请提报、审批、确认及响应，支撑数据溯源、接入、贯通及评估等工作开展。数据共享管理指开展数据共享应用申请、审核、授权等工作。数据应用管理是按照"数据一个源"要求，根据物资各专业业务需要，依托数据中台物资专业数据资产，进行业务报表建设、数据核验及推广应用。数据工作评价是指通过设置取数字典应用率、指标复用率、数据产品使用率等评价指标，对数据产品应用成效进行评价。

（二）全景规划设计建设

供应链全景规划设计建设作为国家电网公司供应链精益运营的战略指导，在战略高度上研究供应链发展趋势与最佳实践，在运营平台与系统层面开展统筹规划，并通过构建专业智库、提供系统培训等方式不断优化相关理论与方法，发挥引领作用，为供应链一体化发展与高质量建设提供重要指导。主要包括供应链运营顶层规划、运营平台统筹设计、供应链运营智库建设等工作。

供应链运营顶层规划是指研究国家、公司重点战略要求和国际领先标准经验，参考新技术发展趋势，开展供应链运营长期战略统筹、前瞻规划，推出提档升级、可持续高质量发展的思路和方案。运营平台统筹设计是指开展运营平台的架构设计、功能规划、业务需求统筹、账号权限管理等工作。供应链运营智库建设是指组织开展供应链运营业务培训，组建、管理供应链运营专家库等工作。

（三）全链运营分析评价

供应链全链运营分析评价是国家电网公司供应链精益运营核心职能的重要基础。它依托公司数据资产，通过数据统计、运营分析、绩效评价等手段，对供应链运行情况进行全面监测、深入分析与综合评价，挖掘公司内外部数据价值，为公司管理层决策提供科学依据。供应链全链运营分析评价主要包括业务统计、运营分析、运营评价、决策支撑等工作。

业务统计主要针对供应链运行核心指标、关键业务报表，推动业务数据在线统计、报表在线汇总，通过全局可视化展现全链数据，用数据客观量化供应链运营成效。运营分析是以供应链运行内外部数据为基础，采用定量分析为主、定性分析相结合的方式，对供应链运行内外部环境变化及全链业务开展分析，揭示运营规律、发现业务异常、预测运营趋势。运营评价是围绕战略目标建立评价模型和指标体系，开展供应链运营评价工作，定期发布运营评价结果，跟踪绩效优化情况，形成绩效评价优化提升机制。决策支撑是基于数据分析、业务诊断及预测结果，提出业务模式优化、业务流程再造、管理策略优化、风险预警防控等决策建议，推动供应链业务运行质效提升。

（四）全域资源统筹调配

全域资源统筹调配是国家电网公司供应链控制塔发挥调度决策、指挥执行的重要中枢。通过对实物资源、物流资源、人力资源以及需求资源等的统筹，实现跨区域、跨层级的资源整合与优化分配，保证资源在供应链范围内高效配置和灵活调度，满足业务发展需要。供应链全域资源统筹主要包括资源统筹、应急调配指挥工作。

资源统筹通过对实物资源、物力资源、人力资源以及需求资源、系统资源（ECP、ELP 等系统流量调配）进行统筹，在运营平台建立"资源池"，确保全域资源实时可查、可视。应急调配指挥主要是针对发生影响公司生产经营的突发事件及重大活动保电状态下，获得物资主管部门授权，依托运营平台统筹协调实物、物力、人力、需求资源，指挥协同各业务部门保障物资供应。

（五）全程监控预警协调

供应链全程监控预警协调作为国家电网公司供应链精益运营的警戒防线，通过依托供应链运营调控指挥中心数字化平台，实时监测供应链全链关键业务及风险点，发现异常情况后及时预警，拓展供应链断链风险的感知，为供应链稳定高效运行提供信息保障。供应链全程监控预警协调主要包括供应链风险识别、风险监测、风险管控、风险评价等工作。

风险识别是指结合巡视、审计等历史问题，形成供应链风险点、风险案例清单，并动态补增。风险监测是指结合识别的风险点，在运营平台建设风险监控指标、模型，实现风险事件的自动识别、提示、预警。风险管控是针对识别的供应链业务风险，通过及时发布风险提示单、收集问题反馈单等形式，督促对应业务部门开展异常事件分析、整改、闭环反馈，确保供应链业务风险实时可控、在控。风险评价是指对各单位、各业务环节的风险管控情况开展量化评估，引导业务质效提升。

## 四、国家电网公司供应链精益运营支撑平台

（一）供应链运营平台整体概述

1. 平台简介

国家电网公司供应链精益运营支撑平台主要依托 ESC。作为国家电网绿色现代数智供应链的大脑中枢，ESC 涵盖了阳光采购、现代物流、全链质控、供应链运营、风险防控五大板块，覆盖全量数据资产管理、全景规划设计建设、全链运营分析评价、全程监控预警协调、全域资源统筹调配五大功能。

国家电网公司通过统一数据基础、统一分析工具、统一业务报表、统一分析模型、统一指标体系、统一运营管理，并基于 ESC 打造决策者驾驶舱、管理驾驶舱以及各

类专项驾驶舱，实现了以静态、简单的报表为主的数据统计管理，向对海量数据的实时分析、灵活分析转变。通过 ESC，供应链运营人员得以全面获知业务态势、精细描绘用户画像、深度洞察运营规律，从而实现数据精准指导、指挥业务运作。ESC 建设不仅有助于提升供应链全链业务协同和资源整合能力，发挥供应链资源配置的枢纽优势，更能促进供应链、产业链、价值链三链融合运营赋能，推动国家电网公司绿色现代数智供应链高质量发展。

2. 建设历程

国家电网公司于 2009 年始建设物资辅助决策系统，作为物资业务的业务分析统计、决策数据辅助系统；2012 年建设物资调配平台，作为全局物资调配、应急保障指挥系统；2018 年国家电网公司启动现代智慧供应链体系建设，对业务运营提出了更高的要求，国家电网公司以各类分析决策类场景、原物资辅助决策系统功能、原物资调配平台功能及调配业务拓展为基础，结合数字技术应用，打造了供应链运营平台。2022 年国家电网公司启动绿色现代数智供应链发展行动方案，根据《总部供应链运营调控指挥中心发展提升方案》要求，按照"一级部署、五全运营、四优体系、六统原则"总体规划（1546），国家电网公司进行了 ESC 升级工作，以"五 E 一中心"和公司级数字化基础设施为依托，基于数据中台贯通汇聚供应链全过程、设备全寿命周期数据资产，构建供应链基础大数据库，并通过升级迭代数据分析手段，系统性构建高端智库，支撑打造行业级供应链公共服务平台。

3. 平台定位

"五 E 一中心"是基础数据的采集和产生源系统，实现业务数据化，线上智能作业；ESC 是对基础数据的再加工处理，实现数据业务化，线上智慧运营。按照运营和作业分离原则，ESC 定位数据统计分析应用，形成业务指令，不直接操作作业系统，只传送到作业系统。

4. 平台价值

ESC 充分发挥供应链控制塔赋能优势，能实现实时感知业务态势并及时发现业务问题；通过预制策略库可快速制定对应策略，并结合大数据模拟沙盘推演；通过实时通道指令对应下达，实施过程全程数字追踪；通过事后复盘分析，优化策略配置。最终实现态势感知→预测分析→策略制定→数字推演→指令下达→全程追踪→迭代优化的全链条全时空供应链业务控制。供应链运营平台价值如图 2-4 所示。

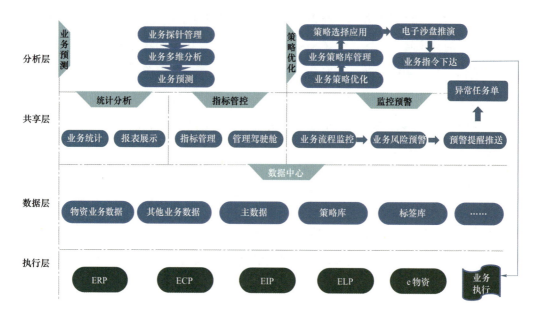

图2-4 国家电网公司供应链精益运营平台价值

ESC 在促进供应链协同发展、提升供应链效率和服务水平、推动绿色低碳运营、推进行业智库建设等方面具有重要的平台价值。ESC 贯通融合国家电网公司平台资源，延伸连接链上企业、机构和政府等平台，构建供需交易、技术交流、协同合作等公共服务模式，拓展一个多方共赢、互利共存的数据应用商店。依托国家电网公司的人工智能模型样本和算力资源等基础能力，ESC 实现研发应用供应链人工智能技术和成果，打造了供应链的"大脑中枢""驾驶舱"，开展供应链全过程绿色低碳运营管理，实现了对供应链数据的全面分析和优化，提高了供应链的运营效率和服务水平。通过ESC 建设，国家电网公司推动供应链运营调控指挥中心向高端智库转型升级，提供供应链领域的前沿技术和管理经验，促进供应链的创新和发展。

5. 部署方式

国家电网公司供应链精益运营平台按照"一级部署、多级应用"的方式，调用全网省开发资源，通过"线下统一开发、线上快速部署"的方式实现全链综合分析模型（产品）在 ESC 统一应用。ESC 从数据中台获取各作业系统的常态化历史业务数据，从各作业系统获取高时效业务数据，通过数据分析、挖掘和预测向各作业系统下发指令，提升供应链运营效率。

供应链精益运营平台部署方式如图 2-5 所示，按照业务分层运营、数据分层汇聚应用，建立总部、省公司两级供应链运营调控指挥中心，主要是基于业务运营管理和数据汇聚集成的两方面的综合分析，考虑了各省公司运营的相对独立性、业务需求的差异以及数据互联的复杂度。

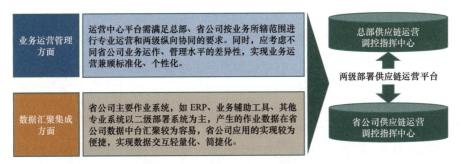

**图2-5　国家电网公司供应链精益运营平台部署方式**

（二）供应链运营平台业务功能

1. 总体业务架构

ESC总体业务架构遵循"专业分工、协同运作、规范高效"的原则，以专业视角、全供应链视角及规范性视角为基础，划分形成"3＋1＋1"业务板块，包括阳光采购、现代物流、全链质控三大业务链作业系统为对象的业务链运营板块，全供应链内外部协同为目标的供应链运营板块，以全供应链合规运营保障为基础的风险防控板块。各板块从不同角度出发，从全量数据资产管理、全景规划设计建设、全链运营分析评价、全程监控预警协调、全域资源统筹调配五方面进行功能建设，为 ESC 的运营管理提供有力保障。

"3"：以"阳光采购、现代物流、全链质控"三大业务链作业系统为对象的业务链运营板块，以专业视角、发挥专业优势开展运营管理。该板块的目标是实现运营管理与作业执行分离，通过专业的运营管理提高供应链的效率和质量。

"1"：供应链运营板块以全供应链内外部协同为目标，开展全链分析、预测、优化等工作，解决业务协同断点、痛点、堵点，从全供应链视角、立足全局绩效提升和整体价值创造开展运营管理。该板块的目标是优化供应链资源配置，提高供应链的整体绩效和价值。

"1"：风险防控板块以全供应链合规运营保障为基础，实现对供应链关键环节重点监督内容的实时监控，完善异常风险点指标监控能力，提高重点节点、突出问题的监督能力，从合规性视角开展风险管理运营管控。该板块的目标是规范供应链的运营行为，保障供应链的合规性和稳定性。

### 2. 分板块业务架构

（1）阳光采购运营板块。

阳光采购运营板块发挥固化 ID 纽带作用，提升设备采购标准、精简设备选型、总结业务规律，建立以优选供应商和产品为目标的采购策略动态调整、专家库资源优化策略，实现全程线上专业化、智能化的阳光采购运营体系。其业务架构如图 2-6 所示。

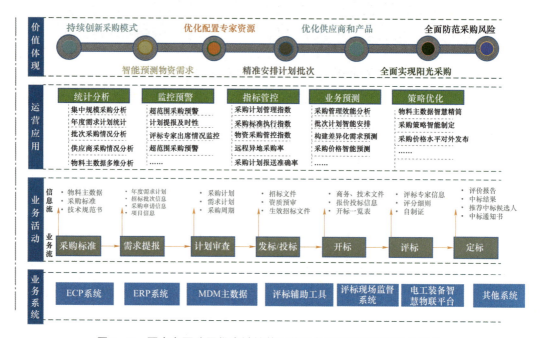

图 2-6　国家电网公司供应链精益运营平台阳光采购运营业务架构

链接 ECP、ERP、EIP、评标辅助工具等各业务系统平台数据，利用大数据、人工智能、预测模型等前端技术，整合采购标准、需求提报、计划审查、发标/投标、开标、评标、定标的采购全过程信息流和业务流，实现供应链采购流程的自动化管理、云端协同、安全预警。阳光采购运营实现供应链采购自动化，实现系统集成，确保供应商的采购项目可用性，提高企业对供应商的管理能力，确保产品质量，避免供应链中断等风险。

阳光采购运营板块在供应链运营中采取持续创新采购模式、智能预测物资需求、优化配置专家资源、精准安排批次计划、优选供应商和产品，做到全面实现阳光采购、全面防范采购风险的供应链运营价值。在标准化供应链采购运营的基础上，以数据驱动、数字采购、模型触动达成精细化采购运营的目标，从服务、产品两大角度提升公司供应链采购运营价值。

阳光采购运营板块典型业务场景如下：

1）采购策略智能制定。对资质业绩要求、外部市场价格、供应商信用等数据进行结构化处理，在相关采购数据标准化、结构化的基础上，利用人工智能与大数据分析技术，实现采购策略的智能生成、科学决策，提升采购策略制定过程的客观性、科学性。

2）物料主数据的多维分析支撑智慧物料精简。通过大数据技术充分整合物料主数据、采购数据及采购标准专业技术等要求，从物资分类、时间、批次、区域、项目电压等级等多个维度，全方位动态展示物料主数据使用情况，辅助管理人员开展物料精简、主数据优化等工作；同时结合人工智能技术设定动态阈值，自动为物料精简等工作提供精简建议，生成精简优化决策方案，以提升各单位标准化工作的决策支撑能力。

3）固化 ID 的动态更新与精准应用。针对固化 ID 的编审及成果深化，综合运用大数据与人工智能技术，深度处理采购数据分析结果，并依托采购标准、"三通一标"等专业技术要求，合理设置动态阈值，向标准化管理人员实时推送固化 ID 新增、修编等决策方案，精准分析诊断各单位固化 ID 短板，实现物资标准化管理的智慧决策。

4）构建差异化需求预测模型，智能预测年度需求。应用大数据技术分析项目需求规律，建立年度物资需求预测模型，自动完成物资需求预测运算操作；并建立需求预测模型自适应机制，根据历史数据的增加，由系统自动验证模型运算的准确性，优化模型系数，减少每年物资需求预测模型的优化工作量，提升年度需求预测的准确性，促进物资供应链高效运转。

5）采购价格水平信息对外发布。汇总历史价格信息，确定公布物资品类和维度，构建价格运算模型。供应商可及时了解国家电网公司设备采购标准和价格，实现设备采购信息的共享，为供应商的经营策略优化提供参考，进而引导建立与供应商合作共赢的价格体系，培育良性的社会竞争环境。

6）采购管理效能分析与协同共享。结构化采购目录、采购策略、技术规范书等内容，并依据数据应用情况构建分析模型，分析采购目录、采购策略的应用情况，基于量化分析结果，主动提出修订完善建议。同时，在各业务环节扩展数据分析内容，如采购成本分析等，提升对采购业务的辅助支持。

7）批次计划智能安排。运用大数据技术，整合设备部、基建部、营销部项目信息，发现需求提报规律，预估采购批次安排，建设系统功能，构建采购批次安排模型，为合理编排采购批次提供数据支撑，辅助物资管理人员开展批次安排分析和决策。

（2）现代物流运营板块。

现代物流运营板块以物资供应全过程为主线，整合仓储配送一体、保障应急指挥、高效便捷履约等业务，智能开展供需、物流全程动态可视化，构建全量资源精细化、精益化、统筹性、灵活性更强的现代物流运营体系。其业务架构如图2-7所示。

图2-7 国家电网公司供应链精益运营平台现代物流运营业务架构

结合ECP、ERP、"e物资"App等各部业务系统平台数据贯通，利用大数据、人工智能、可视化等前端技术，从信息流、业务流两大角度实现供应链物流运营的数字化管理、透明化布局、智能化流程。通过数字化工具自动化物流运营工作流程，提高供应链物流运营效率及质量。

在供应链运营中现代物流运营板块将动态调度、动态储存、动态运输、动态全息紧密结合，实现供需智能匹配、储运全局共享、物资柔性调配、物流路径规则、退役精益管理、付款一键统筹的一体化物流价值链，实现供应链物流体系整体的精益化、数字化、智慧化。

现代物流运营板块典型业务场景如下：

1）全量资源可视调配。贯通合同签订、排产计划、生产运输、仓储配送、安装投运、生产运行、退役报废全过程，物资信息全程可溯源及追踪，全量资源做到"处处能看、件件能找、实时可调"，实现物资的全网统筹、全局调控。

2）基于大数据分析下的供应导期优化。通过完善信息系统功能，获取履约供应各环节准确的用时信息，借助大数据分析手段，对不同类别物资的典型供应周期和供应商阶段产能等进行分析，结合招标采购、合同签订、物资到货和工程投运时间，优化调整物资供应导期。

3）调拨供需智能匹配。运用人工智能学科中的深度学习模型，根据匹配原则智能推荐调拨方案，预估结算费用，完成调拨业务操作及过程监控，加强物资调拨业务闭环管控，实现物资调拨工作的规范化、标准化、数字化、智能化管理。

（3）全链质控运营板块。

全链质控运营板块深化实物 ID 设备全寿命周期应用，打造质量监督、供应商管理创新模式，汇聚融合生产制造、监造、试验检测等质量监督信息、征信信息，建立供应商及产品全景多维的精准评价运营体系。其业务架构如图 2-8 所示。

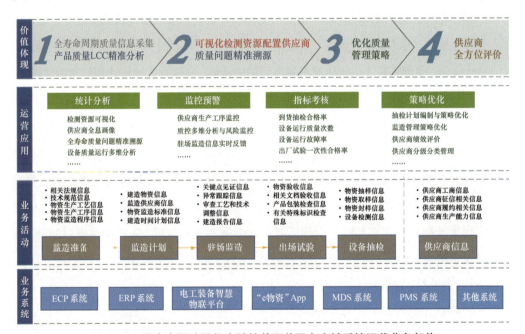

图 2-8　国家电网公司供应链精益运营平台全链质控运营业务架构

结合 ECP、ERP 等各部业务系统平台数据贯通，结合"e物资"App 线上运作，利用大数据、人工智能等前端科技，通过供应商信息从信息流、业务流两大角度深化供应链全链质控运营的监造准备、监造计划、驻场监造、出场试验，强化供应链深度运营，助力公司供应链数智运营。

在供应链运营中全链质控运营板块通过对供应链全寿命周期质量信息采集，产品质量全寿命周期成本（Life Cycle Cost，LCC）精准分析，可视化检测资源配置，对供应商质量问题精准溯源，优化质量管理策略，完成对供应商全方位评价及监测，打造重质量、讲诚信的良性竞争环境。

全链质控运营板块典型业务场景如下：

1）电表质量检测、设备运行缺陷全息多维评价。基于供应商全息多维评价体系应用目标，开展业务数据需求及数据溯源分析，确定业务数据接入范围及接入方案，支撑电能表、主配网设备全息多维评价体系基础指标取数运算，评价得分结果应用于电能表、主配网设备招标采购，精准评价优质供应商。

2）监造管控策略优化。基于不同设备的历史质量风险评估信息以及各个供应商的历史供货质量风险和履约风险评估信息，与监造管控策略优化模型进行比对分析，制定更加精准化的监造管控策略，不断优化监造策略，对不同设备和不同供应商实施有的放矢地监造，提高设备整体质量水平。

3）抽检计划编制与策略优化。采集历史抽检计划、质量风险、检测资源等信息，建立人工智能模型，并不断学习训练、修正模型，自动生成并调整符合质量要求及检测资源要求的抽检计划，逐步完善评估优化算法并得到最优计划，实现物资抽检计划的智能化编制。

4）供应商资质能力核实策略智能优化及应用。对供应商历史数据及市场行情波动信息、行业技术革新信息开展大数据分析，依据分析结果动态调整资质能力核实策略。

5）基于产品质量的全寿命周期成本精准分析。构建数据分析模型，开展供应商产品全寿命周期成本和全寿命周期质量信息的相关性分析，分析各阶段质量因素对全寿命周期成本的影响程度，计算相关性系数、敏感系数，并应用供应商在产品质量方面的投保响应数据分析预测其产品投入运行后的全寿命周期成本范围，为识别优质供应商、采购优质设备提供依据。

（4）供应链运营板块。

全供应链运营板块打造供应链内外部信息贯通的新局面，感知供应链全链运营态势，实现供应链节点状态信息实时掌控、内外高效协同互联，建立可对比、可预警、高质量、高效率的供应链运营服务体系，其业务架构如图 2-9 所示。

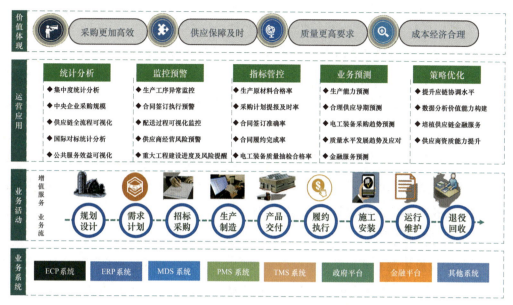

**图 2-9　国家电网公司供应链精益运营平台九大环节业务架构**

通过 ECP、ERP 等各部业务系统平台数据贯通，链接政府平台、金融平台外部信息资源，将业务与外部和内部利益相关者联系起来，实现供应链全流程增值服务、业务发展的两大类业务融合，以核心、稳定的客户为依托，以真实、可靠的供应数据作为运营基础，将供应资金流有效整合到供应链管理的过程中，提高全供应链协同、持续发展。

在供应链运营中全供应链运营板块的数据分析、流程监控、风险预警、策略优化，使得供应链采购更高效、供应保障更及时、质量更高要求、成本经济更合理。有效提升全供应链的协调性和降低其运作成本，提高金融市场、供应链市场流通效率，有效的掌握供应链企业的真实运营数据，降低信息的不对称带来的风险，建立以供应链运营为中心的共享交互生态圈，实现生态增值的全供应链运营服务。

全供应链运营板块典型业务场景如下：

1）全供应链可视监控。选取项目前期、项目执行、物资计划、招标采购、合同供应、仓储配送、废旧处置管理各业务节点全量业务数据，全面掌握物资供应链全链条业务数据，通过项目和订单两个维度，对项目管理和物资供应各节点状态信息实现可视化节点展示、实时查询、综合分析、分析预警等功能。

2）供应链多维数据分析。对物资管理从物资需求计划、采购管理、合同订单、供应链履约时效性、质控时效性、仓储配送时效性等方面对业务监控及业务数据进行多维分析。

3）供应商技术能力全方位分析。通过快速、准确筛选设备全寿命周期质量，包括物资、基建、运检环节的关键技术参数，拓展技术能力分析维度，从合格比例、总体优劣（均值）、总体离散度（方差）、相间差异、全寿命周期变化趋势、不同批次变化趋势等维度设计大数据分析模型，全方位开展供应商技术能力水平大数据分析，为物资采购策略、质量监督策略及供应商全息画像提供数据支撑。

4）提升供应商产品质量水平。通过对供应商质量信息进行大数据分析，充分展现产品质量优劣及发展趋势，并向供应商主动推送各环节质量信息，帮助供应商制定差异化质量提升策略，强化与供应商的质量协同。

（5）风险防控板块。

风险防控板块建立基于供应链全链条的合规监督管控体系，从合法依规角度开展全面督察，依托技术手段实现运营关键点状态感知、重点风险预测、违规点实时报警，为推进供应链高质量发展保驾护航。其业务架构如图 2-10 所示。

通过 ECP、ERP 等业务系统平台数据贯通，结合评标辅助工具，实现从信息流、业务流两大类角度履行运营合规监督，全面护卫供应链全链安全情况，在公司内部实现供应链合规监督全覆盖，支持公司高效平衡运转。

供应链运营中风险防控板块通过构建完备监督管控体系，改进合规管理体系的适用性、充分性和有效性，督促核心业务规范有序，主动提示供应链风险，及时准确的识别、监测和清除合规风险，督促供应链健康、有序的运营，推动供应链高质量协同发展。

风险防控板块典型业务场景如下：

1）专家库整体资源智能配置。建立年度各专业专家需求模型，分析电网发展规划和年度调整对专家库资源配置要求的影响，同时结合各专业年度专家参评率，在年初形成专家库年度专业、等级定额标准，为优化专家库结构及提升专家资源使用效率做出智能化决策。

2）评标专家抽取方案智能校验。利用大数据技术对同等规模、类型的历史项目采购信息、专家抽取方案以及 ECP 工作时长记录、评标现场工作时长记录等进行分析，建立评审小组合理专家配备模型，自动比对抽取方案，以核实专家抽取方案编制的合理性，指导专家抽取方案的优化。

3）质控多维分析与风险监控。基于设备质量数据和供应商数据，实现针对供应商、设备质量、供应商与设备质量的多维分析，进行质量问题异动捕捉及根源追溯，深入挖掘跨部门质控大数据，实现物资风险适时监控。

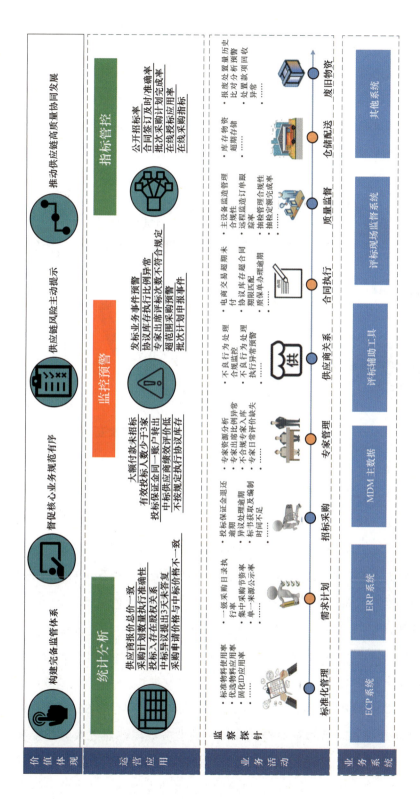

图 2－10　国家电网公司供应链精益运营平台风险防控运营业务架构

### （三）供应链精益运营平台数据交互

国家电网公司供应链精益运营围绕"五E一中心"平台进行数据交互，其中ESC为供应链运营的核心平台。ESC作为绿色现代数智供应链的大脑中枢，从数据中台获取各作业系统的常态化历史业务数据，从各作业系统获取高时效业务数据，通过数据分析、挖掘和预测向各作业系统下发指令，提升供应链运营效率。平台数据交互示意如图2-11所示。

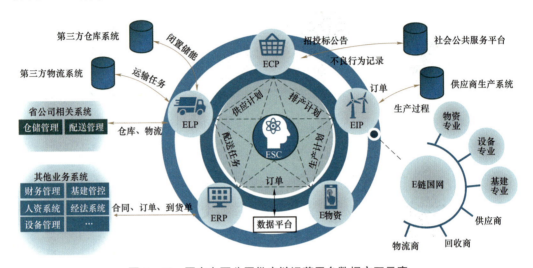

**图2-11 国家电网公司供应链运营平台数据交互示意**

在上述架构中，ERP物资模块是核心也是物资内外系统纽带，各系统之间通过业务数据流转实现横向纵向贯通，形成"资源一盘棋"。ECP提供从采购计划、招标采购、合同物流、质量监督、运行评价、供应商管理到废旧物资处置的供应链全流程业务平台操作、在线协同，形成强大供应链平台效应，提升产业集成和协同水平，实现"业务一条线"。EIP建设供需双方开放互信的物联平台，国家电网公司主动推送合同订单、设备运行质量等数据，生产执行系统（Manufacturing Execution System，MES）实时传送生产信息，实现"物联一张网"。ELP构建面向全社会的电力物流服务平台，实现"物流一网通"。"e物资"是所有物资作业系统的统一移动终端，推进应用整合，实现"移动一体化"。

各智慧作业系统的业务数据最终统一汇聚到数据中台，ESC则从数据中台获取常态化业务数据，从各作业系统获取高时效业务数据，通过数据挖掘和分析实现智慧决策，向各作业系统下发业务指令，成为"管理一中枢"。一站式综合服务门户"e链国网"以"五E一中心"提供的信息化业务处理能力为支撑，通过统一权限、统一账户、统一登录为内外部用户提供信息精准推送、业务快捷办理，实现"一网通办"。

## 五、国家电网公司供应链精益运营保障机制

（一）供应链精益运营协同共享机制

1. 跨专业业务协同机制

国家电网公司深化跨专业的全链协同运营机制，聚焦专业间信息共享、协同监管及提升管理，通过打造智慧运营分析模型、深化跨专业协同运作场景、优化全链业务协作流程，为跨专业合作奠定协作基础。

跨专业场景迭代。国家电网公司围绕供应链运营"五全"业务职能，整合全链协同业务需求，结合智慧运营分析模型库，动态迭代"决策驾驶舱""专业驾驶舱""专项主题场景"等各类协同运营场景，实现供应链业务运营全景可视、运营数据层层穿透，帮助决策领导和各业务部门及时从全链视角洞悉业务异常，不断提升供应链运营管理水平，支撑公司生产经营和电网发展建设。

跨专业计划统筹。根据国家电网公司的发展战略，制定多元计划协同体系的总体规划，并与业务部门的计划相结合，确保各类计划之间的一致和协调，以便在成本、质量和交付速度之间达到最佳平衡。通过统筹考虑综合计划、采购需求计划、招标采购计划、生产制造计划、运输配送计划、工程里程碑计划、竣工投产计划（资产转资）一体化线上协同，实现全局优化。

跨系统计划协作。国家电网公司在系统层面实现跨系统的深度协作，通过对现有业务流程进行再造，消除界限，优化节点，提高端到端的效率。在技术层面实现各类计划关键业务数据的共享，包括标准化数据定义、接口统一和构建数据中台。依托业务中台数据中台、技术中台，贯通专业数据链条，国家电网公司打通了供应链平台与网上电网、基建管控、设备资产精益管理系统（Production Management System，PMS）、营销平台、财务管控、ERP 等系统堵点、断点，促进全链条运营效能最优。

全链条流程协作。国家电网供应链运营针对采购与合同全链运营、全寿命周期质量监督等制约供应链高质量发展的断点难点，按照"识别问题-原因分析-解决措施"运营管控模式，对供应链全链业务协作流程进行持续优化完善，不断增强跨业务链协

同贯通能力，强化供应链运营与各专业、各省公司的协作协同。

2. 多级协同运作机制

国家电网公司供应链运营按照"一级统筹、两级管控、三级运营、四级应用"总体思路，实施供应链运营工作。一级统筹即总部制定运营制度标准，统筹推进各级供应链运营管理及评价工作；两级管控即总部、省公司协同建设供应链运营平台，管控供应链运营业务具体实施；三级运营即建设总部、省、市三级供应链运营体系，协同开展业务运营；四级应用即总部、省、市、县应用供应链运营平台开展业务。

通过上述运作模式，总部、省公司和地市公司供应链运营调控指挥中心协同，建立了自上而下的运营指挥督导与自下而上的执行处理反馈机制，以互通互联的一体化过程实现供应链中每个环节的信息安全最大化和运营效率的最佳化。

自上而下运营协作模式即由上级运营调控指挥中心发起，向下级运营调控指挥中心发布指令，主要通过以下三类场景进行协同：

任务发布类：统计分析任务下发、专题研究课题任务下发等场景；

规则发布类：监控风险点与标准要求下发、数据标准与管理规则下发等场景；

监控督办类：总部监控到省公司异常指标，下发整改指令；省公司监控发现地市公司运营问题，派发整改指令。

自下而上运营协作模式即由下级运营调控指挥中心发起，向上一级运营调控指挥中心传递需求的协作场景，主要通过以下两类场景进行协同：

资源协调类：物资跨省调拨、协议库存跨省调剂等场景；

异常处理类：问题处理逐级上报协调等场景。

三级供应链运营调控指挥中心运营模式如图2-12所示。

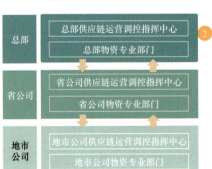

图2-12　三级供应链运营调控指挥中心运营模式

3. 跨企业协同机制

数据资源协同。国家电网公司以标准引领，通过统一供应链数据标准实现供应链生态数据高效协同。通过绘制数据资源图谱，建设供应链互联互通的物料编码和数据字典规范，国家电网公司通过统一标准化内容、结构化格式，建立健全数据安全、权利保护、传输汇聚、交易流通、开放共享、可信认证等标准，构建供应链大数据融合、治理、共享生态，从而促进规范化、高价值的数据要素市场培育。

在此基础上，国家电网公司集中归集供应链数据资源。加强工业互联网、5G、区块链等技术应用，将电网物力资源供应链数据互联范围延伸至供应链上游原材料、组部件等制造企业、设计建设运行等服务企业，延伸至中间的抽水蓄能、光伏等制造企业，延伸至下游用户配电房、储能设备等用电客户，推动跨专业、跨层级、跨企业、跨行业、跨政府部门数据集中归集使用，实现供应链全链条、产品全寿命周期的商流、物流、资金流、碳流、信息流五流合一，基于数据中台建设供应链基础大数据库，打造数据融合共享生态。

生态数智协同。国家电网公司通过拓展供应链生态圈网络互联，聚焦设计、生产、管理、建设、服务等供应链生态，推进设计仿真、智能感知、人机协作、供应链协同等智能场景建设。推动跨平台、跨企业、跨领域业务互联和智能协作，多源异构信息交互和全链条协同优化，实现设计与制造、生产与建设交互协同。以数据产品为核心要素，加大数字人民币等新业务应用，推动链上企业进行空间、时间、功能、结构、流程等重组重构，提升供给与需求匹配精准度，提高要素流动与配置效率。

（二）供应链精益运营创新孵化机制

国家电网公司及时感知行业技术更新、政策指导等外部环境变化，综合物资专业九大业务创新孵化需求，通过组建创新孵化机构、培育供应链运营创新人才、汇聚创意设计资源、协同开展供应链运营创新工作，持续保持供应链运营创新。

1. 打造供应链精益运营创新组织

国家电网公司组建了专门的供应链运营创新孵化组织，通过在各网省公司探索成立供应链创新工作室、供应链研究实验室等方式，进行供应链运营相关理论和实践研究，孵化供应链运营创新项目。同时，依托各类实验室与高校、科研院所等机构开展深入合作，协同进行供应链运营创新理论和技术研究，共同孵化创新创意，进行概念验证和示范，推动理论成果产业化应用。

2. 培育供应链运营创新人才

国家电网公司依托各类创新孵化组织，重点加强对供应链运营管理人才和技术人才的培养，常态化开展供应链运营管理理论和技能培训，提高员工的综合素质和专业技能，激发员工创新思维。在人才培养过程中，结合"问题导向"的方式，围绕供应链运营中的痛点与难点问题组织学习与实践，使得人才在解决问题的过程中不断提高，同时也为企业创造实际价值。

3. 建立供应链运营创新评审机制

国家电网公司通过组织相关领域专家，组建供应链运营创新创意和项目评审团队，建立了供应链创新项目评审机制和项目库。通过对创意的原创性、创新性、实用性和产出进行评审，遴选出投入产出比高、操作性强的创意，并将创新理念和实践成果转化为供应链运营创新项目，进入项目库孵化和落地。

4. 构建供应链运营平台创新迭代机制

国家电网公司通过理论研究指导供应链运营平台的建设方向，制定包括组织模式、业务流程、数据标准、技术路线在内的顶层设计方案，采取试点示范方式渐进推进，并建立持续迭代机制实现平台不断升级，迭代机制如图2-13所示。通过加强对供应链管理理论、数字技术与人工智能等前沿领域的跟踪研究，结合自身发展战略与业务需求，研究制定供应链运营平台的总体框架与路线图。国家电网公司通过持续推进供应链运营平台的创新发展，实现从单一解决方案向开放生态系统的演进，建立开放共享的合作环境，利用新技术重塑供应链业务，实现价值创造。

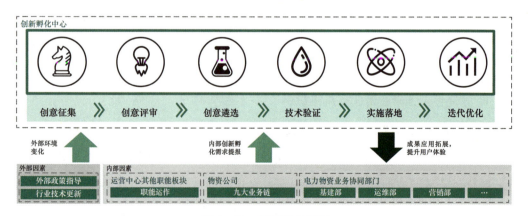

图2-13 创新孵化机制

5. 供应链运营价值核算机制

国家电网公司以"全景设计、全量数据、全链运营、全程管控、全域资源"为总体原则，综合考虑电网供应链行业通用性、充分结合国内外通用评价模型，推进多维指标体系的设计与运营，致力打造国际领先、行业引领、内外协同的先进指标体系，全面支撑公司战略落地。借鉴阿米巴管理模式以及内部市场模拟理念方法，构建衡量供应链运营价值核算体系，量化评价供应链运营成效，并将内模市场评价结果与省公司同业对标、企业负责人考核指标"双挂钩"，引导与激发供应链全链员工的创新能动性和积极性，提升全员、全业务价值创造力，增强供应链运营调控指挥中心的运营创效能力和专业服务能力。

（三）供应链精益运营常态管控机制

1. 构建创新理论体系

坚持创新引领进步、融合促进发展，坚持开展国内外供应链先进理论及案例研讨吸纳，把创新作为引领市场发展、促进高效生产的第一动力，使供应链理论体系的优化研究由"一次性"变为"常态化"。在供应链运营体系建设和常态化运营过程中，归纳总结运营平台、管理模式、业务流程、创新应用等方面的优秀实践，不断积累和迭代。推进数字技术、应用场景、商业模式和体制机制融合创新，形成以技术发展促进全要素生产率提升、以领域应用带动技术进步的发展格局，促进科技赋能于行业、创新赋能于产品的独特理论体系。

2. 推进智库常态运行

国家电网公司全面对接国家长三角、京津冀等区域发展战略，按照"标准一致、资源互济、平台互通、模型共用、知识共享"的原则，由区域内各电网公司合作组建区域高端智库联盟。深化区域智库协同合作，统筹智库课题和模型研究立项、评审、分工、应用等，重视区域间模型匹配和其适用场景，使数字化发挥出应有的作用。定期进行模型方案论证、技术资源调配和组织实施方案，并不断进行运营方案优化和运行改善，提升供应链运营效率。让发展方式从"接力式"转变为"同步式"，形成"共商、共建、共管、共享、共赢"的常态化运作模式。

3. 定期共享运营成果

应用人工智能、数字孪生、区块链等新兴技术，安全构建、升级、迭代供应链运营分析产品，充分运用稳定、安全、创新的科技提高供应链运营产品的跨专业性、综合性、保障性。做好供应链运营调控指挥中心建设、运营实践案例的总结提炼，归纳总结运营平台、管理模式、业务流程、创新应用等方面的优秀实践，定期组织各单位开展运营实践案例交流分享，形成供应链运营经验交流专刊。按月分析供应链运营工作成效，发布供应链运营管理工作月报，不断积累和迭代，形成模型、专刊、月报等供应链运营系列产品，构建具有国网特色的供应链运营相关经验与理论体系，实现技术交流、资源共享、市场拓展等目标，提高电力行业的市场地位，大幅度提升市场供应链运营构建效率。

## 六、国家电网公司供应链精益运营原则要求

### （一）统一数据基础

国家电网公司按照"多源汇聚、打破孤岛"的原则，将供应链全链业务对象、业务流程、业务规则进行数字化，并结合实际业务需要，对物资专业全量数据进行接入、治理和业务（数据）标准表转换，对国家电网公司其他专业和外部数据提出接入、治理和转换。通过统一数据"入口"和"出口"，打破层级、专业间的信息壁垒，从而夯实数据统计分析基础。此外，国家电网公司通过全面盘点数据资源，建立了供应链"一库两字典"数据基础体系，强化数据接入贯通和质量治理，实现全供应链数据标准化和融通共享、可视可查。

### （二）统一分析工具

对于供应链全链条业务的统计、分析、评价、预测等都需要有专业化的数据统计分析工具。国家电网公司遵循公司数据中台和企业级报表中心技术路线，构建了统一的供应链运营分析工具，能够有效支撑总部、省公司、地市公司三级各单位以及物资各专业进行定制化构建分析报表，满足不同角色、不同视角的数据分析应用需求。此外，通过统一分析工具还支撑"拖拉拽"方式的自主数据分析，帮助供应链运营人员灵活开展不同专题运营分析。

### （三）统一业务报表

供应链运营工作业务覆盖面广，不同类型业务都具有频繁的业务报表统计需求。国家电网公司通过建立各专业的业务报表库，并按照"统一规范、自动生成"的原则，对各类业务报表进行标准化设计，支撑实际运营过程中业务报表统计口径、统计维度的一致性。通过统一业务报表，明确统计规则、计算逻辑和业务覆盖范围等，国家电网公司供应链精益运营在得以满足各方获取业务数据需求的同时，也实现了业务统计效率和准确性的极大提升。

（四）统一指标体系

指标体系是供应链运营成效量化的晴雨表，国家电网公司在同业对标、业绩对标等指标体系的基础上，结合公司高质量发展和绿色低碳发展要求，客观量化供应链全链业务运营情况、运营绩效，打造了供应链运营统一指标体系。在此基础上，通过根据业务需要、形势变化，动态更新、迭代优化各类运营指标、评价指数，实现充分发挥指标引领作用；通过指标及时诊断业务开展异常，发现或预测业务偏差，实现事前纠偏、事中及时调整事后总结分析，推动供应链全链业务效率、效益和效能持续提升。

（五）统一分析模型

统一分析模型是在统一业务报表的基础上，依托统计数据，根据业务规则明确业务诊断内容，固化分析逻辑，建立各专业分析模型，形成分析模型库。国家电网公司供应链精益运营按照"多维视角、智能分析"原则，针对相应业务内容、工作环节、焦点问题、应用场景等管理要求或标准，提炼出了数据统计规则、管控标准、展现形式等，帮助更加便捷、高效构建专项分析模型，提供智能化分析手段，辅助供应链业务运营效率。

（六）统一运营管理

统一运营管理是供应链运营工作规范化高效化的保障。国家电网公司在供应链"五全"运营核心职能的基础上，通过构建供应链运营调控指挥中心达标创星标准，分阶段开展建设成果评价验收，推动供应链运营调控指挥中心发展提升。通过统一业务需求提报及审查、账号权限申请及审批、分析模型开发及部署等业务流程，实现供应链运营规范化管控。按照"多元应用、运营支撑"的原则，推动供应链分析评价、业务应用和协同联动，为供应链全链业务精益运营提供管理支撑和决策依据。

# 第四节　国家电网公司供应链精益运营价值成效

## 一、国家电网公司供应链精益运营价值意义

国家电网公司建设运营着世界上输电能力最强、新能源并网规模最大的电网。作为系统集成商和运营商，连接着能源电力产业链供应链上下游企业和用户，拥有丰富全面的行业应用场景和全寿命周期数据。供应链运营是国家电网公司在绿色现代数智供应链建设体系下，对供应链管理理念和模式的升级。开展供应链运营不仅是为了推

动国家电网公司供应链整体效率、效益、效能的升级，更是国家电网公司提升供应链整体资源保障能力、风险防控能力、价值创造能力、行业引领能力的重要驱动，并以此实现更好支撑国家"双碳"目标、新型电力系统建设、能源转型和电力保供。

（一）聚集全链质效强化资源保障能力

供应链运营贯穿了从物资需求计划、供应交付到废旧回收的全过程，通过对全链数据的精益化统计分析、监控预警、策略优化、精细管理、协同运营，推进供应链的"精准需求、精益采购、精确履约、精严质控、精管实物、精细处置、精算分析"，国家电网公司供应链运营实现了更高效的采购、更高效的决策、更精细的管控，挖潜能、降成本、增效益，推动供应链全链条价值最优。

（1）高效采购保障供应：国家电网公司通过供应链运营持续创新采购模式，智能预测物资需求、优化配置专家资源、精准安排计划批次、智慧优选供应链，全面实现阳光采购和全面防范采购风险，从而有效推进计划准确性、采购高效、供应及时性。

（2）支撑供应链辅助决策：供应链运营将物流与新型数字技术结合，以物资供应全过程为主线，将传统物资管理中相对分散的各个环节运营数据进行有机整合，实现深度洞察业务运营规律、数据精准指导业务运作，推动资源高效统筹。

（3）质量和供应商精细化管理：通过供应链运营，实现全寿命周期质量信息采集、优化质量管理策略、可视化检测资源配置、供应商差异化评价、供应商质量问题精准溯源、产品质量全寿命周期成本精准分析、供应商关系精细化管理等。

（二）应用数智技术筑牢风险防控能力

在国内大循环为主体、国内国际双循环相互促进的发展新格局下，各行业各类型企业都需要更加注重整体资源配置的合理性以及供应链的安全韧性和合规运营。供应链风险防控成为企业提高市场竞争力和品牌形象的重要手段之一。通过应用各类数智风险防控技术，能有效降低运营成本和风险。结合数字化、智能化的运营方式，供应链风险监控预警将不再依赖于人工判断，供应链运营合规也将更加智能化、高效化和精细化。

（1）促进运营合规精细化管控：通过大数据技术和人工智能技术，供应链运营可实现全业务流程智能监控、违规行为预警的精益管控。通过按照事先设定的逻辑条件，从源端业务系统直接抓取数据，实时跟踪业务流、实物流、资金流状态，自动判定各业务环节是否存在异常，即时发出预警信息，实现用数字化手段保障业务链的高效合规精细化运转。

（2）实时精准预警保障安全：供应链数智运营通过构建全链实时供应链预警体系，实现供应链所有环节的全信息化高效闭环管理。通过构建实时监控预警体系灵活精细监控业务运行异常，为运营决策提供详尽可靠的信息支持，减少各种风险事件的发生，提高供应链的安全稳定性。

（3）支撑供应链韧性水平提升：通过供应链数智运营，采集和分析供应链大数据，能有效加强对供应链各环节的动态监控与精细化管控，实现风险预警与智能决策，大幅提高供应链发生异常时的应急响应能力以及风险管理效率、质量，促进供应链网络化、提高抗风险能力与韧性。

（三）挖掘数据要素提升价值创造能力

供应链数智运营不仅仅提高了供应链的效率和效益，还为各参与方创造了丰富的商业价值。通过金融服务、绿色评价和平台市场的发展，供应链已经演变成一个更加多元化、创新化和可持续化的生态系统，为企业和整个产业链的可持续增长提供了坚实的基础。这是供应链运营的重要价值所在，也是未来趋势的引领力量。

（1）供应链产融价值创造：通过深化供应链产融合作，创新商业模式，为供应链各方提供金融服务，如履约保证金保险、应收账款融资、仓单质押、保理等。这不仅有助于降低交易风险，还为企业提供了更灵活的资金流动方式，促进了供应链的流畅运作。这种金融服务的发展也有助于降低整个供应链的融资成本，增强了企业的竞争力。

（2）绿色低碳价值创造：依托供应链数据资产，国家电网公司可以提供绿色企业评价评级、绿色征信报告、供应商绿色信用画像、产品碳排放足迹跟踪等服务，推动供应链向绿色低碳方向发展。这不仅满足了越来越多消费者对可持续产品的需求，还有助于企业降低环境风险，提高社会责任感。通过绿色评价服务，供应链可以更好地满足市场需求，实现可持续发展，同时也提高了企业的声誉和品牌价值。

（3）平台效应价值创造：供应链数智运营还促进了平台市场的发展。这包括知识产权交易、平台采购与拍卖交易、数据产品开发运营等领域。通过平台效应，供应链中的信息和资源得以更加高效地流通和利用。供应链各类数据产品的开发和运营也为供应链各方提供了更多商业机会。这不仅为新兴产业提供了新动能和新增长点，还为供应链中的各方创造了更多的市场机会和盈利潜力。

（四）担当链主责任发挥行业引领能力

国家电网公司通过供应链运营能够更加全面发挥"链主"作用，响应国家供应链战略新时代的发展要求，通过数智运营推动供应链管理九大环节全流程融汇贯通。

（1）提升产业链供应链整体运营价值。通过供应链运营有助于优化供应链全寿命周期，从而实现供应链的全面优化和提高企业整体效率。通过将供应链各个环节中具有特定优势的相关交互企业组织起来，以整体协同运营为目标，以专业协同技术为基础，以业务信息共享为手段，以物流运营标准为支撑，从系统工程的高度出发，实现供应链整体价值的最大化，支撑企业应对激烈竞争和快速变化的市场环境。

（2）推动供应链、产业链、价值链融合运营赋能。依托供应链数智运营，能够推动国家电网公司供应链运营网络向上下游企业延伸，研发服务产业供应链赋能升级产品。2024 年 5 月，工业和信息化部、交通运输部、商务部三部门印发了《制造业企业供应链管理水平提升指南（试行）》，提出要充分发挥供应链主导企业的辐射带动作用，以点带链、以链带面提升供应链整体水平。积极发挥专精特新中小企业强链补链作用，推动大中小企业在设施设备、要素资源、信息数据等领域的多方协同，优化供应链、发展产业链、提升价值链。国家电网公司通过充分发挥链主引领作用，持续创新供应链精益运营实践和成果，将有效支撑构建"创新、协同、共赢、开放、绿色"的供应链生态圈。

（3）提升产业链上下游资产精益管理水平。通过供应链数智运营，助推协同制造和联合储备，整合供应商、集成商、运维商资源，形成跨界融合的能源装备产业集群，从而服务电网改造、光伏接网、定点扶贫地区电网攻坚建设，提高资源统筹与利用效率，统筹安排跨省物资调配。推进供应链数智运营，还有助于国家电网公司供应链管理转型升级，通过分析设备采购供应周期、项目储备立项、里程碑计划等各业务环节时间耗用情况，推动规划计划、物资采购、项目建设高效协同；通过将设备采购、运维检修等费用自动归集至设备全寿命周期成本，开展优质设备综合经济性评价，从而提高资产管理精益化水平。

## 二、国家电网公司供应链精益运营主要成效

（一）全链条运营效率提升

通过供应链全链数智运营深化，国家电网公司促进全链运营效率再提升，链上企业数据互联占比超过 80%，采购需求及时响应率 100%，物资合同签约、资金结算申报及时率、准确率 100%，资金申请对接公司"收付款结算池"，准确率、按日排程率

达 100%，物资供应保障率 100%，库存周转率 6 次/年以上。

（二）供应链保供效能提升

国家电网公司通过供应链运营深化采购需求计划、采购实施计划、生产制造计划、运输配送计划、施工运维计划、财务资金计划的"六化协同"，通过制定采购供应合理导期，在 2023 年特高压及度夏度冬重点工程中，物资交货进度平均提早 20 天。通过建立库存"一张表"，对内打通 2 万多个物资库与专业仓，对外拓展 108 家供应商和南方电网重点物资库存，链上可调用物资达 200 亿元以上，在华东、华北、东北等地区抗台防汛期间，实现跨省物资调拨 1h 出库，8h 送达，7.86 亿元应急物资在 7 天全部精准到位。

（三）供应链资源统筹优化

国家电网公司依托供应链运营推动资源统筹调配，为合理配置资源、促进东西省份均衡发展创造良好条件。国家电网公司发挥总部、省、市、县四级仓储体系支撑保障作用，建立供应商寄存、实物储备、协议库存为一体的物资"资源池"，通过供应链运营调控指挥中心，进行全网资源统筹调配，组织开展闲置库存资源跨省调配工作，促进东西部电网均衡发展。

不断优化仓库库存资源，撤销合并规模小、周转率低、长期闲置的仓库，闲置仓库降低 76.5%。开展废旧物资集中精益处置，报废物资集中处置年均超过 50 亿，推动公司资产盘活利用，物力资源跨项目、跨主体调配盘活 100 亿元/年左右。

（四）数字化运营能力升级

通过供应链运营体系的建设落地，国家电网公司围绕物资 6 个专业打造了系列运营机器人（计划协同机器人、招标采购机器人、合同管理机器人、质量监督机器人、现代物流机器人、风险防控机器人）。招标采购机器人正在全面推广，评审效率提升 20%。开展了工程物资图纸在线交互，设计院、制造商、建设单位信息协同共享，设备基础图提供周期平均压缩 35%。与发展、基建、设备等 5 个专业贯通，协同构建了设备试验、合同履约信息等 37 个行业级数据模型，推动设备全过程贯通。

（五）产业链价值创造赋能

国家电网公司发挥供应链链主作用，积极探索供应链金融创新，服务公司和供应链上下游企业高质量发展。通过深化供应链运营，国家电网公司在供应链产融结合方面的经济效益显著增加。通过大力推广供应链金融业务，以金融产品释放供应商流动资金，依托供应商画像评估等场景应用，为供应链企业提供高效、便捷、低成本的融资服务，服务产融业务、保证金保险替代年均规模 200 亿元/年以上。

此外，还通过持续深化数字人民币推广应用，充分发挥智能合约在精准控制资金流向、有效简化账户变更等方面的优势，力争实现数字人民币智能合约在供应链金融场景下的深度嵌入。

（六）供应链合规稳定运行

国家电网公司通过供应链运营平台的智能监督，针对计划、采购等 10 项核心业务、64 个关键环节、320 个风险点进行在线监控，实现监督预警平台自动发起预警督办，监督广度、深度和效率大幅提升。全网累计监控事件年均 280 万余条，异常问题月均发生率下降至 0.08%，在线闭环整改率持续保持 100%，实现了供应链风险管理从分散监控向集中统一监控转变，从"人防"向"技防""智防"转变，从"被动防"向"主动做"转变。

截至 2023 年，国家电网公司通过供应链运营平台累计监控事件 612 万条，异常问题发生率降至 0.03%，在线闭环整改率 100%。有效保障了供应链合规风险闭环管控。在中央巡视和审计署审计期间，物资专业数据库全量移交，检查组自行随机核查，数据真实可追溯，平台公信力持续彰显。

# 第三章

## 国家电网公司供应链全量数据资产管理

国家电网公司供应链运营全量数据资产管理是以数据管理部门为主体，通过制定统一数据标准、管理统一数据质量、保障数据全寿命周期安全，从数据的归集开始，到数据的存储、治理、共享交换、挖掘计算、开放，最后把数据供应到需求部门进行数据应用，将数据生产方、数据采集方、数据治理方、数据运营方、数据平台方、数据开发方、数据消费方等连成一个整体的功能网链结构，以实现数据资源的资产化、数据资产的服务化、数据服务的价值化。

全量数据资产管理夯实运营基础底座，通过构建数据标准与规范，实现数据的集中管理和业务流程的数字化，为运营提供数据支撑。本章阐述了国家电网公司数据资产、应用和评价的全量数据资产管理体系，对供应链数据业务化、大数据分析、供应链平台运行监控等全量数据资产管理核心场景进行描绘，结合数据管理运营及应用等全量数据资产管理典型案例，论述供应链运营全量数据资产管理内容。

# 第一节　全量数据资产管控体系

国家电网公司物资专业全量数据资产管理是指按"一级部署"原则对供应链平台、辅助工具等物资专业信息系统中存储的数据资产进行盘点、规范、接入、贯通和治理等活动，主要包括数据盘点管理、标准管理、数据质量管理、数据需求管控、数据共享管理、数据产品应用、数据评价等工作。全量数据资产管理工作围绕"一库两字典"数据体系开展，主要包括业务数据标准表库、源端数据注释字典和业务数据系统取数字典。国家电网公司通过"一码贯通，双流驱动"贯通供应链全链业务数据，通过实物 ID "一码"贯通各业务环节数据、"业务流"和"实物流"双流双向驱动业务开展。国家电网公司供应链运营全量数据资产管控架构如图 3-1 所示。

## 一、数据资产管理

（一）数据盘点管理

1. 概念

数据盘点管理是数据资产管理的前提，只有对数据资产完成规范化的、系统化地归并、整理、分类等操作，才能达到有效利用的程度。数据盘点管理是根据供应链业务系统源端数据资源台账，对物资域信息系统中存储的供应链数据进行梳理形成供应链源端数据注释字典（含数据共享负面清单）。

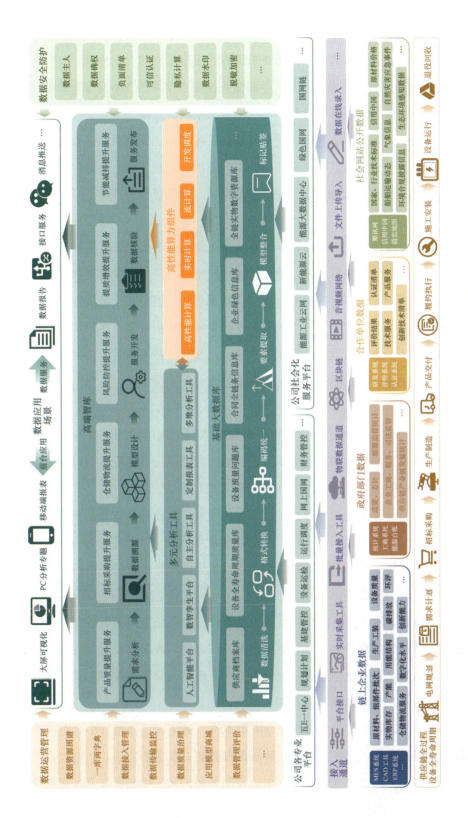

图 3-1　绿色现代数智供应链数据总体架构图

源端数据资源台账是指物资专业业务系统信息服务单位对所辖业务系统数据表及字段的业务含义、技术信息、保密要求等内容梳理形成的数据台账。注释字典是指对源端数据资源台账中的物资专业业务系统数据表及字段的业务含义、数据接入状态、数据敏感性质等关键数据信息归集形成的数据字典。数据共享负面清单按照国家电网公司数据共享负面清单管理细则进行管理，根据数据业务敏感性以及涉及个人隐私的系统表和字段，分类确定可共享使用的用户范围和授权要求。针对存在敏感业务期限的数据，应按照脱离敏感期前、脱离敏感期后分类实施授权策略。

2. 必要性

数据资产是企业及组织拥有或控制，能给企业及组织带来未来经济利益的数据资源。通过利用数据优化业务的方式，使数据间接产生收益，这种情况下数据能够产生的价值是难以评估的。很多地方都能用到这些数据资源，但是由于资源的来源、类型各不相同，导致无法获取，没有一个有效的途径去使用这些资源，在很多情况下这些资源都被浪费掉了。企业可以通过数据资产盘点、梳理、挖掘数据背后隐藏的价值，支持公司经营和决策分析，所以数据资产盘点是非常有必要的。

3. 流程

各级物资管理部门信息化归口处室负责监督本级组织所辖源端业务系统信服单位源端数据资源台账的建立与定期维护。各级物资管理部门数据管理归口处室负责组织开展本级组织所辖业务系统数据的注释字典梳理与维护工作。

（1）职责分工。总部组织一级系统信服单位开展一级业务系统数据资源盘点，省级公司数据管理归口处室组织本单位二级信息化业务系统（含集中部署 ERP 系统物资模块）研发单位开展二级系统数据资源盘点，各级供应链运营调控指挥中心具体实施盘点工作。

（2）交付台账。各级信息化业务系统研发单位应在系统上线部署时向本级数据归口管理处室交付源端数据资源台账，包括信息系统名称、表名称及业务注释、字段信息、数据授权策略、数据敏感类型及脱敏规则、是否纳入负面清单等。其中涉及敏感数据对外共享的授权策略信息需由本级业务处室确认。

（3）梳理台账。各级数据归口管理处室组织供应链运营调控指挥中心对源端数据资源台账开展梳理、规范及汇总工作，形成源端数据注释字典。

（4）负面清单。源端数据注释字典中涉及商业秘密和工作秘密、个人秘密及相关敏感事项的数据纳入供应链数据共享负面清单。数据共享时，参照国家电网公司数据共享负面清单管理细则进行管理。

（5）滚动更新。数据盘点工作实行滚动更新机制，当源端系统业务数据表变更时，各级信息化业务系统研发单位应按月向本级数据管理归口处室提交源端数据资源台账，并标注变更信息，确保数据资源更新及时。

（二）数据标准管理

1. 概念

供应链数据标准管理工作依托业务数据标准表开展。业务数据标准表是按照"统一数据命名、统一业务定义、统一规范格式、统一权威来源"原则，针对供应链九大环节各业务节点建设的系统性数据模型，是从供应链全链业务角度规范的具有统计分析价值的业务数据，由业务数据标准表及其字段的基础库组成。

业务数据标准表的建设管理工作由总部负责统筹安排，各级数据归口管理部门配合开展具体实施工作，包括业务数据标准表设计、溯源、开发、核验、数据接入贯通、发布与更新等。

企业体系庞大，各个业务部门、各个业务系统定义自身的数据标准，这样导致的结果是当一个应用跨业务部门或者跨业务系统时，就无法通过统一的语义查询定位到所需要的数据，而数据标准是解决这一问题的基础。

2. 业务数据标准表设计

（1）设计原则。业务数据标准表设计工作应遵循"需求牵引、业务视角、分类设计、适度冗余、价值导向"的原则，组织总部供应链运营调控指挥中心统筹评估各专业的ESC统计分析功能需求，组织开展业务数据标准表设计工作。

（2）需求梳理。在提出ESC统计分析需求时，需基于当前已完成建设的业务数据标准表开展数据需求梳理分析，对于标准表未覆盖情况，提出业务数据标准表新建、优化的需求。明确所需数据字段、数据时间范围、来源系统等信息，完成统计分析需求数据收集表填写。

（3）内容设计。业务数据标准表表层信息设计应包含数据专业域、表命名、业务注释、数据责任处室、来源系统等内容。业务数据标准表字段层信息应包含字段命名、业务注释、字段格式要求、字段数据标准等内容。标准表字段库对通用型业务字段进行了规范性字段命名与标准化字段类型设计，在业务数据标准表字段层设计时应优先选用字段库中现有字段，并对字段库中未有字段进行动态补充。

（4）意见征集。业务数据标准表模型设计文档设计完成后需向各部门、各单位发布征集修改意见。各部门、各单位在收到征求意见通知的 5 个工作日内基于业务数据标准表模型设计，详细描述对标准表设计初稿的修改意见与修改原因，填写标准表征求意见反馈单进行意见反馈。总部供应链运营调控指挥中心根据征集到的反馈意见完成标准表修订工作。

3. 业务数据标准表溯源

（1）溯源原则。供应链运营调控指挥中心按照"两级建设、分级溯源"的原则组织开展业务数据标准表数据溯源工作。

（2）具体实施。根据业务数据标准表数据来源不同，业务数据标准表溯源工作的具体实施包含：

1）取数来源为物资域一级部署系统的业务数据标准表，由总部供应链运营调控指挥中心组织总部数据管理支撑单位会同一级部署业务系统研发单位开展数据溯源工作。溯源结果经对口业务处室确认后，形成一级业务数据标准表取数字典。

2）取数来源为物资域两级部署系统的业务数据标准表，由省公司数据管理归口处室牵头，省供应链运营调控指挥中心组织本省公司对口业务处室、业务系统研发单位及数据管理支撑单位开展数据溯源，形成二级业务数据标准表取数字典，经确认后提交至总部供应链运营调控指挥中心汇总。

（3）数据准确性。数据溯源工作应严格按照业务数据标准表模型规定的字段含义、字段格式和公共标准代码等内容开展规范化数据溯源工作，并根据溯源结果提供样例数据，完成业务数据标准表取数字典编制，确保数据取值准确。

4. 业务数据标准表开发与核验

依据业务数据标准表设计及溯源成果，总部供应链运营调控指挥中心组织总部数据管理支撑单位，基于国家电网公司数据中台开展业务数据标准表的落地开发。一级业务数据标准表由总部数据管理支撑单位根据溯源结果完成业务数据标准表的落地开发。二级业务数据标准表由总部数据管理支撑单位会同省级数据管理支撑单位开展业务数据标准表的落地开发工作。各省公司数据管理归口处室统筹，省供应链运营调控指挥中心组织本单位业务人员完成数据核验并经省公司专业处室审批后完成数据上传。

（1）流程。总部组织各级单位开展业务数据标准表核验工作，明确标准表核验计划要求，跟踪核验进度。各省供应链运营调控指挥中心根据统一安排，定期向总部供应链运营调控指挥中心汇报本省公司数据核验工作进展及存在问题。

（2）核验。业务数据标准表核验工作由总部供应链运营调控指挥中心依据业务数据标准表核验实施方案有序组织开展，包括技术核验与业务核验两部分。技术核验由业务数据标准表研发单位负责，包括取数来源、逻辑语句以及业务数据标准表数据完整性检查。业务核验由业务数据标准表的数据责任处室/部门会同业务系统研发单位针对业务数据标准表提出核验指标，各级数据管理支撑单位根据所提指标开展数据核验与问题消缺工作。标准表数据核验与问题消缺过程中如对标准表字段进行取数逻辑调整，应同步滚动更新业务数据标准表取数字典。

（3）存档。标准表核验通过后，各级数据归口管理处室牵头，各级供应链运营调控指挥中心组织各级业务数据标准表研发单位形成业务数据标准表核验指标清单与业务数据标准表出厂测试报告，当月内汇总至总部供应链运营调控指挥中心存档。

5. 业务数据标准表发布与更新

（1）审核发布。总部供应链运营调控指挥中心定期将完成核验的业务数据标准表提交至总部和数据责任处室审核。审核通过后，由总部供应链运营调控指挥中心面向各单位发布使用。

（2）补充更新。业务数据标准表采用"版本更新"的迭代机制，总部供应链运营调控指挥中心常态化收集业务数据标准表修订意见，根据实际需要适时组织开展标准表补充建设和版本更新。

6. 标准表数据接入贯通

（1）数据上传。数据上传是指按照业务数据标准表模型设计将二级业务系统数据上传至总部。原则上采取"应上尽上"方式，总部供应链运营调控指挥中心根据标准表数据贯通需要，会同国网大数据中心组织各省公司开展数据上传，各省公司数据管理归口处室组织省供应链运营调控指挥中心会同本级大数据中心按要求做好省级数据上传工作。

（2）数据下发。数据下发是指根据业务需要，将一级业务数据标准表数据按业务发生单位拆分后下发。原则上采取"按需下发"方式，总部供应链运营调控指挥中心定期收集各单位数据需求，评估合理后由总部供应链运营调控指挥中心向数据责任处室提出数据下发申请，填写标准表数据下发审批单，明确业务数据标准表信息、数据拆分逻辑等内容。标准表数据下发审批单经审批通过后，由总部供应链运营调控指挥中心组织总部数据管理支撑单位按指定逻辑拆分后，会同国网大数据中心完成标准表数据下发工作。

（3）核验反馈。一级业务数据标准表数据下发完成后，各省公司数据管理归口处室统筹，省供应链运营调控指挥中心组织本单位数据管理支撑单位对接收到的业务数据标准表数据组织开展数据核验，对于存在问题的数据及时反馈，由总部供应链运营调控指挥中心组织开展问题排查与治理。

（三）数据质量管理

1. 概念

数据质量管理是针对供应链业务数据标准表，开展数据质量监测、治理和管控等措施，旨在提升标准表数据的完整性、准确性和规范性。大数据平台的目标是为了对内支撑、对外应用，而这两个核心目标的基础是数据质量，否则基于不可信数据出来的结果也是不可信的。

总部供应链运营调控指挥中心建立数据质量主动管理机制，通过设置数据质量核查规则库开展数据质量在线监测，建立数据质量问题台账，分析数据质量问题原因，开展质量问题分类管控和针对性治理，切实提升供应链数据质量。

2. 规则

数据质量核查规则是数据质量监测的标准，主要依据标准表中关键数据字段的规范化要求进行设置，以保证标准表中存储数据的完备性、有效性、精确性，分为数据非空值、数据枚举值、数据规范格式等类别。

（1）总部级规则库。总部供应链运营调控指挥中心针对供应链业务数据标准表统一研究制定总部级数据质量核查规则库，在征求总部各业务处室意见后发布。总部级规则库遵循版本迭代更新原则，总部业务处室在 ESC 功能分析过程中如发现数据问题，可向总部提出数据质量核查规则建议，经总部供应链运营调控指挥中心评估后纳入规则库。

（2）省级规则库。各省公司数据管理归口处室应组织省供应链运营调控指挥中心基于总部的核查规则库，建立省级数据质量核查规则库，对本省公司二级标准表中数据字段规范性进行核查，保证省级标准表中存储数据符合总部的统一规范化要求。省级规则库由省供应链运营调控指挥中心配合省公司数据管理归口处室制定，征求省公司业务处室意见后，报送总部供应链运营调控指挥中心备案。

3. 数据质量检测

数据质量监测是依据数据质量规则库对标准表数据关键字段数据质量进行核查，总部供应链运营调控指挥中心组织总部数据管理支撑单位开展核查结果统计、分析和管理。

（1）检测。总部供应链运营调控指挥中心对业务数据标准表进行数据质量每日监测，形成数据质量问题台账并按月督办数据责任方开展治理工作，推动数据质量问题的闭环管理。数据质量问题治理工作包括排查问题发生原因、研究针对性治理措施、形成具体解决方案、完成质量问题治理。

（2）排查与分析。总部供应链运营调控指挥中心按月组织总部各专业处室、各省公司数据归口管理处室开展数据问题原因排查和深入分析。数据问题责任方在限期内反馈问题发生原因，总部供应链运营调控指挥中心基于反馈信息进行问题结构化分类，形成针对性的治理措施，推动问题的精益化管控和针对性治理。同类问题批量治理，避免问题复发。

4. 数据质量治理

针对具体问题开展具体分析，明确该问题责任方和最佳解决方式后组织数据问题责任方开展问题治理。

（1）方法库。针对不同的问题类别，总部供应链运营调控指挥中心研究形成针对性的治理措施，构建问题分类及治理措施方法库。各级数据管理归口处室组织本级供应链运营调控指挥中心在治理过程中持续总结提炼治理手段，逐步纳入数据问题治理方法库。

（2）通报。总部供应链运营调控指挥中心按月形成标准表基础数据质量监测月报，包括各标准表本月的数据问题监测情况及历史质量问题治理情况，发布总部各专业处室、各省公司及供应链运营调控指挥中心进行通报和治理。

## 二、数据应用管理

（一）数据需求管控

1. 概念

数据需求管理是指基于国家电网公司数据中台，对于物资专业开展数据分析时的物资专业内部数据与物资专业外部数据的需求提报、需求评审与需求落地。各级物资管理部门业务用户应用业务数据标准表提报业务分析需求，开展标准表数据溯源，评估数据支撑情况。

2. 需求范围

（1）内部数据。物资内部数据需求基于 ESC 业务分析功能提出，按照供应链负面清单数据管控策略要求管理。总部各业务处室、物资公司各业务部门在提出 ESC 业务统计分析功能需求时，应同步明确功能建设所需的供应链业务数据需求，基于业务数据标准表完成统计分析需求数据收集表填写。物资内部专业数据需求涉及国家电网公司物资外部专业数据时，需求提报处室/部门应预先开展外部专业业务全面调研，明确需求数据清单、数据应用场景、所涉外部专业及业务系统等信息，填写完成外部数据需求申请单并审批后报送至总部备案。

（2）外部数据。物资外部数据包括国家电网公司物资外部专业数据和国家电网公司外部数据。对于未接入中台的物资外部专业数据，总部供应链运营调控指挥中心会同需求提报处室/部门共同推动外部专业数据的中台接入工作。总部组织数据需求提报处室、物资外部专业人员及对端业务系统研发单位，协商明确物资外部专业数据的共享范围、获取方式、传输路径等内容后，由总部供应链运营调控指挥中心具体组织实施相关业务数据标准表的建设工作。对于国家电网公司外部数据需求，总部供应链运营调控指挥中心开展数据中台需求提报等工作。

（3）负面清单数据。对于需要业务归口处室审批的负面清单数据，应填写物资专业内部负面清单数据需求申请表，经相关处室审批后报总部备案。

3．具体内容

对于物资专业内部数据需求，各级物资管理部门在业务数据标准表库内开展数据溯源，对于标准表暂无法支撑的数据需求，由总部业务处室向数据管理处室提出业务数据标准表建设需求，会同本级信息通信管理部门组织实施业务数据标准表建设与数据接入贯通。

对于物资专业外部数据需求，总部业务处室与相关外部专业开展全面业务调研与沟通，了解数据支撑情况，提出数据共享需求，并将数据需求相关信息报送数据管理处室备案，配合推进数据接入和贯通。

对于负面清单内数据需求，各级物资管理部门业务处室履行公司数据共享负面清单审批手续后，开展数据应用。

（二）数据共享管理

1．概念

数据共享管理是指按照统一的管理策略将供应链数据有选择地对外开放，包括公司内部数据共享和公司数据对外开放。让在不同地方使用不同终端的用户能够读取他人数据并进行各种操作、运算和分析。

2. 分类

（1）内部数据共享。国家电网公司内部数据共享是指国家电网公司非物资专业作为数据共享申请方申请使用供应链业务环节数据。数据共享授权工作依据负面清单开展，分为非负面清单数据共享和负面清单数据共享。①非负面清单数据共享。根据国家电网公司数据共享负面清单管理细则，负面清单外数据原则上在公司范围内直接共享使用。②负面清单数据共享。根据供应链负面清单数据管控策略，对负面清单内数据实行分级分类共享审批与授权。对于跨专业共享需审批的数据共享，由需求承接处室填写物资外专业负面清单数据共享申请表，经数据责任处室和总部审批后完成数据共享授权。

（2）公司数据对外开放。公司数据对外开放是指国家电网公司外部单位作为数据共享申请方申请使用供应链业务环节数据。由数据共享需求承接处室填写数据对外开放申请表并附上需求数据清单，明确对外开放数据范围、更新频率、开放时间周期等内容，经数据责任处室和总部审批授权后，由总部按照国家电网公司关于数据对外开放的指导意见要求统一履行对外审批手续，完成对外开放数据共享授权。

3. 报表

业务共享数据报表应基于业务数据标准表取数，对于标准表未覆盖部分数据，应由需求承接处室提出标准表建设需求，总部供应链运营调控指挥中心开展具体标准表建设工作。

4. 实施流程

完成数据共享授权后，数据共享实施工作遵循下列流程：

（1）共享需求承接处室组织数据管理支撑单位按照数据对外开放申请表内共享数据报表结构开展共享数据报表建设。

（2）共享需求承接处室组织相关数据责任处室开展共享报表数据核验与确认。

（3）总部会同国网大数据中心、总部数据管理支撑单位、数据共享申请方及对端系统研发单位完成数据接口建设工作。实现数据在线共享后，由总部通知数据需求承接处室组织数据共享申请方对共享数据进行核收与确认。

5. 安全防控

总部会同国网大数据中心与总部数据管理支撑单位建立供应链数据资源共享安全防控体系，实现事前控制、事中监控、事后可控，防止数据泄露。

数据共享申请方应当按照物资外专业负面清单数据共享申请表和数据对外开放

申请表中所注明的应用场景开展业务数据应用，未经授权不得将获取的共享数据挪作他用，不得以任何方式或形式用于社会有偿服务或其他商业用途，并对数据的滥用、非授权使用、未经许可的扩散以及泄露等行为负责。因使用不当造成数据安全问题的，依法追究数据共享申请方相关负责人的责任。对于未按规定使用数据的，总部有权收回数据的使用权和切断数据共享通道。

（三）数据产品应用

1. 概念

数据产品应用管理是指基于业务数据标准表开发形成业务数据报表，开展业务报表数据血缘梳理，基于业务报表开展统计分析功能开发，充分发挥供应链数据价值。结合各业务统计分析功能需求，总部各业务处室作为业务报表责任处室组织数据管理支撑单位开展业务报表设计与建设工作。

从广义上讲，一切以数据作为驱动或者核心的都叫数据产品。从狭义上讲，就是公司的内部数据平台，主要作用是提供给公司内部所有部门人员使用，使公司内部的所有业务能够通过数据来驱动和决策。

2. 具体内容

总部负责督促数据管理支撑单位做好业务报表数据取数逻辑的管理工作，确保业务报表数据血缘关系清晰明确。在数据报表开发过程中，数据管理支撑单位应详实记录报表取数逻辑，完成业务报表取数逻辑记录表并按月归档，定期报送至总部备案。

业务报表开发完成后，由业务报表责任处室开展业务报表数据核验，对于核验发现的数据质量问题，组织数据管理支撑单位开展报表数据问题原因分析。

对于报表核验发现的报表开发逻辑问题，由业务报表责任处室组织数据管理支撑单位开展报表逻辑调整。

对于报表核验发现的业务数据标准表数据问题，业务报表责任处室将相关问题反馈至总部。总部供应链运营调控指挥中心开展业务数据标准表数据质量问题解决，并在业务数据标准表问题解决后及时通知业务报表责任处室核验数据直至业务报表数据核验通过。

3. 数据安全

通过采取必要措施，确保公司供应链数据处于有效保护和合法利用的状态，以及具备保障持续安全状态的能力。通过建立体系化的数据管控策略，采用技术手段与管理措施相结合的方式落实数据安全，做到事前控制、事中监控、事后可控。

按照"谁管理，谁负责；谁使用，谁负责"的原则，供应链数据管理各相关单位应严格遵守国家电网公司数据安全相关管理规定，各级单位在各自的职责范围内做好安全保密的监督管理工作，与数据管理支撑单位及 ESC 功能建设支撑单位等相关合作方签订数据使用保密承诺书。

对于违反公司相关规定，未按照本实施细则规定开展实际工作的，由总部督促相关责任单位及时整改；情节严重或拒不整改的，总部提请有关单位/部门对负有直接责任的主管单位和相关责任人员依规给予通报。

### 三、数据评价管理

数据评价管理是从数据管理过程、数据管理成果等方面开展评价与考核等工作，使用指标直观反映数据管理工作成效，结合指标阈值发现管理异动，推进数据管理持续优化。

（一）数据评价体系

基于业务数据标准表制定数据工作评价规则，形成数据工作评价指标体系。指标评价内容包括各相关单位的数据管理工作规范性、数据质量达标程度、数据问题处理及时性、数据共享安全性、数据应用合规性等。

（二）数据评价应用

总部供应链运营调控指挥中心依据数据工作评价指标体系开展数据工作评价的具体实施工作，定期形成数据管理工作评价报告，报经总部批准后发布评价结果。

（三）数据评价流程

当有新的业务需求、重大技术变更，或者从一个新的数据来源获取了全新的数据，并期望将其应用于某个具体的业务中时，都需要进行数据评价分析。数据评价步骤如下：

1. 明确目标

对具体业务数据的数据质量评价是以业务需求为中心进行的，必须首先了解具体业务针对特定数据资源的需求特征才能建立针对性的评价指标体系。同时，同一份数据在不同的生命周期中，其质量的关注点是存在差异的，因此很重要的一点就是明确当前阶段数据质量管理的目标是什么，有了明确的目标，才能开始对数据进行合理的评估。

2. 确定评价对象及范围

确定当前评估工作应用的数据集的范围和边界，明确数据集在属性、数量、时间等维度的具体界限。需要说明的是，评价对象既可以是数据项也可以是数据集，但一定是一个确定的静态的集合。

3. 选取质量维度及评价指标

数据质量维度是进行质量评价的具体质量反映，如正确性、准确性等，它是控制和评价数据质量的主要内容。因此，首先要依据具体业务需求选择适当的数据质量维度和评价指标。另外，要选取可测、可用的质量维度作为评价指标准则项，在不同的数据类型和不同的数据生产阶段，同一质量维度有不同的具体含义和内容，应该根据实际需要和生命阶段确定质量维度。

4. 确定质量维度及其评价方法

数据质量评价在确定其具体维度和指标对象后，应该根据每个评价对象的特点，确定其维度及实现方法。对于不同的评价对象一般存在不同的维度，以及需要不同的实现方法支持，所以应该根据质量对象的特点确定其维度和实现方法。

5. 实施质量评估

根据前面四步确定的质量对象、质量范围、测量及其实现方法实现质量评测的活动过程。评价对象的质量应当由多个质量维度的评测来反映，单个数据质量测量是不能充分、客观评价由某一数据质量范围所限定的信息的质量状况，也不能为数据集的所有可能的应用提供全面的参考，多个质量维度的组合能提供更加丰富的信息。

6. 撰写结果分析并报告

经过抽样、度量、评估之后，就可以得到评估结论了。最后需要撰写一份评估报告，在这份报告当中，除了最后的结论，应当还包括对这个结论的分析和解读，并通过一些可视化的方式展现在报告当中。数据质量评估报告不是最终的目的，这份报告对后续数据质量的管理、数据治理等都具有非常重要的参考意义。因此，在这份报告中应当包含结论、分析以及质量改善建议等多个方面。

# 第二节　全量数据资产管控核心场景

## 一、供应链数据业务化管控场景

（一）场景概述

业务数据化和数据业务化，是绿色现代数智供应链数字化转型的两个阶段。通过业务数据化建设，推进全链作业线上化、自动化和智能化执行，实现全要素数字化积淀形成数据资产，在此基础上向数据业务化演进，挖掘数据潜能，反哺业务执行改进提升、驱动数字业态价值创造，以数智赋能运营模式创新突破，助推供应链数字化转型。

以供应链一体化业务平台在线数据为核心，实现全链条、全层级数据的融通共享，对积淀的数据开展再加工再利用，指挥供应链各方协同运作，分析业务情况，发现业务规律，不断改善供应链运营效率和效益，形成供应链运营管理新模式、新业态。

（二）具体内容

1. 标志

数据业务化以"一个要素、两个动力、三个标志"为主要表现，围绕"数据资产"核心要素，以业务运营价值提升和技术创新赋能突破为动力，基于前沿技术开展业务化场景构建，打造一体化运营体系，形成"有数据用、数据能用、用好数据"的三个主要标志。

（1）有数据用是前提。依托供应链业务平台和物联感知终端，开展业务全程在线作业，以数字化方式记录存储业务流转过程和核心要素，实现业务操作在线化和数字化，确保有数据用是数据业务化的前提。

（2）数据能用是基础。搭建具备数据传输存储、整合转换、计算分析能力的数据平台，统一数据标准，规范数据质量，对内外部数据进行聚合加工展示，具备贯通汇聚和计算处理能力，确保数据能用是数据业务化的基础。

（3）用好数据是关键。应用先进技术进行数据价值挖掘，实现业务全程可视、预警监控、自动执行、风险规避、规律洞察和绩效调优，开展场景设计和数据赋能业务，实现用好数据，是数据业务化的关键。

2. 成效

（1）物联网络。通过近三年的创新实践，绿色现代数智供应链全面运用智慧网关、车载终端、射频识别、定位传感等智能终端建成物联感知网络，实时、自动采集物资生产、出厂、运输等全环节的物理过程、位置和状态，推广电网资产统一身份编码全程贯通资产全寿命周期，从源头推动供应链物理世界的数字化感知和存储。

（2）业务平台。通过建设供应链一体化业务平台，结合智慧业务场景推动业务活动在线开展，强化平台横向融合、纵向贯通，全面支撑业务流程在线协同，打造物联一张网和物流一网通促进电工装备制造、电力物流运输过程在线互动，实现供应链全过程"业务流、资金流、商流"在线化运转过程和成果数字化记录。协同物联感知网，共同实现绿色现代数智供应链的业务数据化。

（三）提升方向

为进一步提升供应链业务数据化水平，全面实现全要素数字化、全流程自动化、全场景无人化，梳理全供应链条智能化提升场景，针对重点环节分析现状与提升目标的差距，采取"填补空白、联结断点、提升智能"等组合方式，以"智慧"为核心导向，开展业务场景设计，初步形成全流程在线智能化提升点。

业务数据化积淀了供应链海量的物联数据、业务数据，各环节、各平台的网络关系也更精密、复杂。迫切需要开展供应链数据业务化进阶，从静态的、简单的报表为主的数据统计，向海量数据的实时分析、灵活分析转变，向全面获知业务态势、精细勾描用户画像、深度洞察运营规律转变，向用数据精准指导、指挥业务运作转变，实现从辅助决策向智慧运营转型。

## 二、大数据分析管控场景

（一）场景概述

基于数据中台技术架构体系，选择成熟先进的数据分析工具，与国家电网公司统一数据交换平台（State Grid Unified data Exchange Platform，SG-UEP）等平台快速集成，实现亿级别数据的秒级计算，提供"托拉拽"方式进行自主分析，基于多维模型提高数据分析效率，支持业务预测、策略优化等高阶应用，支持图、表、地图等多种展现形式，支持两级协同标准能力的建设。

（二）具体内容

1. 自主数据分析

为实现"拖拉拽"方式进行自主分析，需要按照物资各专业的常用分析需求，抽取常用分析业务字段和分析维度，在物资业务整合主题层按照业务单元构建分析主题，提前完成数据计算，形成可复用的分析服务，联通分析工具实现自主分析。

对全供应链环节的常用业务字段进行提取，按专业、环节进行分组归集方便用户检选。用户通过拖拉拽方式选择要分析的业务字段进行数据的行或列组合，系统默认按照二维表格形式对行、列表头生成对应的分析结果。

用户可在分析结果间增加新的行、列，定义计算公式，系统按照该计算公式对现有数据进行计算生成新的行、列。

针对分析结果的表头，用户可以定义筛选项（精确筛选、模糊筛选、条件范围筛选等），系统自动根据用户的筛选进行分析结果的过滤，有计算行、列的，可对筛选后的结果进行计算更新。

系统根据用户自主分析的结果，推荐所适用的图形展示，用户选择相应图形后自动生成数据分析的可视化图表，用户可对图表的样式风格进行调整，并固定为常用的分析报表。

2. 应用展示终端

在应用层形成面向终端用户的业务应用，通过监控大屏、桌面终端、管理终端、移动终端等设备，为管理层与决策层的运营管理活动提供支撑，并充分考虑领导决策层、专业管理层及业务执行层等不同层次用户的关注重点、使用要求和操作习惯，主页看板和各级下钻子看板层次分明、下钻便捷、权限清晰。

（三）系统构建

公司数据中台两级部署，对于大数据分析工具，总部统一下发供应链运营调控指挥中心大数据分析工具标准能力指导大纲，在满足统一技术能力要求的前提下，鼓励各单位因地制宜，在分析工具方面形成更适合本单位的技术路线。

根据平台技术路线、业务相近程度等原则进行分组研发，针对共性业务，由总部统一组织需求分析、功能设计，并结合各单位数据中台统一组织开发阿里、华为的数据整合计算逻辑，各单位按分析工具进行分组建设前端应用，形成具备各分组推广条件的程序配置代码；针对个性业务，由各组参与单位共同支撑牵头单位完成实用化业务建设，形成共享成果组内推广复用，全面完成省公司运营平台建设工作。

## 三、供应链平台运行监控场景

（一）场景概述

以 ECP2.0 系统为核心，逐步构建供应链平台运行情况监测功能，通过主动感知、联动运维数据与业务数据，开展平台账号安全、业务运行和平台运维等重点场景监控，以"地图路况"方式可视化呈现关键业务运行和平台资源情况，及时挽警用户功能界面报错、平台响应慢等异常，设置预案策略支撑运维人员提前开展主动运维、业务人员合理编排作业计划，保障供应链核心业务稳定高效。

（二）具体内容

1. 监控数据接入

以实时监控为主，通过实时接入用户操作、业务运行、程序运行、平台资源消耗等方面的运行数据、日志数据、业务数据，动态掌握用户账号安全性、业务运行稳定性、平台性能情况，及时识别、引导实时运行保障。同时，结合前序环节的业务数据，预测未来业务叠加量和集中度，提前开展运维保障动作。

2. 配套保障机制

为进一步发挥监控场景价值，需要同步建立"业务导向、主动感知、全景可视、事先预防、预警联动"的配套工作机制，分析各类监控场景对运维工作的响应要求，推动现有运维机制的提升改进，制订运维预案，主动感知运行风险问题推动运维工作主动开展，促进 ECP2.0 等供应链系统高效稳定运行。

3. 协同分工原则

平台运行情况监控能力的建设和提升，是一个逐步递进、动态优化的过程，具备存量数据基础的场景先行先试，同时逐步开展源端监控数据和配套功能的改进。在具体监控场景落地时，按照"分工监控、统一展示"方式，部分监控功能按专业分工在 ECP2.0 等系统、ESC 及信通公司 I6000、ISC 工单系统进行建设，整合至总部 ESC 进行统一展示，减少运维人员、业务用户、监控运营人员频繁切换系统的复杂度。

（三）监控场景

按照"业务+技术"双驱动的原则，根据场景类型分工梳理场景需求，并根据监控特性开展各自落地系统的场景建设，实现 ESC、e 物资进行应用展示，同步在运维单位系统中具备应用展示。

1. 用户账号监控场景

从用户类型、业务类型、所属单位等维度监控 ECP2.0 系统用户账号分布、活跃情况和权限合规性，识别静默账号，支撑账号管理优化，并重点关注评标专家等敏感账号异动，辅助账号风险防控，监控首页栏目（公告、不良行为处理等）的发布情况，推动重点信息及时、规范对外发布共享。建设时，优先实现监控账号权限合规性、敏感账号越权操作等场景。

2. 业务运行监控场景

针对正在开展的用户业务，当出现用户查询、保存等操作报错时，或用户操作后长时间页面无响应、转圈等情况，通过运行情况监控第一时间开展预警，主动通知运维人员发生业务运行问题，并通过业务数据与系统异常日志事件联动，提示问题发生的业务环节，推动提前开展排查和解决，在用户来电反馈问题前进行运维保障，提高用户体验和满意度。

采用类似"路况"的可视化方式，通过"红黄绿"反映系统当前和未来业务量、平台资源的扎堆和挤占情况，通过预先设定的阈值主动提醒运维人员"平台拥堵"风险，在现有平台资源范围内动态调增支撑实际运行的资源配比，匹配运行要求疏解系统压力。针对已达资源上限仍无法满足运行要求的，以业务需求为导向同步提出扩容需求，运维人员主动开展平台资源上限扩容。同时，将平台运行情况同步直观反映至前端用户操作环节，业务人员查看系统当前和未来运行压力情况，酌情开展错峰操作，保障业务稳定运行。

3. 平台运维监控场景

监控工单、热线分布和处理进度，结合运维工单、热线情况开展重点问题、高发问题排名，分析影响的对应用户群体，支撑后续运维、培训工作开展时精准制定改进措施，监督运维处理时效，开展运维响应效率评价，及时预警推动超期工单处理，保障运维、培训工作价值效果提升。

# 第三节　全量数据资产管控典型案例

## 典型案例一：数据治理夯实基础数据底座价格天眼助力采购精益管控

（一）案例简介

为有效管控国家电网公司集中规模招标采购成本效益，引导供应商合理报价，及时发现价格异常波动苗头，引导电工装备市场价格合理稳定，以采购业务数据治理成果为基础，构建了一整套采购价格预警与策略制定体系，并据此开发应用"价格天眼"分析工具，对国家电网公司总部集中采购物资一揽子采购价格开展精益分析与策略管理。

在推进采购业务管理工作的同时，保障基础数据质量是高质效开展价格预警分析的重要基础。同时针对 ESC 业务数据标准表的采购专业数据开展核验，逐条解决数据质量问题，总结形成数据质量治理工作方法，对现有数据治理制度机制进行验证和完善，推动采购数据质量不断提升，为建设行业级高端智库打牢数据基础，为采购价格精益管理提供强有力支撑保障。

基于有效支撑招标人采购价格管控策略决策的目标，结合近年工作经验及数据积累，运用统计分析学、价值工程理论、宏观经济指标对标等手段，建立了采购价格预警与策略制定研究方法论，并开发"价格天眼"工具落地实施。针对系统开发过程中的数据问题，开展问题排查及溯源、跟踪问题消缺，编制数据治理工作手册。最终将价格分析成果与数据治理经验逐步向公司系统各级采购推广。

（二）主要做法

首先，保障数据质量是开展价格精益管控的基础。项目针对数据中台采购专业最为核心的 11 张业务数据标准表、573 个字段，开展全面的数据核验，应用 ESC 自助分析工具，通过多种比对方式相结合，对数据的真实性、完整性、准确性进行逐项核验，全面理清数据质量问题，并进行针对性消缺。

在进行数据治理的同时，总结并细化数据管理各方的沟通协作机制，明确业务部门作为数据主人的管理职责范围，以及与运营调控指挥中心及项目组之间的协同配合关系，确保数据质量高效提升，为价格分析方法及模型的开发落地夯实数据底座。

其次，项目构建了"宏观＋微观"价格动态监测方法。宏观层面，应用派许指数方法构建国网采购价格指数（State Grid Purchasing Price Index，SGPPI），与国家宏观经济指标生产者价格指数（Producer Price Index，PPI）进行比较分析，直观衡量采购价格波动水平。微观层面，建立了典型产品价格预警分析机制，选取规模占比大、采购频次高、应用范围广的物资形成典型产品清单，通过监控典型产品价格波动情况，进一步评估电网物资采购价格合理性。

再次，项目打造了"整体＋个体"异常价格预警工具箱。整体层面，以典型产品为抓手，构建长期、短期监控预警模型，短期预警关注当期环比波动及近三批累计波动，长期监控则是与近两年的采购均价进行对比，并根据正态分布的"3σ原则"分级判定是否存在价格异常波动情况。个体层面，横向对比各投标人的报价水平，通过监测特定的价格分布态势，判定是否存在群体抬价或轮流坐庄等情形。

最后，项目形成了"分类＋分级"策略动态联动机制。一方面，能够针对不同的供应商报价行为分类调整策略；另一方面，能够针对长短区间的不同波动幅度分级调整策略。从而践行公司"尊重市场规律、减少人为干预、动态跟踪调整"的采购策略管理理念。

（三）管理成效

项目成果已累计支撑 2800 余亿元招标采购，每年服务 10000 多个电网工程建设。通过每年约 20 次的价格策略调整，累计取得经济效益达近 4 亿元，尤其是针对主网高效节能变压器采购，有效对冲了去年硅钢片价格大幅上涨26%的不利因素，将高效节能变压器采购价格涨幅控制在6%以内，远低于宏观经济指标上涨。

在开展项目的过程中，国家电网公司全面落实公司强化供应链数据质量管理要求，先试先行开展数据治理，在标准表建设、普及以及闭环管控等方面积累了大量经验，总结并编制形成指导手册，进行全网发布使用，共同推进公司数据质量与数据管理水平的不断提升。

该项目自2020年启动研究以来，在国家电网公司总部集中招标项目逐步推广应用，持续强化大数据价值挖掘，让市场竞争"无形的手"与采购策略"有形的手"有机融合、共同发力，为电网物资采购价格策略调整提供科学支撑，服务工程建设提质降本，实现买卖双方互利共赢，助力电工装备行业良性发展。

### 典型案例二：国家电网某公司打造服务绿色现代数智供应链高端智库建设的电商化数据分析模型

（一）案例简介

中国国民经济"十四五"规划开启了数字化时代，在此背景下，国家电网公司大数据、人工智能等技术为核心，推动供应链产业链转型升级，构建绿色现代数智供应链体系。国网商城作为绿链云网"九中心一商城"的重要组成部分，深化供应链大数据分析模型的建设与应用，支持建设绿链高端智库，以数据赋能供应链规范管理水平提升、辅助物资管理决策、助推业务运营提质增效、强化履约供应管控。

基于以上工作目标，国家电网某公司围绕绿色现代数智供应链高端智库的建设要求，以商城海量业务数据为基础，利用大数据技术，结合物资管理流程划分六方面场景，建立全环节、多维度的电商化数据分析模型。分别包括计划管理环节的目录管理、采购计划管理、价格管理3方面5个模型；招标采购环节策略优化方面的4个模型；供应履约、质量监督、风险监控、用户行为环节相关模型。共计28个模型，构成了整个电商化数据模型的分析体系，为电商物资履约规范、高效管理提供支撑。

在模型搭建过程中利用了多种算法，包括时序数据预测、协同过滤推荐算法、无监督学习和自然语言理解等，比如，需求计划预测模型中应用了时序数据预测技术。通过对过去的时间序列数据进行统计分析，推测出事物的发展趋势，并对随机数据进行适当处理，适合预测以年为周期的采购需求数据。这些新技术的运用使得电商化数据分析模型具备高度智能化的表现。

（二）主要做法

首先是价格管控模型。国网商城办公类物资呈现商品单价低、市场化程度高等特性，供应市场的复杂性及项目的重要程度相对较低，主要关注目标是价格。因此商城自建设运营以来，一直致力于价格指数的设计研究。2019年建成了办公用品标准库，将相同品类、品牌、型号、规格的商品判定为同款商品，统一命名并赋予唯一编码，为内外部比价工作夯实了根基。以标准库为基础，分析同款商品在商城内部及外部主流电商平台的价格形成分项价格指数，再使用权重分析法对分项价格指数的权重进行合理化设置，第1版价格指数主要采用了外部价格的中位数和平均数。多年来，办公用品价格指数一直处于更新和发展过程中。为强化价格管控力，2020年将价格指数优化为外部电商平台同款商品最低价。2023年进一步将国资委寻源询价系统的平均成交价，作用商品维度限价，进一步丰富价格管控模型。此外，依托标准库，商城研究内部同款商品的选购规则。通过梳理在架商品价格，使用聚类分析法，挖掘各小类商品的价格分布规律，形成分品类的比价选购阈值，对于24个高采购金额、高单价的品类，限制超过最低价3%以上的商品被选购，其余品类设定阈值为5%。价格指数和比价选购策略已固化到系统。商品详情页右侧展示价格指数，超过指数的商品将自动被冻结禁售，待供应商降价后解冻。同时下方展示其他同款商品，超过最低价阈值范围商品为置灰状态，可查看、不可选购。通过价格指数和比价选购策略的不断完善与应用，商城办公用品的节资率逐年上升。2023年累计节资率达到了22.23%。

对于零星物资来说，除了价格以外，质量也是关注的重点。纸、笔等零星物资价值较低、容易损耗，无法像电网设备一样通过监造等方式开展质量监督。同时，由于零星物资种类繁多，全部品类抽检需投入大量时间和人力成本，导致管理成本过高。同时，由于零星物资种类繁多，全部品类抽检需投入大量时间和人力成本，导致管理成本过高。因此，国网商城创新"一单一评价""人人可评价"特色管理模式，通过建立订单多维评价模型，为选购下单人、实际使用人、收货人等不同角色提供服务、质量、物流等各有侧重的评价维度，在解决零星物资质量监督难题的同时，对供应商履约服务行为进行全方位监督。在评价结果分析过程中，创新应用自然语言处理技术（Natural Language Processing，NLP），提取评价文本的关键信息并分析用户情感倾向，发掘用户关注点并针对性改进，以提升用户满意度。

在此过程中，根据质量评分锁定低分商品，执行冻结下架处理，本年下架商品201

件，质量好评率达 99.77%。根据商户服务评价结果，定向对供应商开展服务培训和约谈，本年共开展了 600 余人/次，经过供应商服务的持续改进，用户满意度达到了99.68%。将物流评价纳入供应商履约考核，本年考核异常配送订单 309 笔，促进供应周期缩短 33.74%。

（三）管理成效

目前相关模型部署在 ESC 支撑各级用户使用；输出 16 期分析报告，支撑运营优化提升；向各单位发送了 123 份风险提示并协同完成闭环整改。同时，电商化数据分析模型为核心建立的多维智能分析平台，已获得软著登记证书。下一步，将积极推广电商化数据分析模型深化应用，发挥履约数据价值、提升电商服务能力，支撑供应链管理效率、效益、效能提升。

**典型案例三：国家电网某公司电力数擎仓储智能领航**

（一）案例简介

为不断提升供应链运营效率、效益、效能，国家电网某公司构建全域实物资源一体化数字化管理新业态，打造物资高效保供的仓储定额储备配送网络体系。但在实物资源的管理模式仍存在不足之处。专业仓库存储物资预测不够精准；物资配送路径缺乏科学规划；配送费用难以精准分摊至对应工程项目。

为解决上述难点、痛点，国家电网某公司创新构建库存需求预测、配送路径规划、配送费用分摊三项优化模型，应用大数据分析手段进行辅助决策。

（二）主要做法

基于 Holt–winters 的算法精准预测专业仓储备需求。基于物资需求特性、供应特性与预测的供需一体化要求，使用 Holt–winters 中的乘法算法，拟合实物资源历史需求、耗用及库存数据，求解预测出长期的需求耗损及物资库存数量变化趋势。一个具体的物资需求时间序列可以分解成水平部分、趋势部分和季节性部分，分别由Holt–Winters 模型的三个递推公式来表示，其中 $S_i$、$T_i$、$P_i$ 是需要求解的预测值，$x$ 是物资实际的需求量，$\alpha$、$\beta$、$\gamma$ 是三个递推公式的权重因子。将历史的物资需求数据输入三个递推公式，拟合求解出三个权重因子，再由三个公式的递推值来推算出预测时段的 $S_i$、$T_i$、$P_i$ 数值。

构建多约束条件和目标函数的仓储配送路径规划。目前，影响配送综合成本的因素是运输成本、不在服务时间内的等待成本和车辆的固定使用成本，因影响上述三个因素的约束条件较多，当配送节点过多时，无法穷举计算约束条件下的所有解。因此引入遗传算法，在多约束条件下进行多次迭代求解。为了得到配送路径最优的目标，国家电网某公司创新设置了专业仓的距离、车辆装载、时间和车辆数量 4 个约束条件，利用遗传算法，在其综合作用下得到路径长度、使用车辆以及配送时间的最优值。

建立配送费用分摊计价策略模型。针对当前物资配送总费用难以合理分摊到具体项目上的情况，综合分析总运单中物资配送距离、配送车辆类型等差异化因素，构建配送费用分摊计价策略模型。

（三）管理成效

上述分析模型应用在国家电网某公司，专业仓库存储备预测准确率大幅提升，实物储备种类大幅精减，减少重复储备资金浪费。促进主干仓库库存占比压降，实现全省总体库存水平压降，完成工程结余退库物资再利用，库存周转率有所提高。配送车辆满载率提升，仓储物流总成本下降，取得了显著的管理效益和经济效益。有利于保障新型电力系统绿色低碳化、数字化、智能化转型升级，具有良好的生态效益和社会效益。

**典型案例四：国家电网某公司数域智链电力物资供应链数据治理与融合应用**

（一）案例简介

近年来，企业数字化转型大潮兴起；数字化已成为提升供应链管理水平的必由之路。国家电网某公司发挥省会数字之城的区位优势，深化数字新技术和供应链创新融合，从汇聚电力物资全域数据着手，以服务业务为导向，打造质效共享的应用分析场景，助力公司绿色现代数智供应链建设。

随着数字技术纵深推进，运营分析常常面临两个难题：首先是"数据底座"质量难以保证，传统物资宽表缺乏体系化的设计规划，建设零散且优劣难判；其次是"业数融合"应用欠缺，存在数据跟踪难、过程管控弱的问题。据此，该公司提出了两个相互补位的解决方案，首先从业务视角出发，构建面向统一应用层的通用数据模型，其次围绕数据模型，打造全链融合的可视化应用，真正实现物资业务可观、可测、可控。

（二）主要做法

首先在数据底座方面，为提升数据质量可用性，国家电网某公司从业务视角出发，建立覆盖全量业务、统一支撑分析应用的通用数据模型，并且以此为核心构建数据管理、应用与共享体系。具体工作内容包括以下方面：

明确通用模型的数据范围，也就是全域数据大盘点。以该公司物资数据中台为基础，汇聚 ERP、ECP、省侧辅助供应链平台等多个源端系统，实现物资全域数据贯通。同时通过梳理业务模式、流程、操作、源表的映射关系，绘制物资数据地图，架起业务与数据之间的桥梁，该地图可按照全链视角、专业视角和数据视角，实现信息快速定位与检索。在数据地图的基础上，通过选择业务过程、声明粒度、确认事实和确认维度四个步骤，搭建覆盖物资全量业务的通用数据模型。目前该公司已建成通用数据模型，范围涵盖计划、采购、合同、履约、质量等各业务，可服务本专业和跨专业的数据诉求，向横向部门提供采购信息、履约信息等多项关键数据。

在质量提升方面，制定数据质量管理规范，实现模型设计、开发、核验、运维等不同阶段的规范化管理；设计核验规则，主动识别与拦截异常、无效数据；凭借任务运行监测工具，来保障高优先级任务及时调度和资源分配；开发"数据质量问题定位"功能，支持查看问题明细，快速查摆异常，方便问题整改。

随着数据底座不断夯实，为更大力度利用好通用数据模型，针对当前物资领域"业数融合"应用欠缺的现状，推陈出新，打造物资全链可视化融合应用，不断丰富面向供应链全环节的智慧管控场景。该应用首创"通用模型＋FineBI 工具"为核心的可视化用数模式，实现数据模型、自助分析工具及业务辅助系统无缝集成，用户通过"拖、拉、拽"方式即可实现业务数据自主分析和可视化展示，成果一地建设、全省复用。据此用数理念，该公司针对传统工程项目，进度管控零星、分散、易短缺的突出问题，创新提出"从工程出发、与工程协同"的周期式管理理念，选用关键通用数据模型，梳理业务字段映射关系，设计智能串链的全寿命周期模型。有效衔接物资规划设计、计划提报、招标采购、仓储配送、安装投产等全业务环节，实现供应链全流程数字贯通。

同时为确保供应关键点的业务质效，在数域贯通的基础上，项目采用 BiLSTM 算法设计神经网络学习模型，结合物资供应数据与业务规则，设定物资流标、漏报错报、供应滞后等作为预警指标，将串链数据与预警阈值比对，打造"事前＋事中＋事后"全链预警网络，精准定位计划错报漏报、物资供应滞后等风险，供应效率得到提升，供应及时率达 100%。

此外，深挖运营质效，构建两项智慧辅助决策场景：一是基于智能串链数据，通过耦合业务规则与植入指标自动推荐最佳申报批次；二是利用水滴算法，自动匹配库存数据，主动推荐协议库存、积压物资利库。

（三）管理成效

在数质提升方面，该公司通过数据标准化管理，形成数据治理的典型方法，数据质效得到提升。数域贯通方面，推广应用"通用模型＋fineBI"用数模式，实现物资数据自主统计、多维展示及资源共享。业数融合方面，"从工程出发、与工程协同"，实现工程物资全周期跟踪、关键点信息预警，切实推动全链融合与风险防控。

**典型案例五：国家电网某公司供应链数据异常识别及价值挖掘**

（一）案例简介

数据作为绿色现代数智供应链建设和应用的基础，是公司综合评估业务开展、辅助管理决策的关键要素。某省公司在数据管理过程中存在业务系统之间数据贯通及协同难、个别数据缺失导致全部数据无法使用等痛点，且数据中台存储数据量大，业务人员难以从大量的数据中分辨有用信息，亟需丰富数据挖掘、分析模式，解决数据"不能用、不会用、不好用"的问题。通过本次项目，打造业务轨，数字轨"双轨"数据管理，实现数据补全功能，提升数据应用价值，进而实现数据质量监测管理和数据日常运营提升。

（二）主要做法

解决"不能用"的问题，采取了以下两个措施。首先贯通跨专业数据，推动数据"全链贯通"，利用实物 ID、WBS 元素等数据主键，实现物资业务场景中可靠调用跨专业数据，发挥数据贯通优势。其次构建业务轨、数字轨"双轨"数据管理模式，开展数据识别及治理。

业务轨是指围绕业务本身，由相关部门对数据进行核实。对于业务异常数据识别，将业务划分为 176 个业务节点，并与物资专业部门进行匹配，形成了专业数据匹配清单，进而实现从业务流程和逻辑角度进行问题定位。对于业务异常数据治理，根据"谁录入谁负责、谁产生谁负责"的工作原则，组织数据产生部门进行针对性修正。同时，规范数据录入标准，从源头提升数据质量。

数字轨是指在业务无法完成数据治理及数据价值挖掘的情况下，根据数据自身的关键特性，构建数据应用模型进行特征提取、识别聚类、异常修补，奠定数据资产质量的技术基础。对于数字异常数据识别，利用数学方式对数据字段的"风险值"进行划分，进而通过模型自动、快速识别出可能存在异常的数据。对于数字异常数据治理，根据异常数据的特征，采用相应算法进行缺失、错误数据值的填补及修正。

以库存数据为例，分析发现输入日期、过账日期、特殊库存等6项数据存在空值。从业务角度来说，组织各建设单位进行数据核对，发现特殊库存为非必填项，允许空值，但剩余5项为异常空值，但由于历史数据难以溯源，各建设单位难以对这些异常空值进行还原。因此采取数字性治理的方式，分别运用MICE算法（Multiple Imputation by Chained Equations，MICE）以及自适应提升算法（Adaptive Boosting, Adaboost）完成日期、工厂以及库存地点的空值填补。以"数字性治理"填补的数据，是为了避免因个别数据缺失导致全部数据无法使用的现象发生，并不会应用到实际业务中，对日常业务不会产生影响。

在完成数据处理后，接下来就是解决数据"不会用"的问题。首先是重构数据关系，从业务角度出发，构建"数据关联表单"，将分散在各业务系统中的基础数据进行重构整合。从数据自身的角度出发，根据物资专业数据特点，开展数据组关键特征的提取，在经过分类后，帮助寻找更有分析价值的数据。

在数据应用过程中，构建了数据挖掘的标准化流程，形成了从业务理解—数据理解—数据准备—模型搭建—模型评估—模型部署的6个标准流程。同时，进一步规范标准流程的工作内容，形成了22个分项流程，并据此编制模型建设标准文档，将"场景–模型"建设标准化，提升系统建设效率。

此外，通过构建数据评价体系解决了数据"不好用"的问题。建立指标体系，以"定量"和"定性"两种方式，从数据发布及时性、更新及时性等方面，对数据管理者、数据用户在数据质量和场景应用方面进行评价。基于评价结果，督促各方进行数据的常态化"自查自纠"，从源头做好数据质量核查及治理工作，持续对数据管理手段进行优化，并提炼典型经验进行推广。

（三）管理成效

数据整合度提升，将该公司原有的数据表单由357张缩减至18张，简化程度接近95%。数据质量提升，进行数据的清洗、梳理，累计涉及字段1000余个，数据质量显著提升。通过试点，实现了物资异常移动识别在"业务轨"和"数字轨"的相互验证，形成了"数据特征提取方法"及"数据识别技术"成果，均已提交发明专利申请。数据挖掘标准化程度提升方面，形成了供应链专业场景"6+22"标准化流程。累计开展 26196 个字段的数据挖掘，开展了 19 个综合性场景、155 项基础性功能以及结余物资利库消纳与风险防控、智能辅助抽检策略制定等 5 项大数据应用的研究、开发，全面覆盖电力物资供应链上下游基础性管理。累计服务该公司内部用户近 200 人，外部供应商超千人，深化供应链资源保障能力、风险防控能力、价值创造能力、行业引领能力和效率、效益、效能提升，服务公司绿链攻坚。

# 第四章

## 国家电网公司供应链全景规划设计建设

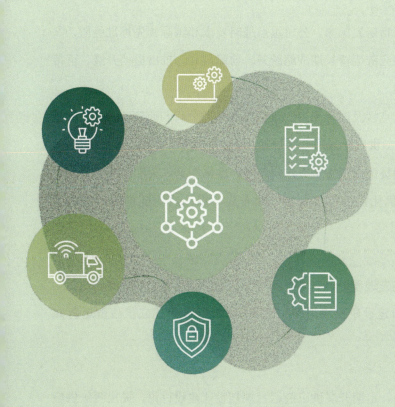

国家电网公司供应链运营全景规划设计建设主要包括供应链运营顶层规划、运营平台统筹设计、供应链运营智库建设等内容。供应链运营顶层规划是指研究国家、公司重点战略要求和国际领先标准经验，参考新技术发展趋势，开展供应链运营长期战略统筹、前瞻规划，推出提档升级、可持续高质量发展的思路和方案。运营平台统筹设计是指开展运营平台的架构设计、功能规划，业务需求统筹、账号权限管理等工作。供应链运营智库建设是指组织开展供应链运营业务培训，组建、管理供应链运营专家库等工作。

本章从全景规划设计建设运营模式、全景规划设计建设核心场景以及全景规划设计建设典型案例三个小节，论述供应链运营全景规划设计建设的内容。

# 第一节　全景规划设计建设运营模式

## 一、全景规划设计建设主要内容

（一）供应链运营顶层规划

供应链运营顶层规划是指研究国家、公司重点战略要求和国际领先标准经验，参考新技术发展趋势，开展供应链运营长期战略统筹、前瞻规划，推出提档升级、可持续高质量发展的思路和方案。

供应链运营顶层规划重点涉及国际国内先进理论和实践分析与研究、国网供应链运营理论和实践总结与提升、供应链战略统筹规划，做好供应链图谱绘制、优化布局、谋划转型；绘制供应链物力资源全景图谱、知识图谱、数据图谱，找准产业链供应链关键卡点、堵点、断点，优化供应链规划和产业布局，推动产业链供应链绿色数智转型。

1. 建立运营知识库

定期收集国内外供应链先进理论、典型案例等，归纳总结运营平台、管理模式、业务流程、创新应用等最新建设研究成果和实践案例，分级分类建立供应链运营知识库。

2. 提出发展规划建议

依托供应链运营知识库，定期开展供应链运营规划设计建设讨论，提出两级供应链运营年度发展规划建议、区域协同发展规划建议。

3. 编制发展规划方案

参考供应链运营规划设计建设相关成果，定期编制供应链运营先进实践案例报告、公司供应链运营理论、实践成果报告，编制供应链发展规划方案。

（二）运营平台统筹设计

运营平台统筹设计是指以"六统一"为建设核心内容，开展供应链运营平台的架构设计、功能规划，以及业务需求统筹等工作，推动运营数字化智能化驱动、升级智慧水平、服务产业生态。

运营平台的架构总体设计、平台迭代建设规划、业务需求统筹、按照"统一规划、统一设计、统一建设、统一运维"原则加强平台迭代升级统筹，持续优化访问速度、视觉设计、交互设计、导航分类、智能搜索等用户体验，紧跟人工智能、数字孪生、区块链等新兴技术发展，强化平台新技术应用。

1. 开展平台统筹管理

根据供应链运营年度发展建议，定期编制运营平台架构设计方案、平台迭代建议报告。各级供应链运营调控指挥中心根据需要提出运营平台功能需求和优化建议，经供应链运营专家论证后，统筹开展设计、开发、功能测试和推广应用。

2. 强化账号权限管理

定期开展数智中心账号权限梳理，根据人员岗位和业务实际变化情况，统一开展账号权限的新增、调整、删除工作。

（三）供应链运营智库建设

供应链运营智库建设是指组织开展供应链运营业务培训，组建、管理供应链运营专家库等工作。

（1）构建"上岗培训＋定期轮训"机制：联合科研高校等外部单位，定期开展运营管理、数据分析等专项培训，提升供应链运营人员综合素质能力。

（2）建立两级运营专家库管理机制：制定供应链运营专家评选标准，明确供应链运营专家聘任、培训、评价、激励与退出要求，定期组织开展供应链运营业务培训，按需组建、定期更新供应链运营专家库。

## 二、全景规划设计建设工作机制

### （一）业务运行架构

公司供应链要实现快速响应及高效协同的目标，建立高标准的供应链运营体系、可持续运作的工作机制必不可少。根据供应链运营顶层规划、运营平台统筹设计、供应链运营智库建设三方面主要内容，全景规划设计建设的业务运行架构应涵盖供应链知识库管理、供应链运营人才库管理、供应链运营成果共享、供应链运营业务需求统筹、供应链运营模型产品推广、供应链运营规划提升6项具体工作。全景规划设计建设业务运行架构详见图4-1。

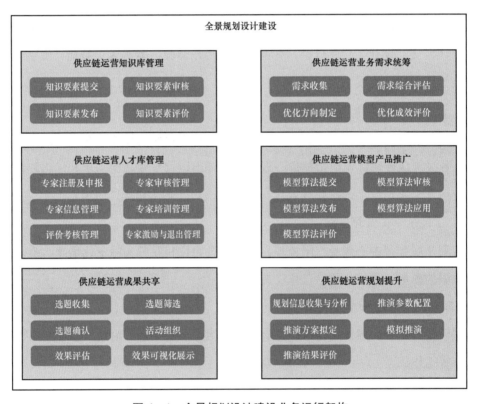

图4-1　全景规划设计建设业务运行架构

### （二）业务流程

供应链运营知识库管理、供应链运营人才库管理、供应链运营成果共享、供应链运营模型产品推广、供应链运营规划提升、供应链运营业务需求统筹6项工作的业务流程具体如下。

1. 供应链运营知识库管理

供应链运营知识库管理从知识要素提交、知识要素审核、知识要素发布、知识要素评价 4 个环节开展管理工作，涉及先进国际、国内、行业标准、实践案例、运营经验、审核资源、通知/公告、评价指标体系、评价结果报告等业务材料和成果。供应链运营知识库管理工作流程详见图 4-2。

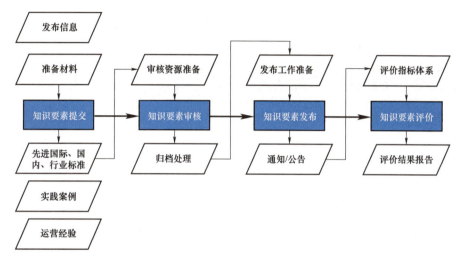

**图 4-2  供应链运营知识库管理工作流程**

2. 供应链运营人才库管理

供应链运营人才库管理从专家注册及申报、专家审核管理、专家信息管理、专家培训管理、评价考核管理、专家激励与退出管理 6 个环节开展管理工作，涉及国网内部专家、高校、可研单位等外部专家、审核结果、专家人才库、培训总结、考核标准、考核结果等过程性业务材料和成果。供应链运营人才库管理工作流程详见图 4-3。

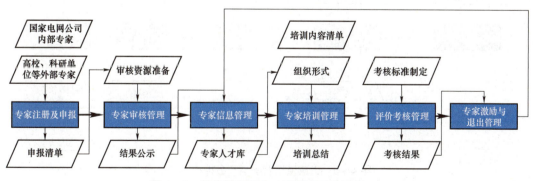

**图 4-3  供应链运营人才库管理工作流程**

### 3. 供应链运营成果共享

供应链运营成果共享从选题收集、选题筛选、选题确认、活动组织、效果评价、效果可视化展示 6 个环节开展管理工作，涉及选题清单、选题目录、活动组织准备、活动过程记录、主题成果报告、评价结果、人才库激励方案等业务材料和成果。供应链运营成果共享工作流程详见图 4-4。

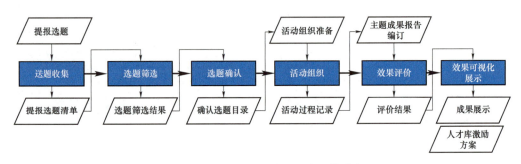

图 4-4　供应链运营成果共享工作流程

### 4. 供应链运营模型产品推广

供应链运营模型产品推广从模型算法提交、模型算法审核、模型算法发布、模型算法应用、模型算法评价 5 个环节开展管理工作，涉及优化调整后业务规则、模型、新增业务规则、模型提交、审核标准、审核通过模型算法清单、应用成效报告、模型算法评价报告、模型算法优化调整方案等业务材料和成果。供应链运营模型产品推广工作流程详见图 4-5。

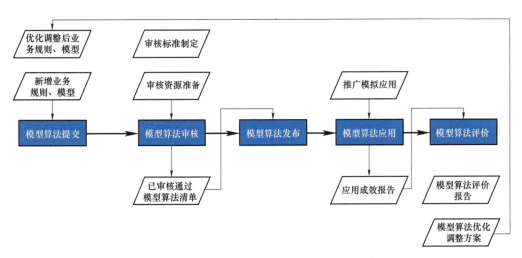

图 4-5　供应链运营模型产品推广工作流程

5. 供应链运营规划提升

供应链运营规划提升从规划信息收集与分析、推演参数配置、推演方案拟定、模拟推演、推演结果评价 5 个环节开展管理工作，涉及人力物力财力清单、现状清单、问题清单、推演参数、供应链模拟推演方案、算法模型、供应链模拟推演结果报告、供应链规划提升报告、供应链网络优化报告、供应链平台提升报告等业务材料和成果。供应链运营规划提升工作流程详见图 4-6。

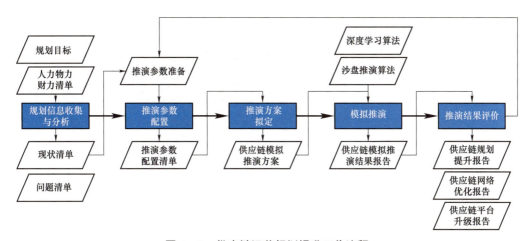

图 4-6　供应链运营规划提升工作流程

6. 供应链运营业务需求统筹

供应链运营业务需求统筹从需求收集、需求综合评估、优化方向制定、优化成效评价 4 个环节开展管理工作，涉及用户需求清单、调研反馈需求清单、评估后需求收集、系统优化建设方案、优化成效评价报告等业务材料和成果。供应链运营业务需求统筹业务流程详见图 4-7。

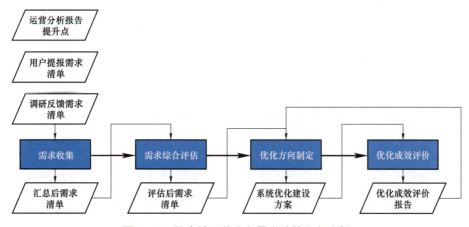

图 4-7　供应链运营业务需求统筹业务流程

### 三、全景规划设计建设组织体系

为进一步确保运营工作规范高效，明确总部和各省公司物资管理部计划处为供应链运营调控指挥中心直接管理处室（单独设立供应链运营处的由供应链运营处负责管理）；总部和各省公司物资管理部其他处室作为业务指导处室参与供应链运营业务开展；三级供应链运营调控指挥中心负责供应链运营工作的具体实施。三级供应链运营模式示意图详见图4-8。

① 自上而下运营协作模式 是指由运营调控指挥中心发起，向下级运营调控指挥中心或者专业部门发布指令，主要分为以下三类场景：
· 任务发布类：统计分析任务下发、专题研究课题任务下发等场景
· 规则发布类：监控风险点与标准要求下发、数据标准与管理规则下发等场景
· 监督督办类：总部监控到省公司异常指标，下发整改指令；省公司监控发现地市公司运营问题，派发整改指令

② 自下而上运营协作模式 是指由专业部门向运营调控指挥中心发起需求或运营调控指挥中心的向上一级运营调控指挥中心传递的协作场景，主要分为以下两类：
· 资源协调类：物资跨省调拨、协议库存跨省调剂等场景
· 异常处理类：问题处理逐级上升协调等场景

图4-8 三级供应链运营调控指挥中心运营模式示意图

（一）组织分工

国网物资管理部（简称国网物资部）是公司供应链运营工作的归口管理部门，主要负责组织制定公司供应链运营规章制度、标准及规范，统筹规划和推进供应链运营体系建设；负责总部供应链运营管理、平台建设及数据管理；负责指导各单位开展运营分析工作，根据分析结果，开展业务优化和管理提升；负责组织开展实物资源跨省调拨、协议库存跨省调剂、重大履约问题协调、产能统一排产、运力资源统筹等工作；负责指导各级供应链业务开展风险识别、监控指标建设以及风险事件闭环管控等风险监控预警工作；负责指导各单位开展供应链数据溯源、接入贯通、质量治理、安全管理等工作；负责指导各单位开展供应链数据应用场景建设以及数据资产价值挖掘；负责在发生影响公司生产经营的突发事件及重大活动保电状态下，统筹组织开展应急物资保障工作；负责组织开展各级供应链运营工作检查、评价、考核。

国网物资有限公司是总部供应链建设运营单位，在国网物资部业务指导下，开展公司供应链建设及运营工作，主要负责制定公司供应链运营工作流程，建立日常运营工作机制，制定运营工作手册；负责组织开展总部供应链运营平台运营，实施业务运营、功能建设及数据管理；负责定期组织开展公司供应链业务统计、运营评价分析、

决策支撑等工作；负责组织开展实物资源跨省调配、协议库存跨省调剂、履约问题协调、产能统一排产、运力资源统筹等工作；负责组织开展供应链业务风险识别、风险监控指标建设工作，负责协调处理总部供应链风险事件，跟踪督办总部、省公司风险处理情况；负责组织开展总部供应链运营平台数据溯源、接入贯通、质量治理、安全管理等工作；负责组织开展总部供应链运营平台数据需求管理、数据共享及应用、数据价值挖掘等工作；负责在发生影响公司生产经营的突发事件及重大活动保电状态下，协调全网开展资源跨省调配、调度指挥等应急物资保障工作；协助国网物资部对各级供应链运营工作开展检查、评价、考核。

省公司物资管理部是各省公司供应链运营工作的归口管理部门，主要负责落实公司供应链运营制度，组织制定本单位供应链运营工作规范及业务流程；负责组织开展本单位供应链运营管理，开展业务运营、平台建设及数据管理；负责组织开展本单位供应链全链运营分析工作，根据运营分析结果，推进供应链业务优化和管理提升；负责组织开展本单位实物资源调配、协议库存匹配及调剂、履约问题协调、产能统一排产、运力资源统筹等工作；负责组织开展本单位供应链业务风险识别、风险监控指标建设及风险事件闭环管控等工作；负责组织开展本单位供应链运营平台数据溯源、接入贯通、质量治理、安全管理等工作；负责组织开展本单位供应链运营平台数据需求管理、数据共享及应用、数据价值挖掘等工作；负责在发生影响公司生产经营的突发事件及重大活动保电状态下，统筹组织开展本单位应急物资保障工作；负责地市公司供应链运营工作的指导、监督、检查、评价、考核。

省物资公司是省公司供应链运营日常建设运营单位，主要负责制定省公司供应链日常运营工作流程及工作手册；负责组织开展省公司供应链运营平台建设，实施供应链业务运营、平台建设及数据管理；负责定期组织开展省公司供应链业务统计、运营分析、运营评价、决策支撑等工作；负责组织实施实物资源调配、协议库存匹配及调剂、履约问题协调、产能统一排产、运力资源统筹等工作；负责组织省级供应链业务风险识别、风险监控指标建设工作，负责协调处理供应链风险事件，跟踪督办地市级供应链风险事件处理情况；负责实施供应链运营平台数据溯源、接入贯通、质量治理、安全管理等工作；负责实施供应链运营平台数据需求管理、数据共享及应用、数据价值挖掘等工作；负责在发生影响公司生产经营的突发事件及重大活动保电状态下，实施省内资源调配、调度指挥等应急物资保障工作；协助省公司物资部对地市公司供应链运营管理工作进行监督、检查、评价、考核。

地市公司物资部（物资供应中心）履行本单位供应链运营管理职能，开展本单位供应链平台应用工作，主要负责承接省公司相关运营工作任务，开展地市公司供应链运营管理，指导所辖县公司做好运营平台应用工作；向省公司提出平台应用建设需求、参与需求论证及开发等工作；负责定期组织开展地市公司供应链业务统计、运营分析、运营评价、决策支撑等工作；负责对口协调处理省公司派发的物资调配任务，组织开展本单位实物资源调配、协议库存匹配及调剂、履约问题协调等工作；负责开展地市级供应链业务风险识别，协调处理地市级供应链风险事件；负责配合省公司开展供应链运营平台数据溯源、接入贯通、质量治理、安全管理等工作；负责配合省公司开展供应链运营平台数据需求管理、数据共享及应用、数据价值挖掘等工作；负责在发生影响公司生产经营的突发事件及重大活动保电状态下，配合省公司开展资源调配、调度指挥等应急物资保障工作。

各级单位专业管理部门负责协同物资部门，开展跨专业运营场景建设，包括专业数据共享、业务指导、协同场景数据验证及功能建设等工作；开展跨专业会商协调、跨专业运营分析等工作。

各级信息通信管理部门负责供应链运营相关数据标准建设、数据接入贯通、数据传输链路一致性及相关信息化系统的技术运维支持、基础资源保障、数据信息安全等管理工作。

各级数据管理单位（机构）负责承担供应链运营数据标准建设、数据接入贯通、数据传输链路一致性及相关信息化系统的技术运维支持、基础资源保障、数据信息安全等具体实施工作。

（二）岗位分工

供应链运营是提高供应链效率、降低成本、提升服务质量和提高竞争力的关键。为了实现这一目标，国家电网公司依托供应链运营调控指挥中心，基于供应链运营的不同职能进行了有效的岗位分工，设置了包括运营分析岗位、资源统筹岗位、数据管理岗位、运营规划岗位等主要岗位，以提高供应链效率、降低成本，支撑供应链运营管理工作有序开展。

1. 运营分析岗位

运营分析岗位主要职责是常态化开展全链条、跨专业运营分析，通过对供应链运营数据的分析和挖掘，为供应链决策提供科学依据，推动供应链质效提升。具体而言，该岗位负责统计报表、模型建设、评价指标设计，编制发布运营分析结果，以便供应链运营决策的参考，为供应链业务决策提供数据支持；通过开展供应链业务效率分析，优化供应链各环节的工作流程，提高运营效率；开展供应链成本分析，挖掘成本优化的空间，降低采购和运输成本，提高供应链整体利润率；开展供应链风险分析，制定风险预警机制和应对措施，提高供应链的风险抵御能力。同时，运营分析岗位也要关注行业趋势和市场变化，及时对供应链管理策略和业务模式进行优化和调整，确保国家电网公司的供应链管理始终保持在行业领先水平。

2. 监控协调岗位

监控协调岗位主要职责是常态化开展供应链业务监控预警及闭环管理，负责风险监控模型设计、风险提示派发、异常问题闭环督办等工作。具体来说，监控协调岗位需要建立风险监控模型，对供应链业务进行实时监控，识别可能存在的风险，及时发出风险提示，并制定相应的应对措施。同时，岗位人员需要及时跟进异常问题，并负责闭环督办，确保问题得到妥善解决，避免对整个供应链业务造成不良影响。监控协调岗位需要和其他供应链运营岗位密切协作，共同推动整个供应链业务的高效运营。岗位人员需要与运营分析岗位配合，对监控结果进行分析，识别问题根源，提出优化改进意见；同时需要与资源统筹岗位配合，确保应急状态下的资源调配有序进行。岗位人员需要具备敏锐的风险意识和协调能力，能够快速响应各类紧急情况，确保整个供应链业务的平稳运营。

3. 资源统筹岗位

资源统筹岗位主要负责建立全域数据资源池，依托资源池做好项目物资调配和应急物资保障。该岗位的主要职责包括：制订资源统筹规划，组织开展项目物资资源调配工作，建立完善的物资管理体系，提高物资调配效率和精准度；及时有效地响应突发事件，组织开展应急物资保障工作，确保物资供应的及时性、准确性和稳定性。在实际工作中，资源统筹岗位还需要积极推进供应链各业务深度融合，加强供应链资源整合能力，发挥供应链资源配置枢纽优势，驱动供应链运营向数字化运营、智慧运营转型。通过资源统筹岗位的建设和运营，国家电网公司可以更好地保障物资调配和应急物资保障工作的顺利开展，提高供应链资源整合能力，提高电力物资供应的可靠性和安全性。

4. 数据管理岗位

数据管理岗位主要职责是负责对数据的盘点、规范、接入、贯通和治理等活动。数据管理岗位需要建立全域数据资源池，将不同来源的数据进行整合、清洗、统一格式，形成高质量的数据资源。同时，数据管理岗位需要协调各相关方，在数据共享和使用方面进行协调和监督，保障数据的质量和安全。此外，数据管理岗位还需要负责数据的治理和保障，确保数据的安全性和可靠性，提高供应链信息化水平和决策效率。通过数据管理的规范化、精细化，实现对供应链全过程的全面管控和优化改进，从而提高供应链管理水平和业务质量。

5. 运营规划岗位

运营规划岗位主要负责开展供应链理论及技术研究，提出供应链优化改进、前瞻规划、运营平台升级建设方案等工作。具体职责包括：进行供应链优化改进的研究。运营规划岗位要负责对供应链各业务流程进行分析，发现问题，并提出相应的改进方案。例如，发现物资采购环节存在重复审批、流程不明等问题，可以提出优化措施，精简审批流程，减少物资采购周期。进行供应链前瞻规划的研究。运营规划岗位需要对行业发展趋势、技术变革等进行研究，提前预判未来供应链的发展趋势和需求，以便国家电网公司能够在未来市场竞争中占据先机。进行运营平台升级建设方案的研究。运营规划岗位需要对国家电网公司的供应链运营平台进行研究，提出升级改进方案，以提高平台的智能化水平和运营效率。例如，运营规划岗位可以提出在供应链运营平台中引入人工智能技术，提高物资采购和供应链运营的效率和准确性。

（三）团队构成

随着国家电网公司供应链运营的不断深化，供应链发展模式也由传统粗放向精益高效转变，供应链运营人才的重要性将会越来越突出，人才作为企业核心资源，对于推动企业可持续、高质量发展具有十分重要的现实意义。为此国家电网公司持续完善选人、育人、用人机制，重点提升供应链运营队伍的综合素质和能力，以打造领军型、复合型的人才梯队。

1. 供应链运营专家梯队构成

在供应链运营的实践中，建立一个高水平、复合型的专家梯队对于公司的战略发展和经营运营至关重要。国家电网公司积极探索建立一支多层级、多专业的供应链运营专家梯队，以提高公司运营水平、推动公司战略转型，构建智囊团队、建设高端智库，成为公司现代化数智供应链建设的坚实支撑。

（1）内部专家团队构建。国家电网公司供应链运营专家梯队的构成层级包括总部、省、市三个层级，覆盖了公司系统内各地优秀供应链运营从业人员。在供应链运营专家人才的选拔方面，优先考虑从业经历覆盖面广、运营理念前瞻性强、数据思维洞察力强、战略方向敏感度强等方面的能力，以此选聘符合要求的人员组建智囊团队。

（2）外部专家团队构建。除了专家梯队内部的建设，国家电网公司还积极与科研院校、咨询公司等"外脑"交流合作，以汲取行业领先实践与经验，拓宽创新视野，还能够在人才交流、研发合作等方面实现互利共赢，助力公司高端智库的构建。外部专家团队包含了从不同领域和专业背景招募的专家，如供应链管理、物流运营、财务、IT、法律等，以确保跨学科的思维和多样化的经验。每个专家都应具备独特的技能和知识，以便在需要时能够为供应链运营团队提供专业的建议和指导。

（3）专家人才能力评估。为更好地利用专家的潜力和优势，更有效地协调和组织专家团队，国家电网公司在供应链运营专家梯队的建设中打造了一套专家人才能力模型，侧重于将运营管理和战略规划等方面的能力和经验作为能力评价的核心内容。此外，也结合专家在数据分析、协调沟通、领导力等方面的表现进行综合评估，以实行专家分级分类管理，确保在供应链运营过程中合理发挥各专家人才的能力和知识。

2. 供应链运营岗位人才培育

供应链运营人才是国家电网公司建设现代供应链的重要基础，选人、育人、用人机制的合理性和有效性对于人才队伍的素质提升和公司运营效率的提升具有重要作用。国家电网公司着力提升供应链运营队伍的综合素质，以打造满足绿色现代数智供应链建设要求的专业化人才梯队。

（1）选人机制。供应链运营需要高素质的人才团队，为了确保选人质量，国家电网公司采用多重选拔机制。考察候选人的业务技能，包括对供应链的整体认知和对各个环节的理解、应用现代化的信息技术工具进行数据分析等方面。评估候选人的思维清晰度和组织协调能力，例如判断力、解决问题的能力以及沟通和协调能力。考虑候选人的职业素养和团队合作精神，以确保团队的整体效率和工作环境的和谐。

（2）育人机制。针对供应链运营人才的培育，国家电网公司注重多种培训方式和学习交流机会的提供，以及个性化的职业发展计划和晋升路径的制定，以促进供应链运营专职人员的全面发展和成长，提升其综合素质和核心竞争力。具体主要通过开展多样化的培训和教育活动，提高供应链运营专职人员的数据分析能力、协调组织能力、报告编制能力等。同时，公司还鼓励员工参与行业内的学术研究和实践，加强员工的学术交流和实践经验积累，从而使员工具备更加全面的专业技能和管理能力，能够更好地适应公司业务发展需求。

（3）用人机制。国家电网公司通过对供应链运营人才团队的多维画像，对员工的能力、素质、态度、行为等方面进行全面的评估和分析，从而更好地了解员工的个人优势和擅长的领域，针对性匹配适合员工的岗位，提高员工的工作效率和满意度。多维画像主要包括员工基础素质、专业能力、实际业绩、个人品行、岗位需求等方面。在对供应链运营人员的多维画像评估方面，国家电网公司根据供应链运营人员的专业技能和工作经验，评估其业务水平和工作能力；通过考察供应链运营人员的团队合作能力和组织协调能力，来评估其协调组织能力和团队协作能力。

（四）运作形式

1. 完善跨专业全链条运营协同机制

加强专业间信息共享、协同监管及提升管理，盘点供应链跨专业协同运作场景，明确协作流程，为跨专业合作奠定良好的基础，不断增强跨业务链协同贯通能力，辅助供应链管理智慧决策，提升供应链物资管理与运营能力。

2. 建立多元计划协同体系

依托公司业务中台、数据中台、技术中台，贯通专业数据链条，深化综合计划、采购需求计划、招标采购计划、生产制造计划、运输配送计划、工程里程碑计划、竣工投产计划（资产转资）一体化线上协同，打通供应链平台与网上电网、基建管控、生产 PMS、营销平台、财务管控、ERP 等系统堵点、断点，促进全链条管理效能最优。

3. 完善三级供应链运营调控指挥中心协同运营机制

（1）纵向协作。建立自上而下的运营指挥督导与自下而上的执行处理反馈机制，提升三级供应链运营调控指挥中心间的协同运营效率。自上而下运营协作模式即由上级供应链运营调控指挥中心发起，向下级供应链运营调控指挥中心发布指令，主要包括统计分析任务下发、专题研究课题任务下发等任务发布类场景；监控风险点与标准要求下发、数据标准与管理规则下发等规则发布类场景；总部监控到省公司异常指标，下发整改指令；以及省公司监控发现地市公司运营问题，派发整改指令等监控督办类指令。自下而上运营协作模式即由下级供应链运营调控指挥中心发起的向上一级供应链运营调控指挥中心传递的协作场景，包括物资跨省调拨、协议库存跨省调剂等资源协调类场景，问题处理逐级上报协调等异常处理类场景。

（2）横向协同。通过加强供应链前后端联动强化物资专业内部融合，包括物资内部各专业间信息共享、流程优化、问题协商等；开展跨专业协同是聚合设计、发展规划、项目管理等多专业力量，贯通与物资外部专业间数据链条，包括组织协调对接、数据串联、平台贯通等。

## 第二节　全景规划设计建设核心场景

### 一、"一码贯通，双流驱动"顶层设计

（一）总体思路

为有效盘活国家电网公司庞大的固定设备资产，挖掘巨大的经营潜力和管理效益，公司将实物 ID 与企业级工单相结合，开展了"一码贯通，双流驱动"（"一码双流"）顶层设计，全面串联关键业务环节信息，推进公司供应链全环节贯通融合。实物 ID 编码"一码"贯通各业务环节数据、"业务流"和"实物流"双流双向驱动业务开展，其中"实物 ID 编码"是电网实物资产管理的终身唯一标识；"业务流"是指对供应链九大环节包含的具体业务场景进行梳理，通过企业级工单中心汇聚全链业务，从纵向的角度推动业务高效开展，实现全流程跟踪可溯，数据通过业务工单无感伴生、自动归集；"实物流"是指围绕实物资源本身开展业务，依托实物 ID 开启业务流程，实现实物资源本身、实物 ID 和数据的紧密链接，从实物的角度出发，横向汇聚业务、质量、成本等全量数据。"一码双流"示意图详见图 4-9。

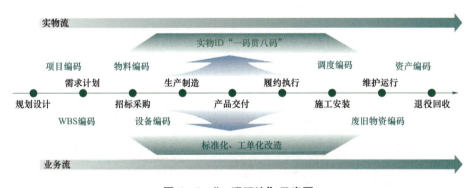

**图 4-9　"一码双流"示意图**

通过实物 ID 和工单相结合的"双流"业务协同和流程贯通数字化管理模式，对绿链九大环节进行实物 ID 嵌入式改造和企业级工单统一集成，通过实物 ID 与业务编码的多向索引映射关系，开展单体设备全寿命周期质量及成本数据收集，通过工单中心的集成化能力，实现供应链全环节跨专业、跨系统业务和数据互通共享，筑牢统一数据底座，构建稳定高效的数据平台，为设备 LCC 采购、质量全周期管理奠定基础，为供应链数智转型升级提供源源不断的数字动能。

（二）设计原则

1. 坚持公司级统筹

从公司视角出发开展实物 ID 和企业级工单的业务设计及系统建设工作，提升供应链系统性、整体性、协同性，打造统一数据模型，用数据要素驱动全供应链资源跨层级、跨领域专业整合优化，形成统一制度规范，推动绿色数智供应链规范化、标准化水平提升。

2. 做到物资全品类覆盖

将实物 ID 扩展到全品类，从物资源头管好实物资源，夯实实物 ID 赋码基础，针对电商物资、二次设备等未赋码物资制定统一编码规则；针对组装类、原材料类等特殊物资类型，按照"一物一码"原则编制差异化实物 ID 生成策略等，分阶段逐步实现增量物资 100%源头赋码。

3. 实现全链精益管理

统筹供应链规划设计、需求计划、招标采购、生产制造、产品交付、履约执行、施工安装、维护运行、退役回收九大业务环节关键流程，针对断点堵点开展实物 ID 嵌入式改造及工单中心集成，以实物 ID 为数据纽带，工单为业务载体开展实物资源在供应链全链条的精细化管理。

4. 坚持为基层减负

坚持从基层业务实际出发，在业务端，通过扫描实物 ID 开启作业流程等管控手段，无需人工在系统中进行实物 ID 匹配，做到业务操作与实物强关联；在数据端，通过工单中心实现数据无感伴生，无需数据重复录入填报，做到数据与实物强关联，形成基于实物 ID 的业务操作和数据应用标准化体系，真正让数据随业务无感伴生，让基层人员轻装上阵。

（三）场景构建

1. 规划设计

在规划设计环节，设计单位通过微应用规范设备主子BOM❶结构关系、校验项目WBS 与物料组的匹配关系，规范提报设计清册，项目管理单位根据设计清册，确认物资需求，生成 ERP 系统采购申请。项目建设单位完成项目储备和立项生成项目编码，根据项目定义挂接标准 WBS 结构；项目建设单位基于项目 WBS 提报设备材料清

---

❶ BOM，即 Bill of Materials，物料清单。

册，初步建立项目编码、WBS 编码、物料编码及设备资产分类的对应关系。实物 ID
生成后，可以通过采购订单编码，将实物 ID 与项目编码相关联，获取项目计划信息，
实现通过实物 ID 的信息回溯。

2. 需求计划

项目建设单位依据设备材料清册在物资需求计划提报平台中完成项目物资需求
提报。输电杆塔、输电线路、电缆段、接地网、避雷针等组装类设备需在物资需求提
报微应用中完成提报，维护组装类物料需求拆分成单个设备所需生成的实物 ID 数量，
维护关键组部件类物料需求根据主子组部件关系明确实物 ID 数量，维护材料类物料
需求根据实物和资源上下级关系明确实物 ID 数量。

3. 招标采购

通过实物 ID 全面归集设备资产全寿命周期各阶段的信息，在招标环节进行大数
据统计分析，按照质量、成本、服务等维度，结合常规招评标细则标准，共同实现供
应商产品绩效量化评价，使招标评标决策更客观更科学。

在采购订单生成后，供应商直接通过 ECP 直接获取实物 ID，并自动流转至后端
生产制造环节。在设备出厂供货前供应商通过实物 ID 在 ECP 上维护主设备和关键组
部件技术参数信息，并由系统自动对供应商维护参数与投标环节技术规范进行要求
值、供应商投标保证值进行形式合理性校验，如校验不通过则限制其继续开展物资供
应，以此提升设备技术参数准确性，辅助运行环节设备台账精准创建。

4. 生产制造

在生产制造阶段，对监造任务（包含驻场监造、云监造）进行工单化改造，建设
"设备监造工单"，实现对设备监造成本、监造质量问题自动采集。系统将监造任务及
设备实物 ID 信息下达至相应监造单位，监造单位根据实物 ID 进行任务分配，供应商
在监造人员见证下（EIP 自动获取）将每一实物 ID 对应的原材料组部件、工艺控制、
出厂试验、检测数据、成品入库数据等质量信息上传到绿链公共服务平台，实现监造
信息与实物 ID 强关联，监造报告结构化生成，服务设备全过程技术监督。

5. 产品交付

在产品交付阶段，将实物 ID 嵌入物资供应计划、发货通知、物流运输等场景，
建设供应计划工单、发货通知工单、物流运输工单，实现对设备运输成本、运输质量
问题自动采集。配合电力北斗、电子围栏等新技术应用，实现物流自动跟踪、自动识
别，保证在途物资运输的真实性及可靠性，杜绝了虚假收货。同时，通过物资供应计

划与项目施工计划深度耦合，实现工程项目物资精准供应。

6. 履约执行

在物资仓储作业环节，建设到货交接工单、物资入库工单、物资盘点工单、物资出库工单，实现对物资二次配送成本自动采集。到货验收环节，物资验收人员通过实物 ID 编码直接获取设备生产制造阶段质量信息，实现快速扫码验收，实现物资的出入库、盘点等物资业务的自动化。同时，将实物 ID 关联的各类物料凭证统一集成至工单中心，实现业务及时督办，风险及时预警。

设备抽检环节，建设抽检任务工单，实现对物资检测成本、抽检质量问题自动采集，依据实物 ID 匹配的出厂质量数据精准指导抽检，保证样品抽选的唯一性和特殊性，对物资抽样、取样、封样、检测等抽检全过程进行工单化改造并与实物 ID 强关联，实现设备检测全过程透明作业，关键质量信息全程追溯。

7. 施工安装

在工程建设环节，通过扫描实物 ID 标签，实现物资收发货管理。应用工程建设数据录入微应用，扫描实物 ID 编码标签，获取设备相关信息，实现对工程设备的安装、调试记录、交接试验报告等信息维护功能，同步建设设备安装工单、设备调试工单、设备缺陷处置工单、工程投运验收盘点工单，实现关键质量数据结构化存储，实现一码归档和基建数字化移交，为支撑运检人员开展智能检修和施工等工作创造了条件。

现场投运验收盘点后，根据设备资产价值形成链条，在项目立项、建设、现场验收、预转资、结算、决算、正式转资等 7 个阶段，利用实物 ID 及移动物联技术手段，规范关键环节业务处理和数据标准，深化业财协同，精确孪生收集业务流转信息，实现设备资产以实物为基础的卡片精准创建，设备资产价值精准分摊，竣工决算过程在线监控，辅助竣工决算报告自动出具。

8. 运行维护

在投运交接环节，通过移动终端扫描实物 ID，快速定位 PMS 设备台账，便于运维人员查看设备基础信息及履历信息，以及在移动终端快速开展各类基于 PMS 移动作业的运检记录录入。在运维检修环节，完善应急抢修、例行巡视等业务工单内容，实现运维成本、检修成本、故障成本通过工单自动采集至单体设备。通过移动 App 扫码作业，实现运维检修、设备故障与缺陷、状态评价等专业信息的孪生和闭环管控，实现检修标准作业成本分解到单体设备，设备运行质量实时备案。

9. 退役回收

在退役处置阶段时，对拟退役清单、技术鉴定、移交、拆解、拍卖等关键流程进行实物 ID 嵌入，建设项目拆除计划工单、报废物资移交工单、报废物资处置工单，通过实物 ID 贯通整个报废物资处置全过程，对报废各阶段数据进行串接整合，为处置成本数据提供归集载体。同时，依托工单中心集成任务待办和督办提醒，打通项目（以设备信息为核心）、财务（以资产信息为核心）、物资（以物料信息为核心）在报废物资处置过程跨专业、跨系统壁垒，对报废物资全流程进行统一管控。

## 二、绿链云网数智中心架构设计

### （一）总体思路

按照"一级部署、多级应用"的总体要求，结合绿色现代数智供应链运营体系建设"六统一"，调用全网省开发资源，通过"线下统一开发、线上快速部署"的方式实现全链综合分析模型（产品）在数智中心的统一应用。贯通融合公司平台资源，延伸连接链上企业、机构和政府等平台，构建供需交易、技术交流、协同合作等公共服务模式，拓展平台发展内容，打造供应链公共服务平台。依托公司人工智能模型样本和算力资源基础能力，研发应用供应链人工智能技术和成果，打造供应链的"大脑中枢"和"驾驶舱"，积极开展供应链全过程绿色低碳运营管理，推动数智中心向行业级高端智库转型升级。

#### 1. 整体架构

借鉴供应链控制塔理论，结合控制塔通用的"可见、分析、执行"三层结构，设计国网绿链云网数智中心控制塔体系技术架构，形成数据层、模型层和应用层三部分结构。数据层为模型提供分析所需基础数据，模型层进行业务数据价值挖掘，并基于模型分析结果支撑应用层具体场景实现。国网绿链云网数智中心体系架构示意图详见图 4-10。

（1）数据层为模型提供分析所需的基础数据，在"一码贯通，双流驱动"基础上，按照数据字典打造统一数据模型，形成支撑模型开发应用的基础数据底座，为数智中心控制塔建设提供数据支撑。

（2）模型层是综合利用各类模型开展业务多维分析，深入挖掘业务数据价值，辅助业务管理决策，支撑应用层业务场景实现。模型层包括统计模型、预警模型、决策

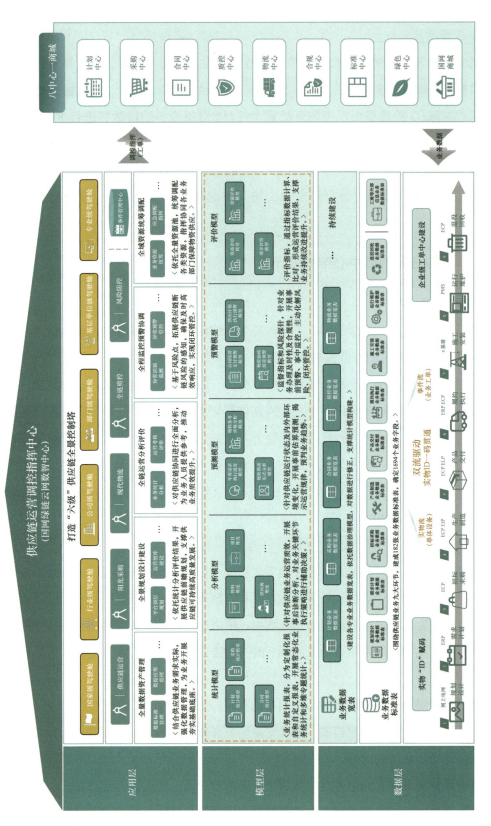

图 4 – 10　国网绿色链云网数智中心架构示意图

模型、预测模型、评价模型五类模型，共同组成全链业务报表库、全域分析模型库、全量评价指标库。

1）全域业务报表库：即统计模型，是集合基于业务数据宽表开发形成的业务统计报表，分为定制化固定业务统计报表和自主分析业务统计报表。各专业结合业务活动，构建形成专业定制化固定业务统计报表，同时基于业务数据宽表，应用分析工具开展"多维六级"自主分析。

2）全链分析模型库：主要包括预警模型、决策模型和预测模型，是集合监控阈值、判定因素、管控条件等业务规则所形成的分析模型。各专业通过对数据进行处理、分析和挖掘，输出运营分析结果，提升数据价值创造力。

3）全量评价指标库：即评价模型，是集合评价指标和考核指标，通过业务数据计算、比对，形成运营评价结果，支撑供应链运营工作持续改进提升。全量评价指标库是"九维三级"指标体系中一二三级指标库的基础，一二三级指标库将全量评价指标库按照应用体系层级进行指标划分，细分为战略层面指标、业务策略层面指标、业务执行层面指标。

（3）应用层是基于业务需求，针对全链业务过程中的难点、堵点、痛点、风险点等业务关键节点，对模型分析结果进行输出展示，包括设计全景可视、评价考核、监控预警、预测分析等应用场景。

1）专业控制台：开展本专业五类模型建设与运行，反映业务运营情况，实现供应链业务状态实时掌握，全程监控与优化提升，提高业务管控及协同能力，为业务人员开展业务决策执行提供支撑。

2）事件管理中心：负责业务工单管理，为个人用户提供协调预警、推送督办、过程追溯、意见反馈等一站式服务，提升业务运营的能见度，辅助运营和管理人员及时发现、处理运营业务问题，提升供应链业务协同效率。

2. 建设管理

通过协调全网开发资源，提高开发效率，将开发成果嵌入总部数智中心应用。遵循《总部供应链运营调控指挥中心发展提升方案》中"六统一"运营原则，构建供应链运营体系"线下建立模型，线上快速部署"模式管控机制，为供应链运营调控指挥中心发展提升明确基础路径。确保所有需求一级部署，实现全链综合分析模型（产品）在数智中心的统一应用，将数智中心打造为集资源汇聚、数据分析、决策支撑、成果孵化功能为一体的供应链运营分析数字化基座。

（1）建设分工。

国网物资公司和省公司按照"1+N"模式共同承担平台建设工作。物资公司发挥"1"的作用，确定统一的平台架构，统筹建设管理及功能部署，建设模型发布平台，组织省公司统一在平台发布数据模型，对数据模型统一运营管控。省公司发挥"N"的作用，分别负责计划、采购、供应、质量、监察、技术、运营不同专业全网需求的提出、设计、开发、测试、优化等事宜，每个需求开发完成后，作为数据模型发布至数智中心。平台建设功能下线分工示意图见图4-11。

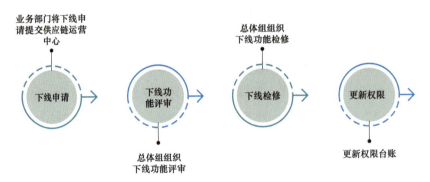

**图4-11 平台建设功能下线分工示意图**

（2）管控机制。

1）需求阶段。总部管控组核查需求的重复性，对于跨专业间的重复建设或与在运功能重复的需求，在统一管控平台反馈并进行调整。本阶段线下交付物包括需求申请单签字件、需求论证单签字件。

（a）需求提出：在统一管控平台收到各专业处室提出的建设需求，总部管控组负责初步筛查需求的重复性，对于重复提出的需求或者与在运功能重复的需求，进行线上反馈。

（b）需求评审：每月按照总部供应链运营调控指挥中心的组织安排，总部管控组将本月收到的需求内容进行汇总整理，统一提报数字化部进行需求评审。

（c）需求派发：在统一管控平台，总部管控组收到各专业的需求后，进行线上派发，指派给相关建设单位进行需求论证。

（d）需求论证：在规定的反馈时间内，承建单位进行需求论证单的在线提交。

（e）需求排期：国网数字化部批准建设的需求，承建单位开始编写详细的需求建设计划，包括业务组计划、开发组计划同步汇报给总部管控组。

2）设计阶段。各承建单位需参照总部管控组的UI设计规范进行原型设计，需参照总部管控组的功能设计文档模板进行编写。本阶段线下交付物包括工作界面设计修改验收确认单、功能设计文档（含数据溯源）签字确认件。

（a）需求原型设计及确认：承建单位完成原型设计后提交总部管控组进行评审，并由总部管控组组织用户进行原型确认。

（b）归口标准表溯源：总部管控组提供承建单位相关业务数据标准表数据，以便于承建单位开展数据溯源工作。

（c）详细功能设计：依照需求原型设计图及数据表溯源，承建单位进行详细功能设计文档编写。

（d）功能设计确认：功能设计文档编写完成后，由总部管控团队组织用户讨论、确认文档编写的准确性并及时进行修订。

3）开发阶段。各单位研发团队都基于研发仿真环境进行编码工作。总部管控组制定研发规范和研发标准，各研发团队必须严格遵循；把控代码研发质量；在研发过程中对研发的任务、进度等研发活动进行管控。其中代码库主要存放系统代码，其中总部一级代码库集中存放统推项目版本代码，省（市）公司/数科等单位存放本单位自开发版本代码。依赖库主要存放系统编译过程中依赖的组件包，统一管理运营，实现版本统一管控。

4）测试阶段。分为项目组内测试、用户测试及第三方测试，承建单位需整理编写测试文档发送给需求提出方进行测试，测试完成后需签字确认实用化建设用户验收确认单，只有在收到用户的测试验收确认单后，总部管控组才能进行检修计划提报。各研发单位自行组织第三方功能、非功能、性能、安全功能与渗透测试、代码安全测试，并出具相关的第三方测试报告。功能需求建设测试流程见图4－12。

图4－12　功能需求建设测试流程

5）上线阶段。遵循《国网数字化部关于做好信息系统上线、检修线上管理工作的通知》进行上线功能的检修和部署工作。涉及检修需求提报、是否为新增功能确认、受理并提报检修计划、各业务部门审批等环节。出具第三方测试报告，并打好程序部署包，按上线流程进行系统上线部署工作。本阶段线下交付物包括系统检修授权说明、系统测试报告、角色权限管控确认单、数据表变更管控确认单。

6）优化阶段。功能上线部署后，需求提出方需在生产系统进行再次核验，包括功能可用性及数据的准确性。承建单位在收到优化建议时，需重点区分是缺陷检修还是补充新增功能。

（a）用户核验后提出优化建议：新需求上线部署后，用户在生产系统进行功能、数据核验，如果用户提出优化建议，首先判断是功能缺陷、数据问题还是新增功能。

（b）缺陷检修：如果是功能缺陷，业务顾问进行缺陷记录并提报开发组及时进行整改；如果数据问题，记录并反馈给数据组进行调整。

（c）新增功能补充：如果是用户提出新的需求，承建单位需配合用户完成新增需求申请单的编写并提报。

7）运营阶段。包括应用超市运营管理、评价功能应用情况、评价建设单位开发质量、评估运营质量及管理效益、制定与执行奖惩机制、促进社会化运营。

8）模型下线。包括功能下线申请、评审，功能下线检修及权限变更。

（3）关键技术。

1）总体技术路线。依托数据中台进行内外部数据汇集感知，基于数据业务数据标准表进行数据建模、数据计算，结果数据落地到分析层 RDS/ADB 库[1]，并采用大数据中心数据分析工具对结果表进行数据分析应用。数据模型通过 dataworks 平台进行开发、上线和下架管理，数据分析工具开发的应用可通过应用商城进行应用的上线和下线管理，从而实现数据分析可"插拔式"的应用管理能力。

（a）数据生产：运用数据中台计算组件，由总部数据组负责将 SG-CIM 模型的表，按物资业务的实际需求，进行数据整合生成业务数据标准表。研发团队基

---

[1] RDS 库，即 Relational Database Service，关系型数据库；ADS 库，即 Apsara DB for Database，云数据仓库。

于业务数据标准表，按业务主题构建计算逻辑模型，再通过数据中台计算组件定时进行数据计算加工，结果数据落地到分析层数据库中。数据生产技术路线见图4－13。

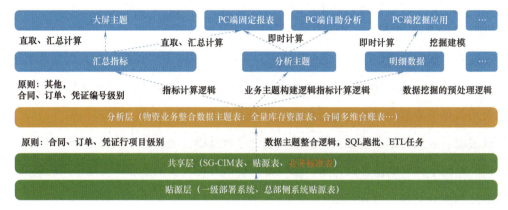

图4－13　数据生产技术路线示意图

（b）数据分析：基于数据中台技术架构体系，统一使用数据中台的数据分析工具，与SG－UEP等平台快速集成，提供"拖拉拽"方式进行自主分析，基于多维模型提高数据分析效率，支持业务预测、策略优化等高阶应用，支持图、表、地图等多种展现形式，支持两级协同研发标准能力的建设。实现分析功能的发布、集成、上线及下线可"插拔式"的应用管理。

2）开发环境。开发环境的使用包括开发工具、中间件、数据库、操作系统、开发语言、程序打包等按照规范要求保持一致，尽量避免由于开发环境的原因导致程序运行不兼容的带来的问题。

（a）统一操作系统：建议采用Win10及以上的64位操作系统。

（b）统一数据库：建议使用和大数据分析层RDS数据库匹配开源的关系型数据库。

（c）统一中间件：建议和总部缓存、消息队列等中间件的版本保持一致。

（d）统一开发工具：报表工具统一遵循大数据中心提供的在线报表开发工具。定制化由总部统一提供开发工具。

（e）统一开发语言：数据模型必须基于业务数据标准表进行逻辑计算，使用数据中台的标准SQL开发。

（二）设计原则

坚持统一架构设计，统一平台支撑，强化供应链数字化智能化运营"六统一"标准体系建设应用。由总部统一组织开展运营规划、运营机制、运营场景设计，各单位按照工作方案，分步实施，成果共享，逐步迭代优化供应链数智运营平台。

1. 统一数据基础

按照"多源汇聚、打破孤岛"的原则，将业务对象、业务流程、业务规则数字化，结合实际业务需要，对物资专业全量数据进行接入、治理和业务（数据）标准表转换，对公司其他专业和外部数据提出接入、治理和转换，统一数据"入口"和"出口"，打破层级、专业间信息壁垒，夯实数据统计分析基础。全面盘点数据资源，建立供应链"一库两字典"数据基础体系，强化数据接入贯通和质量治理，实现全供应链数据标准化和融通共享、可视可查。

2. 统一分析工具

按照"灵活用数、自主可控"要求，遵循公司数据中台和企业级报表中心技术路线，开展分析工具的建设，支撑通过定制化开发方式构建各专业固定报表，并支持"拖拉拽"方式的自主数据分析。

3. 统一业务报表

在统一数据的基础上，根据业务需要开展统计工作，形成业务报表，建立各专业的业务报表库。按照"统一规范、自动生成"的原则，对各类业务报表进行标准化设计，明确统计规则和计算逻辑，根据实际需要确定业务报表的统计口径、统计维度、业务覆盖范围等，满足各方获取供应链运营业务数据的需求。

4. 统一指标体系

在同业对标、业绩对标等指标体系的基础上，结合公司高质量发展和绿色低碳发展要求，客观量化供应链全链业务运营情况、运营绩效，打造统一指标体系。根据业务需要、形势变化，动态更新、迭代优化各类运营指标、评价指数，确保指标体系的先进性和实用性。充分发挥指标引领作用，通过指标及时诊断业务开展异常，发现或预测业务偏差，实现事前纠偏、事后及时调整与总结、分析，推动供应链全链业务效率、效益和效能持续提升。

5. 统一分析模型

在统一业务报表的基础上，依托统计数据，根据业务规则明确业务诊断内容，固化分析逻辑，建立各专业分析模型，形成分析模型库。按照"多维视角、智能分析"原则，依据公司相关管理制度和要求，针对相应业务内容、工作环节、焦点问题、应用场景等管理要求或标准，系统提炼数据统计规则、管控标准、展现形式等，构建专项分析模型，提供智能化分析手段，辅助供应链业务运营。

6. 统一运营管理

在供应链运营调控指挥中心"五全"运营职能的基础上，构建供应链运营调控指挥中心达标创星标准，分阶段开展建设成果评价验收，推动供应链运营调控指挥中心发展提升。统一业务需求提报及审查、账号权限申请及审批、分析模型开发及部署等业务流程，实现供应链运营规范化管控。按照"多元应用、运营支撑"的原则，在信息化建设成果的基础上，推动供应链分析评价、业务应用和协同联动，为供应链全链业务运营提供管理支撑和决策依据。

（三）权限管理

保障数智中心账号安全、数据安全、责权清晰，规范数智中心账号管理，加强权限的新增、分配、变更、注销等工作管控，确保各单位与权限操作间的有效衔接，实现风险防控与业务开展的同部署、同开展、同落实，强化供应链安全防范，形成专业化、常态化、信息化供应链安全防控。

1. 账号、权限管理流程

（1）网省公司/直属单位物资管理部门。

1）数智中心最终操作人员提出申请，填写账号权限申请单（包括填写账号基础信息、所需业务范围等）。

2）部门领导审核所申请权限的内容是否符合要求，审核通过后提交国网物资管理部相应业务处室审批。

（2）国网物资管理部业务处室。国网物资管理部业务处室审核各单位提交的账号权限申请，审核通过后提交国网物资管理部计划处。

（3）国网物资管理部计划处。国网物资管理部计划处审批各业务处室提交的账号权限申请，审核通过后提交国网物资管理部技术处。

（4）国网物资管理部技术处。国网物资管理部技术处审批计划处提交的账号权限申请，审核通过后移交国网信通公司。

（5）国网信通公司。国网信通公司权限管理人员根据账号权限申请单内容开展账号权限分配工作，完成后进行审核，并在账号权限申请单中填写所分配的权限编码及名称。

1）账号创建：由权限管理人员进行账号创建。

2）权限分配、变更：根据账号权限申请单，由权限管理人员进行权限的增、删、改操作。

3）账号注销：由权限管理人员对账号进行注销。此类账号在平台中仅保留其原始登录及操作的轨迹和日志信息，无法登录数智中心进行其他操作。

（6）总部供应链运营调控指挥中心。总部供应链运营调控指挥中心进行账号权限备案、汇总、统计，形成清单。

2. 平台账号管理要求

（1）需求提出部门应在需求提出阶段明确数据权限管理原则，即是否可向二、三、四级单位开放，数据是否做权限隔离。

（2）账号持有人如果工作岗位或工作职责发生变动，应及时申请账号权限变更，申请新的岗位权限的同时需撤销原有岗位权限，从而确保账号权限的准确性和唯一性。

（3）账号持有人如果长时间不登录平台，应及时申请账号冻结，避免由于长期不登录平台对考评工作造成影响。

（4）ISC 系统直接对接 ERP 人资主数据，账号持有人如果调离工作岗位，原有数据权限将自动取消。

（5）账号持有人需对平台内的操作负责，严禁出现"一号多用"，严禁私自用上级领导账号进行查看、审核等越级操作。确保账号使用人唯一，保证问题追溯的准确性。

（6）账号持有人不得外借账号，更不得泄露登录密码，登录密码应时常更改，确保信息系统数据的安全性。

（四）需求管理

1. 需求管理目标

规范供应链运营分析业务需求提报、审核工作流程，优化完善纵向层层把关、横向专业协同的业务需求提报、审核工作机制，提升工作质效，更好支撑绿色现代数智供应链运营体系建设。

2. 需求管理思路

以"提质增效、设备资产全寿命周期质量监督、供应链全链风险防控、电网物资供应保障、全网采购计划管理、供应商全息多维分析、招标采购绩效提升、各类绩效指标监控考核和碳减排"九大业务专题为核心主线、以"六统一"为横向要求，形成业务需求审查的标准框架体系。进一步明确各单位职责分工，优化业务需求提报、审核工作流程，制定业务需求审核工作要点，组建需求评审专家库，强化全流程管控力度，持续提升业务需求提报、审核的"效率、效益、效能"。

3. 需求管理模式

（1）职责分工。按照"管业务、管需求"的原则，进一步明确各单位（部门）工作职责：国网物资管理部计划处负责对业务需求提报、审核进行整体管控。制定需求提报模板及需求审核要点（业务部分），协同专业处室组织开展业务需求审查会。负责需求审查专家库（业务部分）的组建及管理。技术处负责制定技术审核要点，负责对需求的技术部分进行审查。各专业处室协同计划处对对口专业的业务需求进行审查，同时对自行提报的业务需求质量负责。总部供应链运营调控指挥中心负责实时汇总、上报一、二级单位提交的业务需求，并按照物资管理部计划处要求，组织召开业务需求审查会。省（自治区、直辖市）公司物资部负责从业务角度对本单位业务需求提报和全流程管控进行监督。省（自治区、直辖市）公司供应链运营调控指挥中心负责本单位业务需求的收集、汇总、审核、上报。

（2）需求提报流程。建立业务需求计划资源池，实时接收两级供应链运营分析业务需求。国网物资管理部各专业处室的业务需求经内部审核后提报至总部供应链运营调控指挥中心；各二级单位业务需求经内部预审后由本单位供应链运营调控指挥中心统一报送至总部供应链运营调控指挥中心。总部供应链运营调控指挥中心汇总一、二级业务需求并及时上报物资管理部计划处。各单位须严格按照业务需求提报模板提报业务需求。

（3）需求预审机制。组织开展差异化预审工作，将需求提报单位按照地理位置划分为三个区域：东北、东南、中西，其中东北区域包括北京、天津、河北、冀北、山西、辽宁、吉林、黑龙江、蒙东省公司；东南区域包括山东、上海、江苏、浙江、安徽、福建、湖南、江西、湖北省公司；中西区域包括河南、四川、重庆、陕西、甘肃、西藏、宁夏、新疆、青海省公司。集中审查前，总部供应链运营调控指挥中心将汇总的业务需求下发至各区域牵头省公司，各区域牵头省公司负责组织开展预审工作，根据业务实际重点审查需求的实用性和可推广性，并形成预审报告，预审报告经总部供应链运营调控指挥中心汇总后上报国网物资管理部计划处。

（4）需求审核力度。供应链运营业务需求审核实行月度批次管理机制。国网物资管理部计划处按月度组织召开业务需求审查会，协同各专业处室，组织专家组从业务角度对照审核要点（业务部分），对业务需求进行严格审查，审查意见须审查专家签字确认，确保审查质量。总部供应链运营调控指挥中心每月25日前将业务审查结果移交技术处进行技术审查。物资管理部计划处、技术处结合评审意见，共同形成最终评审结果，经双周会决策后，安排总部供应链运营调控指挥中心反馈相关单位。对于紧急业务需求，物资管理部计划处会同技术处组织"专车"批次进行审查。

（5）需求审核要点。国网物资管理部计划处协同各专业处室，坚持"数智引领、绿色发展、全链贯通、融汇共享"的原则，从绿色化、现代化、数字化角度，结合"六统一"、九大业务专题，编制供应链运营分析类业务需求审核要点（业务部分）。技术处负责按照"六统一"工作要求，编制供应链运营分析类业务需求审核要点（技术部分）。

（6）审核专家库。按照"逐级推荐、管理部门审核入库"的原则，国网物资管理部计划处牵头组建业务需求审核专家库，原则上专家库由业务专家及技术专家两部分组成，专家成员包括物资管理部各专业处室、二级单位及信息化建设团队三方面人员。

## 三、供应链运营"驾驶舱"设计

供应链运营"驾驶舱"（Supply Chain Cockpit）是 BI 技术的一种具体延伸应用，是指企业供应链运营管理过程中，了解所需供应链运营实际情况的数字界面，类似于汽车、飞机的仪表盘，随时显示企业的关键业务走势、预算执行进度、风险提示等指标。在底层数据完善的基础上，通过制定关键指标的驾驶舱界面，跳过中间环节，直接将实时的经营数据直观呈现于企业领导，使管理层直达底层数据，帮助深入了解企业供应链运营情况。另外，通过自行设定预警指标值等，可更有针对性地查阅运营数据，支撑供应链业务决策执行。

国家电网公司基于绿链云网数智中心，设计构建供应链运营"驾驶舱"，包括决策"驾驶舱"、管理"驾驶舱"、专题"驾驶舱"等，其中专题"驾驶舱"又分为指标体系"驾驶舱"、指标库"驾驶舱"、绿色低碳"驾驶舱"等内容。通过构建管理"驾驶舱"，优化"五全"工作界面，完善监控预警、数据展示等常规功能，支撑战时指挥、统筹调配等关键职责，不断提升供应链运营分析能力。

（一）决策"驾驶舱"

决策"驾驶舱"围绕"六级"（国家级、行业级、公司级、部门级、基层单位级、专业级），分析实时统计数据、在线分析、评价评估，通过图形、图表等多种形式，提供全链业务运营、调控、指挥情况全景可视化展现，实现供应链业务状态实时掌握，全程监控与优化提升，提高业务管控及协同能力，为业务人员开展业务决策提供辅助支撑。决策"驾驶舱"示意图详见图4-14。

**图4-14　决策"驾驶舱"示意图**

（二）全量数据资产管理"驾驶舱"

全景数据资产管理"驾驶舱"是以业务运营价值提升和技术创新赋能突破为动力，统一数据标准，规范数据质量，为业务全程可视、预警监控、风险规避、规律洞察和绩效调优的数据应用提供基础，实现数据"有数据用、数据能用、数据好用、数据可控"。全量数据资产管理"驾驶舱"示意图详见图4-15。

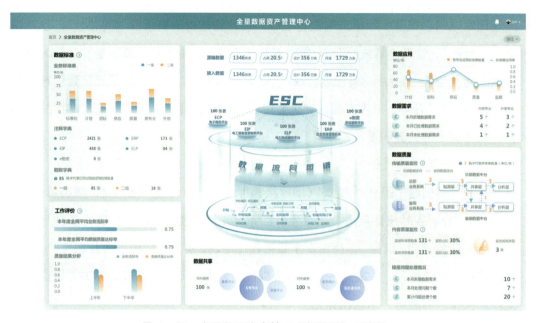

**图 4-15　全量数据资产管理"驾驶舱"示意图**

**（三）全景规划设计建设"驾驶舱"**

全景规划设计建设是基于未来供应链发展趋势和公司新时代目标要求体系，开展最大限度地发挥供应链运营绩效的规划、建设与运行工作。全景规划设计建设"驾驶舱"示意图详见图 4-16。

**图 4-16　全景规划设计建设"驾驶舱"示意图**

（四）全链运营分析评价"驾驶舱"

全链运营分析评价"驾驶舱"是以供应链内外部数据为基础，基于业务数据分析模型和运营评价模型，呈现业务统计、运营分析、运营评价及决策支撑，对内促进业务模式优化、业务流程再造、管理策略优化，实现质效提升，对外开展行业对标、践行绿色低碳、开展营商评价，促进转型升级。全链运营分析评价"驾驶舱"示意图详见图4-17。

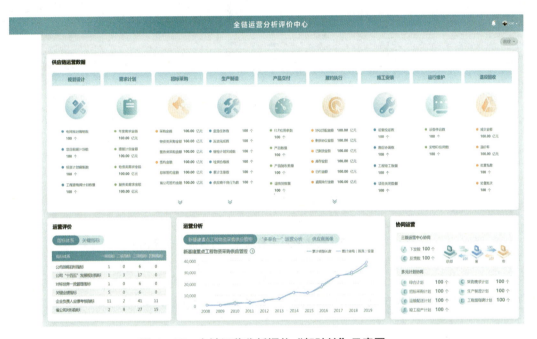

**图4-17　全链运营分析评价"驾驶舱"示意图**

（五）全域资源统筹调配"驾驶舱"

全域资源统筹调配是指在"驾驶舱"汇聚实物资源、物力资源、人力资源、需求资源等信息建立全域数字资源池，依托可查、可视的资源池做好资源统筹和应急调配指挥工作。在发生影响公司生产经营的突发事件（包括自然灾害、事故灾难、公共卫生、社会安全等事件）及重大活动保电任务下，"驾驶舱"发挥对战时指挥、统一调配的支撑作用，服务各类资源统筹，保障物资高效供应。全域资源统筹调配"驾驶舱"示意图详见图4-18。

（六）全程监控预警协调"驾驶舱"

全程风险监控预警是通过"驾驶舱"，实时监控供应链业务运营合规性、运营效能和保供能力，主动识别内外部风险和异常，建立监控预警与风险事件处理协同运作机制，实现闭环管控。全程监控预警协调"驾驶舱"示意图详见图 4 - 19。

**图 4 - 18　全域资源统筹调配"驾驶舱"示意图**

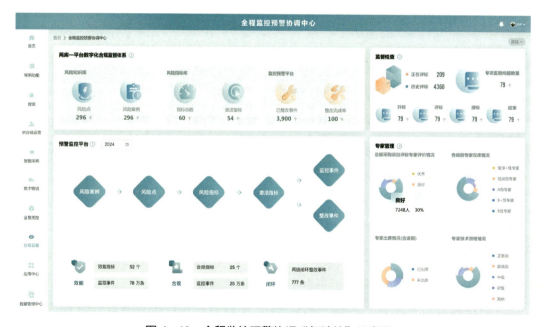

**图 4 - 19　全程监控预警协调"驾驶舱"示意图**

# 第三节　全景规划设计建设典型案例

## 典型案例一：供应链运营平台转型升级

（一）案例简介

面临转型之际两级供应链运营平台存在功能分布统一管控设计杂乱，功能分布分散、逻辑性较低，供应链运营与计划、合同等物资专业管理部门的界面展示不清晰；平台功能存在冗余，且功能与实际业务贴合不足，有效支撑业务管理决策的功能应用相对有限；两级供应链运营平台各自开发、各自为政，导致人力资源、开发资源浪费，且各平台开发水平参差不齐，数据质量不高、运营管理能力受限等问题。

供应链运营作为公司供应链体系的"大脑中枢"，在供应链现代化发展、绿色转型、数智转型中具有关键作用。参考国网内外先进运营理论和实践案例，结合现阶段公司供应链运营体系现状，迫切需要加强供应链运营体系顶层规划设计，明确运营职能、优化运营机制、完善组织体系，升级系统平台，推动供应链运营体系数智升级，充分发挥"风向标"和"指挥棒"的引导提升作用，提升供应链运营价值创造能力。

（二）主要做法

以供应链运营业务架构梳理成果为基础，按照"一级提升，多级应用"工作思路，组建两级供应链运营平台存量功能梳理专项工作组，开展两级供应链运营平台存量功能摸底，提出平台优化提升建议；按照供应链运营调控指挥中心全量数据资产管理、全景规划设计建设、全链运营分析评价、全域资源统筹调配、全程监控预警协调五大功能板块，结合九大专题和指标体系做跨领域、跨行业、跨企业数据整合为统一数据基础奠定坚实基础；按照"边确认、边建设、边核验、边部署"的原则，针对总部存量功能进行归并、调整，形成定位清晰、布局合理、用户友好的升级版高端智库平台。

（三）管理成效

按照"一级提升，多级应用"工作思路，依据"一级部署是常态、二级部署是特例"原则，供应链运营平台由两级部署转型升级为一级部署平台。

运营平台汇聚内外部资源，实现跨领域、跨行业、跨企业的数据整合，持续做强做精全链条业务，提升供应链效率效益，同时促进上下游企业协同发展、开放共享，打造行业领先的产业链供应链生态圈。在转型升级过程中所产生的供应链成果物包含但不限于表4-1内容。

**表 4-1**　　　　　　　　　　　　**成 果 物 描 述**

| 序号 | 成果物描述 |
|---|---|
| 1 | 建成总部、各专业高端智库驾驶舱 |
| 2 | 建成全量数据资产管理中心、全景规划设计建设中心、全链运营分析评价中心、全域资源统筹调配中心、全程监控预警协调中心的"五全"运营分析成果展示 |
| 3 | 组织协同国网物资部、各省公司、直属单位建成"一库两字典"业务数据标准表，统一数据基础 |
| 4 | 根据各专业需求，组织建设了 500 余项业务数据分析功能 |
| 5 | 组织梳理全网用户权限并做统一赋值 |
| 6 | 组织统一梳理业务分析模型并规划统建 |
| 7 | 构建企业负责人、省公司同业对标指标等 6 项指标体系 |

## 典型案例二：RPA 技术在供应链运营的应用

（一）案例简介

国家电网某公司聚力效率、效益、效能提升，瞄准供应链工作难点，推进管理创新工作，通过应用机器人流程自动化（Robotic Process Automation，RPA）等先进技术，实现在供应链运营各环节的应用。

（二）主要做法

通过统筹数字业务开发需求，以解决基层一线问题为目标，紧扣供应链业务流程，开展覆盖全链的 RPA 需求征集分析。通过创新模式、循序渐进，开发与测试稳步有序推进，积极协调场景开发组，主动协调问题调整功能，确保实效性。通过强化物资业务 RPA 开发人员培训和储备，打造出一支复合型、桥梁型人才队伍。通过搭建数字化交流平台，强化优秀数字化成果发布和交流，形成全员参与、齐创共建、整体推进的新局面。通过加快 RPA 成果总结推广，由省公司统筹部署，形成贯通物资供应全链条的"云机制"，大幅度提升成果推广的组织效率、成本管控和风险防控能力。

（三）管理成效

依托 ERP 系统，固化预警单模板，实现风险监控预警的自动化。RPA 自动导出 ERP 系统项目库存和备品库存，通过预设公式计算出直发现场物资超期未出库、借料超期未归还、长账龄库存物资结果。固化风险监控预警单模板和管控措施，将问题按单位自动写入预设好的预警单模板，登录 OA 邮箱，将风险监控预警单发送给预设好的预警单位人员。三份预警单只需 15min，结余时间成本 94%。

采购订单分配、供货单生成操作重复性强，业务量大且容易误操作。充分利用 RPA 技术，自动在 ECP 系统上的订单复制、粘贴、查询、账号输入、分配等手动操作，实现人工替代。该 RPA 已累计执行超过 1 万条物资类协议库存采购供货单自动分配、流转，节约人工操作时间 300h，准确率 100%。

公司闲置资源盘活退役设备再利用数据需从 ERP 系统提取，并进行数据分析，过程较繁琐，且重复量大。该 RPA 操作 ERP 系统提取出库信息表，库龄信息表，通过物料号和批次号匹配，整合成带出库明细表；提取明细表对应项目编码、物料号和批次号的退库信息表；将出库明细表和退库信息表进行匹配，得出所需的项目信息。通过该 RPA 的应用，每次取数计算可节约 2.5h 左右，有效减轻班组人员工作负担。

在开展招投标供应商审查时，需要登录多套查询系统，费时费力易疏漏。利用 RPA 技术，采用 "4+1" 多维度排查，提取 "天眼查"、"企信宝"、信用中国网站、全国企业信用信息公开系统中的供应商信息，链接 ECP2.0 的不良行为处理名单，自动生成分析表格，对存在问题的供应商以排除。该 RPA 数据分析准确率达 100%，100 家企业信息查询由 10h 缩减至 20~30min，效率提升 30 倍，全程拥有执行记录，数据可追溯。

成交通知函发出后需要在 30 天内完成合同签订，需定时至经法合同全过程管理系统对合同签订情况进行跟踪。利用 RPA 技术自动登录经法系统导出合同信息进行分析，若存在成交通知函发出后 25 天内未完成签订，通过邮件系统通知相关经办人进行预警，时间由原来的人工操作 50min/次缩减到 5min/次，自动化率、合同签订时效性、预警数据准确率均达 100%。

### 典型案例三：基于减碳目标的供应链全环节碳排放分析示踪

（一）案例简介

在 "双碳" 目标以及绿色发展新时代背景下，国家高度重视绿色供应链发展，2022 年国家电网公司明确提出要构建绿色现代数智供应链，以充分发挥电网企业 "大国重器"、"顶梁柱"、供应链 "链主" 作用。国家电网某公司全力落实公司有关工作部署，积极推动供应链整体绿色低碳转型，有利于有针对性地摸清供应链碳排放情况，为绿色低碳采购提供降碳技术方法与手段，带动链上企业绿色减碳发展。

（二）主要做法

以采购应用为切入，健全供应链全业务环节应用驱动机制，基于目前核算标准应用在电网企业供应链碳排放核算时存在的问题，结合生命周期评价方法构建电网企业供应链全链条碳排放核算体系，通过建链、补链、延链、强链，为进一步推进全链减碳提供数据依据。电网企业供应链全链条碳排放核算体系见图 4-20。

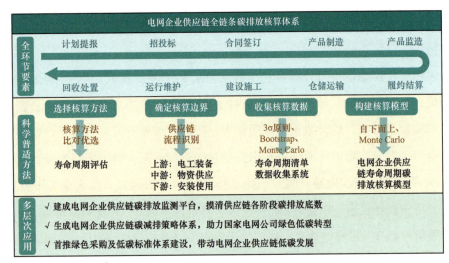

**图 4-20 电网企业供应链全链条碳排放核算体系**

明确组织层面的核算范围、细化范围内温室气体排放与清除、选取合适的排放因子，构建电网企业供应链生命周期碳排放核算模型。核算模型由系统边界内计划提报、招投标、合同签订、产品制造、产品监造、履约结算、仓储运输、建设施工、运行维护与回收处置十个阶段的碳排放量累加得出。碳排放核算模型见图 4-21，碳排放核算模型变量的物理意义见图 4-22。

| 核算阶段 | 碳排放核算模型 |
|---|---|
| 计划提报 | $C_{\text{计划提报}} = \sum_{i=1}^{n} P \times D_i \times MF_i$ |
| 招投标 | $C_{\text{招投标}} = \sum_{i=1}^{n} P \times D_i \times TF_i + \sum_{i=1}^{n} (NF_i \times EF_i) + B \times BF$ |
| 合同签订 | $C_{\text{合同签订}} = \sum_{i=1}^{n} (NF_i \times EF_i) + B \times BF$ |
| 产品制造 | $C_{\text{产品制造}} = \sum_{i=1}^{n} O_i DF_i$ |
| 产品监造 | $C_{\text{产品监造}} = \sum_{i=1}^{n} P \times D_i \times TF_i + \sum_{i=1}^{n} (NF_i \times EF_i) + B \times BF$ |
| 履约结算 | $C_{\text{履约结算}} = \sum_{i=1}^{n} F_i (EM_{i-\text{CO2}} \times 1 + EM_{i-\text{CH4}} \times 27.9 + EM_{i-\text{N2O}} \times 273) + \sum_{i=1}^{n} F_i \times F_G$ |
| 仓储运输 | $C_{\text{仓储运输}} = \sum_{i=1}^{n} Ow_i \times D_i \times TO_i + \sum_{i=1}^{n} F_i (EM_{i-\text{CO2}} \times 1 + EM_{i-\text{CH4}} \times 27.9 + EM_{i-\text{N2O}} \times 273) + \sum_{i=1}^{n} (NF_i \times EF_i)$ |
| 建设施工 | $C_{\text{建设施工}} = \sum_{i=1}^{n} M_i R_i + \sum_{i=1}^{n} F_i (EM_{i-\text{CO2}} \times 1 + EM_{i-\text{CH4}} \times 27.9 + EM_{i-\text{N2O}} \times 273) + \sum_{i=1}^{n} F_i \times F_G + \sum_{i=1}^{n} Ow_i \times D_i \times TO_i$ |
| 运行维护 | $C_{\text{运行维护}} = \sum_{i=1}^{n} (NF_i \times EF_i) + \sum_{i=1}^{n} O_i DF_i$ |
| 回收处置 | $C_{\text{回收处置}} = \sum_{i=1}^{n} Ow_i \times D_i \times TO_i + \frac{1}{2} \times \sum_{i=1}^{n} (W_i \times RR_i \times Q_i) + \sum_{i=1}^{n} (Ow_i - W_i) \times L$ |

**图 4-21 碳排放核算模型**

| 变量 | 物理意义 | 变量 | 物理意义 |
|---|---|---|---|
| $P$ | 该批次采购出行人次 | $D_i$ | 第 $i$ 种出行方式的平均运输距离 |
| $MF_i$ | 第 $i$ 种出行方式载人(单位:km)的碳足迹因子 | $TF_i$ | 第 $i$ 种出行方式载人(单位:km)的碳足迹因子 |
| $NF_i$ | 第 $i$ 种非化石能源的消耗量 | $EF_i$ | 第 $i$ 种能源的碳足迹因子 |
| $B$ | 纸张的消耗量 | $BF$ | 打印纸碳足迹因子 |
| $O_i$ | 第 $i$ 种电工装备的数量(产品重量、个数、件数、台数) | $DF_i$ | 第 $i$ 种电工装备的单位数量的碳足迹因子 |
| $EM_{i\text{-}CH4}$ | 第 $i$ 种化石能源燃烧产生的 $CH_4$ 排放 | $EM_{iN2O}$ | 第 $i$ 种化石能源燃烧产生的 $N_2O$ 排放 |
| 1 | $CO_2$ 的全球变暖潜势值 | 27.9 | $CH_4$ 的全球变暖潜势值 |
| 273 | $N_2O$ 的全球变暖潜势值 | $FG$ | 第 $i$ 种化石能源的碳足迹因子 |
| $Ow_i$ | 该批次采购产品的重量 | $TO_i$ | 第 $i$ 种出行方式运输(单位:km)的碳足迹因子 |
| $M_i$ | 第 $i$ 种材料的消耗量 | $R_i$ | 第 $i$ 种材料的碳足迹因子 |
| $M_i$ | 第 $i$ 种材料的消耗量 | $R_i$ | 第 $i$ 种材料的碳足迹因子 |
| 1/2 | 电缆类设备生产过程产生的可再生废料,应按其可替代的初生原材料的碳排放的50%计算 | $W_i$ | 第 $i$ 种可再生废料的排放量 |
| $RR_i$ | 第 $i$ 种可再生废料可替代的初生原材料的碳足迹因子 | $Q_i$ | 第 $i$ 种可再生废料与再生材料的品质修正系数 |
| $L$ | 工业普通垃圾填埋的碳足迹因子 | | |

图 4-22 碳排放核算模型变量的物理意义

选取 2022 年公司 2022-0122AB 采购批次作为试点,获取该批次各个阶段的碳排放核算相关实景数据,根据电网供应链碳排放核算边界内 10 个阶段排放源数据,查找相关碳足迹因子,按照电网供应链碳排放核算模型开展碳排放计算,计算结果见图 4-23。

| 物资供应链阶段 | 碳排放结果(kg $CO_2$ e) | 占比 |
|---|---|---|
| 计划提报 | 14.08(10.56~17.88) | 0.00346% |
| 招标采购 | 50.25(37.19~65.33) | 0.01234% |
| 合同签订 | 3.3(4.09~4.22) | 0.00081% |
| 产品制造 | 416955.00(333564.00~500346.00) | 102.41181% |
| 产品监造 | 50.25(37.69~63.82) | 0.01234% |
| 履约结算 | 10761.00(7963.14~13898.30) | 2.64310% |
| 运输与仓储 | 26.77(20.34~34.26) | 0.00657% |
| 建设施工 | 2696(2156.80~3235.20) | 0.66219% |
| 运行维护 | 128520.00(102816.00~154224.00) | 31.56687% |
| 回收处置 | -151941.00(-121552.80~-182329.20) | -37.31950% |
| 供应链总碳排放 | 407135.65(333036.96~508919.56) | 100.00% |

图 4-23 计算结果

（三）管理成效

1. 摸清供应链各阶段碳排放底数

建成电网企业供应链碳排放监测平台，研究并识别供应链各环节碳排放源与监测节点，通过电网企业供应链碳排放监测平台，有效开展各采购批次、供应链各环节碳排放监测。

2. 助力国家电网公司绿色低碳转型

生成电网企业供应链碳减排策略体系，通过"五云"业务流程数字化、全国首家电力物资唐山玉田零碳仓库、包装材料低碳回收、日常低碳运维、高效低碳处置等方式，推动供应链整体绿色低碳转型。

3. 引领我国多产品碳足迹管理体系建设

首推电工装备绿色采购及低碳标准体系，将"碳双控"融入招标采购，提出"1＋48"配网电工装备碳足迹核算标准体系建设方案，建立统一、规范、互认的碳足迹核算标准体系，引领电工装备产业链供应链绿色低碳发展。

## 典型案例四：仓网均衡的弹性"数字云仓"–基于仿真模拟的仓配资源均衡配置创新实践

（一）案例简介

某地地处东南沿海，地形多样，夏季常受到台风和洪涝灾害影响。国家电网某公司物资仓储配送体系经历了物力集约化仓储专业管理、现代智慧供应链体系现代物流管理两个发展阶段，现有仓储网络体系，包含4个省周转库，78个市县终端库，目前没有省级大型自动化中心库。实际仓储工作中经常面临供不应求和供大于求的挑战，某地物资保供作业压力逐渐增大。国家电网某公司为实现全域物资的有序供应，全力提高省内仓网运营效用，需要统筹储备计划、配送计划安排、进出库计划安排，均衡物力资源，开展省域动态平衡，进一步做好仓网均衡优化管理，推动实现各项作业场景下的仓网均衡。

（二）主要做法

基于关键指标方法论构建库间均衡模型，利用数字孪生与智能算法，贯彻"数据驱动发展"理念，协调前端储备与后端配送的资源均衡配置，搭建库内均衡、库间均衡两大运营分析模型，实现库内物资货位分配、拣选效率和出入库效率的优化均衡，模拟库内、库间物资流向，打造仓网均衡的弹性"数字云仓"体系。遵循"收的进、供的出"两大管理原则，构建"数字云仓"模型库，应用于不同业务环节。本分析以物料库存为研究对象，基于统计分析、箱型图算法及仓储业务逻辑，结合 Python 语言，提出并实现了一套库存均衡分析方法，为电力物资仓库库存出入库计划的合理化制订提供依据，实现电力物资仓库库存的规范化监控与管理。

以 ERP、仓储管理系统（Warehouse Management System，WMS）数据为依托，对仓库类型、货位信息、库存信息、出入库信息、配送信息等数据进行仿真分析，根据模型构建方法论及策略的业务含义分为图 4-24 中两类分析模型。

图 4-24 分析类型模型

对省内的重点物资物料领用加以管控，以"模型辅助决策、业务手段管控"的方式，指导稳定释放线缆类、变压器类重点物资全仓库容，保障区域内物资的有效供应。

应用模型对四大省周转库及其覆盖区域，开展仓库间的库容分析优化。省周转库与其覆盖区域的仓库库容曲线平稳，并未出现周期性库容爆仓或缺货，同时，下半年整体库容呈现平稳下降趋势。

（三）管理成效

1. 显著提升了仓配效率

基于仿真模拟的仓配资源均衡配置创新成果上线以来，全省仓库利用效率提高 18.4%，出入库效率提高 12%，物资周转率提升 4 次/年；库存金额下降 8.4%，配送成本降低 9.6%。

2. 实现模型辅助运营决策

仓网均衡的弹性"数字云仓"体系，构建仓储均衡策略优化模型库，实现全网库容资源可测可控、库存实物资源均衡存储。

3. 助力构建高效运转的仓储运营方案

"数字云仓"成果以指标为均衡依据,均衡全网仓配压力,推动全域资源的高效利用,为物资保供提供有力支撑。

### 典型案例五:基于科技攻关参与企业贡献度评价体系引领科技创新采购

(一)案例简介

党的二十大报告指出,要加快规划建设新型能源体系。新型电力系统是新型能源体系的核心,其科研攻关具有先进性、复杂性等特点,参与企业是公司供应链运营的关键组成部分。国家电网某公司围绕国家电网公司战略目标,聚焦绿色现代数智供应链发展,研究新型电力系统科研攻关参与企业贡献度评价关键问题,完善公司新型电力系统科研攻关领域供应商评价体系,以确保多方联合开展新型电力系统科研攻关的高效性与可持续性,切实提升公司供应链运营管理水平。

(二)主要做法

1. 建立三维三级贡献度评价指标体系

以重点方向、核心成果、参与程度三个维度为框架建立三维三级贡献度评价指标体系。所构建的贡献度评价指标体系锚定新型电力系统科研攻关重点方向及关键技术,聚焦参与企业成果形式及完成情况,具有三维三级架构。三维三级贡献度评价指标体系架构见图4-25。

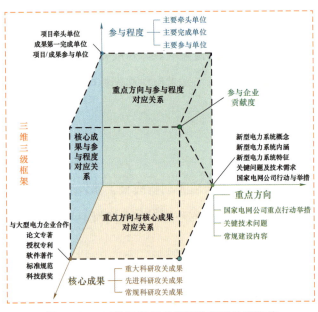

**图4-25 三维三级贡献度评价指标体系架构**

2. 构建三维三级贡献度评价模型

以企业参与新型电力系统科研攻关的核心成果维度贡献度评分值为基准，结合重点方向维度和参与程度维度的折算系数，构建三维三级贡献度评价指标模型。针对所构建的贡献度评价指标体系，给出评价标准。重点方向维度评价指标评分标准见表4－2。核心成果维度评价指标评分标准见表4－3。参与程度维度评价指标评分标准见表4－4。

表4－2　　　　　　　　　　重点方向维度指标评分标准

| 一级指标 | 二级指标 | 三级指标 | 折算系数 |
| --- | --- | --- | --- |
| 重点方向 | 国家电网公司行动与举措 | 国家电网公司重点行动举措 | 1.00 |
| | 关键问题及技术需求 | 关键技术问题 | 0.80 |
| | 新型电力系统概念 | 常规建设内容 | 0.60 |
| | 新型电力系统内涵 | | |
| | 新型电力系统特征 | | |

表4－3　　　　　　　　　　核心成果维度指标评分方法

| 一级指标 | 二级指标 | 三级指标 | 贡献度分值 |
| --- | --- | --- | --- |
| 核心成果 | 科研合作 | 与大型电力企业合作 | 15 |
| | 知识产权成果 | 论文专著 | 15 |
| | | 授权专利 | 25 |
| | | 软件著作 | 5 |
| | | 标准规范 | 10 |
| | 科技成果 | 科技获奖 | 30 |

表4－4　　　　　　　　　　参与程度维度指标评分标准

| 一级指标 | 二级指标 | 三级指标 | 折算系数 |
| --- | --- | --- | --- |
| 参与程度 | 主要牵头单位 | 成果完成单位排名第1 | 1.00 |
| | 主要完成单位 | 成果完成单位排名第2 | 0.80 |
| | 主要参与单位 | 成果完成单位排名第3及之后 | 0.60 |

综合贡献度计算。企业参与新型电力系统科研攻关的综合贡献度（$C$）为：

$$C = \sum_{n=1}^{N} \min\{A_n \times \alpha_n \times \beta_n, A_{n,\max}\} \qquad (4-1)$$

式中：$N$ 表示参与企业的核心成果总数；$A_n$ 表示第 $n$ 个核心成果的贡献度评分值；$A_{n,\max}$ 是第 $n$ 个核心成果的贡献度评分值上限；$\alpha_n$ 表示第 $n$ 个核心成果在重点方向维度的折算系数；$\beta_n$ 表示第 $n$ 个核心成果在参与程度维度的折算系数。

3. 自动测算工具开发

在所构建的贡献度定量评价体系与方法基础上，开发新型电力系统科研攻关参与企业贡献度评价结果自动测算模型，包含数据管理、贡献度计算、统计分析三个主要功能，以提升公司相关部室和业务团队工作效率，助力公司信息化建设和多维精益管理体系建设。

数据管理功能是按照年份来进行管理，主要用于对企业贡献度基础数据进行维护。贡献度计算功能主要基于企业贡献度评价指标体系的模型，计算出各个企业各类指标的贡献度。统计分析功能主要用于统计分析展示贡献度的分布情况，并通过图表可视化进行展示。自动测算模型输出结果见图 4-26。

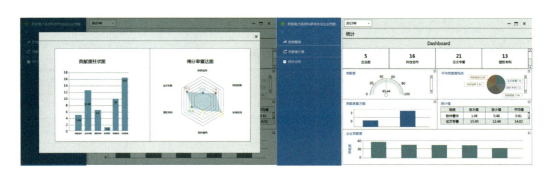

**图 4-26　自动测算模型输出结果**

（三）管理成效

（1）提高企业参与新型电力系统科研攻关的积极性，所构建的三维三级贡献度评价体系为参与企业提供了明晰的贡献度评判标准。

（2）提升公司的精益化管理水平和科技创新效益，通过三维三级贡献度评价，能够推动新型电力系统科研攻关创新成果与公司生产实践的有效融合，为公司高质量发展注入新动能。

（3）助力新型电力系统建设和"双碳"目标实现，所构建的三维三级贡献度评价体系能够最大限度保障多方智慧的凝聚与协同。

# 第五章

## 国家电网公司供应链全链运营分析评价

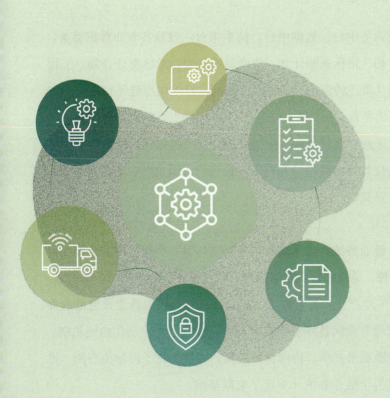

国家电网公司供应链全链运营分析评价主要包含业务统计、运营分析、运营评价、决策支撑等内容。业务统计主要针对供应链运行核心指标、关键业务报表，推动业务数据在线统计、报表在线汇总，可视化展现全链数据，用数据客观量化供应链运营成效。运营分析是以供应链运行内外部数据为基础，采用定量分析为主、定性分析相结合的方式，对供应链内外部环境变化及全链业务开展分析，揭示运营规律、发现业务异常、预测运营趋势。运营评价是围绕战略目标建立评价模型和指标体系，开展供应链运营评价工作，定期发布运营评价结果，跟踪绩效优化情况，形成绩效评价优化提升机制。决策支撑是基于数据分析、业务诊断及预测结果，提出业务模式优化、业务流程再造、管理策略优化、风险预警防控等决策建议，推动供应链业务运行质效提升。

本章从全链业务运营分析体系、全链业务运营分析核心场景以及全链业务运营分析典型案例三个小节，论述供应链全链运营分析评价的内容。

# 第一节　全链业务运营分析体系

## 一、供应链全链业务统计分析

国家电网公司依托公司业务中台、数据中台、技术中台，贯通各专业数据链条，深化综合计划、采购需求计划、招标采购计划、生产制造计划、运输配送计划、工程里程碑计划、竣工投产计划（资产转资）一体化线上协同，打通供应链平台与网上电网、基建全过程、PMS、营销平台、财务管控、ERP等系统堵点、断点，梳理各部门间数据流转流程，贯通阳光采购、现代物流、全链质控、供应链运营、风险防控板块与业务系统间数据接口，实现数据自动推送与获取，提高供应链全链业务统计质量，为全链业务运营分析奠定了基础。

（一）全链业务统计分析

国家电网公司供应链全链业务统计基于公司内外协同体系，实现了需求计划、采购招标、合同签订、生产监控、质量监督、仓储配送、退役报废等业务环节，与规划、建设、营销、运检、财务等专业产生多维度协同。绿色现代数智供应链建设通过内外部流程贯通与信息交互，推动专业间各环节的数据贯通、业务融合，深化协同机制、强化实时协作，不仅实现资源成果共享、协同合作多赢，而且优化了内部生态圈，推动了整体工作提质增效，也为全链业务统计奠定了数据基础。

1. 内外协同架构

国家电网公司绿色现代数智供应链内外协同，充分贴合能源互联网企业的建设要求，通过将设计单位、建设单位、运行单位、金融单位，以及供应商和上游原材料生产商、物流承运商紧密连接，充分发挥产业枢纽属性。基于流程规范、信息共享，打造了数字化、智能化、网络化、规范化的供应链服务平台，大幅提升业务协同能力和资源整合能力，促进了资源、技术、信息的融合共享，激活全供应链数据流价值，推动构建供应链生态圈。

（1）公司协同高质量发展。物资管理部门以全供应链为导向，围绕成果共享、协作多赢目标，破解各专业部门间因信息不对称、协同不及时、业务不贯通而影响工作效率提升的难点和痛点问题，为各专业提供信息输出和工作支撑，实现与各专业的端对端业务融合。通过内外高效协同，将供应链中各应用系统、业务场景串联起来，整合成一个有机整体，对内对外提供一站式、便捷化的多业态服务，提高业务聚合度、改善用户感受度，实现运营和服务能级提升，推动公司协同高质量发展。

（2）构建和谐供应链生态圈。国家电网公司将发展理念与实践传递至供应链上下游，增强彼此"黏性"，促进采购需求、生产制造、仓储物流、资金结算等环节的协同作业，实现业务流、实物流、资金流"三流合一"，推动装备制造业乃至供应链上下游企业提档升级。这种供应链模式创新、流程优化、技术进步和产业协同等管理变革，带动公司与上下游企业融合贯通、共同发展，实现跨专业、跨行业数据网络化共享，为构建"和谐供应链生态圈"提供支撑。

2. 内外协同做法

（1）强化业务融合。物资管理部门与建设、营销等部门深化流程协同，强化业务融合，打破各专业间的操作壁垒，辅助设计人员智能生成项目物资需求清单、统一计量物资质量规范、帮助建设部门合理制定检测规范。通过流程再造、统一规范，运用物联感知技术，将物资生产、在途、交付以及供应商库存资源数字联结，实现物资随时"可看、可找、可调"，大幅降低供需双方实物储备。推动物资质量管控手段前移，实现物资管理从片段化管控到全过程追溯的转变，依托信息化手段，实现供应链全流程业务的平台操作、在线协同，形成供应链平台效应，提升供应链产业集成和业务融合协同。

（2）深化信息共享。通过数据中台与公司内部各专业数据融合贯通，以应用集成、平台交互等方式与供应链上下游企业系统实现信息交互，统筹管控需求、订单、库存、资金等企业资源，总部、省、市、县纵向体系贯通，设备、建设、财务等横向专业协同，真正做到"数据同源"，推动跨专业开放、共享资源池构建，助力全量资源高效利用。以采购标准为引领，统一电网设备采购标准，建立国内最大的电网设备结构化采购标准和技术规范书数据库，实时共享物资标准化成果，从设计源头推动装备制造标准化，以先进标准促进制造升级。以实物ID为纽带，通过实物ID物资信息全流程应用，提升电网资产精益化管理水平，实现物资与建设、运检、财务等专业高效协同，推进资产全寿命周期管理。

（3）开拓价值挖掘。依托供应链运营平台协同开拓数据挖掘范围，跨专业协同统筹数据价值，实现各方多元互联互通、信息资源统筹调配。通过需求、库存、物流等信息的实时交互与全网统筹，促进供需精准匹配，全面提高物资供应服务质效。基于库存资源和检测资源的优化整合，实现物资到货、检测、入库各环节高效衔接，推动配网物资"储检配"一体化。通过终端信息采集、传输与应用，动态感知物流状态，全方位整合上下游资源，深度挖掘数据价值，推动供应链管理全方位、全链条的质量变革和效率变革。针对跨专业数据价值挖掘信息，对外提供开放、标准的服务，形成对内对外跨专业跨业态的数据共享共用生态，充分发挥数据资产价值，实现资源协同共享、优化配置和统筹调配的目标。

（4）促进和谐共赢。国家电网公司依托集团化优势，对行业内外共享资源、技术和信息，发挥协同带动作用，为供应链上下游持续赋能，持续构建"共建、共治、共享"的供应链和谐生态圈，培育具有全球竞争力的产业链。引导社会物流服务商参与绿色现代数智供应链建设，通过强强联合、优势互补，促进企业与物流资源协同高效利用。推动供应链金融服务实体经济，通过银行保函替代质保金、开放供应商相关资信、对接社会公共服务信息等一系列举措，实现供应链伙伴互惠共赢，带动供应链上下游企业共同发展。

3. 内外协同意义

国家电网公司通过内外协同创新实践，促进了跨专业业务融合与跨领域资源共享，构建了供应链和谐生态圈，带动供应链上下游积极开展信息集成，促进资源、技术、信息融合共享，为供应链开放合作共赢和高质量发展贡献"国网智慧"，实现"开放合作，慧享社会"。同时，增强了公司内部高效协同质效，让各部门之间业务互通性更高、数据可用性更广、资源共享性更强，实现"高效协同，慧升效能"，全面汇集供应链全链数据，为开展供应链采购业务统计打下基础。

（二）阳光采购业务统计分析

阳光采购业务统计分析是对物资计划、采购信息的收集、统计整理和分析研究。

采购数据统计范围包括"总部直接组织实施"和"省公司/直属单位直接组织实施"两级集中采购，以及各单位授权采购、紧急采购和应急采购，采购数据覆盖所有采购项目、物资品类、采购组织形式等。统计分析内容包含所有采购平台实施主体的批次计划安排和执行情况，以及各级各类采购金额、同比增长情况、节约资金金额、节资率等阳光采购业务数据。

（三）现代物流业务统计分析

现代物流业务统计分析是对物资合同履约管理、仓储与配送管理、废旧物资处置管理等业务信息的收集、统计整理和分析研究。

现代物流业务数据统计主要对物资合同履约管理中的合同签约金额、物资供应金额、合同结算金额、主配网协议匹配金额，仓储与配送管理中的仓库数量、占地面积、使用面积、仓储库存金额，累计入库金额、累计出库金额、周转率，以及废旧物资处置管理中的废旧处置包数、处置金额、竞价成功率、成交金额、溢价率等数据进行统计分析。

（四）全链质控业务统计分析

全链质控业务统计分析是按照全链质控业务范围，基于全寿命周期管理理念，对供应商管理和物资质量监督等业务信息的收集、统计整理和分析研究。

全链质控业务数据统计是对物资采购前、制造中、到货后产生的电网物资监造抽检数据、设备全寿命周期数据进行业务统计，包括监造任务主设备数量、出厂试验一次通过率、累计抽检供应商家次、样品数量、抽检样品总体合格率和 ECP 有效注册供应商数量、检测能力建设及运行情况（试验装备、人员配置、场地等）、信息平台使用情况等数据。

（五）运营合规业务统计分析

运营合规业务统计分析是按照"三全三化"物资监督体系，围绕供应链全流程业务环节的作业风险数字化监督与管控业务信息的收集、统计整理和分析研究。

运营合规业务数据统计范围是数字化合规监督管理中风险识别、风险评估、风险防控等环节产生的系统建设、业务规范，数据质量方面的业务运营问题，以及采购管理、合同管理、质量监督、供应商关系管理方面的合规监督问题，主要对异常问题数量、占比、整改完成率、及时反馈率等数据进行业务统计。

## 二、供应链全链运营分析模型库

国家电网公司基于物资管理常态化分析、专项分析、临时分析等各类运营分析需求，运用各类科学算法开展分析模型设计并构建全链运营分析模型库，支撑各专业开展业务多维分析，让"数据说话"，针对制度、标准、流程、机制、职责和考核提出优化完善建议，充分发挥供应链海量数据价值、持续提高供应链运营能力。

（一）分析模型分类

国家电网公司全链运营分析模型库包含数据模型和计算模型两类，其中计算模型包括可视查询模型、评价考核模型、监控预警模型、预测分析模型。

1. 数据模型

数据模型是由业务数据标准表合并形成的业务统计报表，包含供应链、建设、设备、财务等专业数据字段，支撑自助分析工具应用数据开展具体分析，也为计算模型提供数据基础，推动数据层与模型层贯通协同。

2. 计算模型

计算模型是依托各类科学算法，嵌入统计维度、报警阈值、评价标准等业务规则所形成的分析模型，对数据进行处理、分析和挖掘，输出运营分析结果，提升数据价值创造力。

（1）可视查询模型：推动业务数据在线统计、报表在线汇总，可视化展现全链数据，用数据客观量化供应链运营质效。

（2）评价考核模型：即考核评价指标，围绕战略目标，对运营情况开展在线诊断，分析运营评价结果，跟踪绩效优化情况，支撑绩效评价优化。

（3）监控预警模型：即合规监督指标，实时监控供应链业务合规性，主动识别内外部异常情况，对预警或异常事件进行分类管控，以促使及时采取响应。

（4）预测分析模型：以供应链运行数据为基础，对供应链运行内外部环境变化及全链业务开展分析，揭示运营规律，预测运营趋势，提供决策建议。

（二）分析模型管理

1. 构建模型字典

国家电网公司以现有运营分析应用场景为基础，定期进行全链运营分析模型资产盘点，厘清数据字段与分析模型、分析模型与应用场景之间的对应关系，绘制模型关系图谱。并对模型实施标签化管理，赋予如模型名称、专业领域、计算逻辑、应用规则等属性，形成模型字典，实现模型快速检索，为统筹全链模型资产管理、深化模型构建与应用提供支撑。

2. 规范模型出入库管理

国家电网公司按照"1+N"组织模式（供应链运营调控指挥中心、物资管理各个专业），制定模型管理机制，明确模型新建、迭代、调用、运营等具体实施流程。模型以"组件"的形式保存至模型库，各层级、各专业应用场景需要使用分析模型时，原则上优先从模型库中选用，模型库中未收录到的模型，按照"先入库、后使用"原则执行，避免模型建设"烟囱林立"、分析逻辑不统一、分析结果存在差异的问题。

3. 推动模型规模化应用

将分析模型中数据模型，以宽表形式部署至 ESC，并开放权限给相关用户，为用户通过"拖、拉、拽"方式实现业务数据自主分析和可视化展示提供便利。将计算模型以数据视图形式部署至中台分析层，方便研发人员在开展相关业务应用场景时直接调用，提升开发效率。

此外，国家电网公司还探索推动业务系统与模型库融合，将模型分析能力扩展至供应链业务系统。在业务执行过程中直接触发模型进行分析判断，将管控范围前移至业务源头，强化业务过程实时感知、业务状态主动获取，并将分析结果返回至业务系统，实现业务提醒、异常熔断等辅助场景。

（三）分析模型设计

模型设计主要包含分析需求确立、分析模型框架设计、分析模型构建、模型动态优化等流程。

1. 分析需求确立

国家电网公司通过供应链运营调控指挥中心及专业部门统一确立分析方向及命题、省公司自主开发建设结合的方式，将业务中急需解决的断点、堵点、难点问题，纳入重点分析方向，并在单一专业分析基础上统筹跨专业、跨行业分析需求，发挥优势力量完成分析模型建设。

2. 分析模型框架设计

供应链运营调控指挥中心针对确立的分析模型建设需求，组织专业团队应用各类数据模型和分析工具开展模型初步设计，确立分析方式，明确分析模型数据统计口径、分析维度等；并会同对口专业部门对初设模型架构和逻辑进行完善，形成模型分析框架。

### 3. 分析模型构建

供应链运营调控指挥中心组织开展分析模型构建，在模型训练、测试、验证过程中，基于分析源数据对分析数据字段、逻辑规则以及输出内容的有效性、严密性进行校核，并充分结合数据实际及各专业意见对分析模型的维度、深度、广度持续优化迭代。按照各单位特点、专业业务特点、模型构架特点，灵活通过线上、线下开发部署模式，建立各专业分析模型。

### 4. 模型动态优化

供应链运营调控指挥中心按照分析模型应用反馈及适用性评估结果，更新分析模型库，优化运营分析体系。对于应用频次低、分析效果差、暂不适用于公司供应链运营评价导向的分析模型，及时开展模型优化或清淤退库工作；对于现有分析模型无法满足业务管理需要的，实时开展模型优化或新增。

## 三、运营分析评价指标体系

国家电网公司以国家、公司重大战略目标及发展规划为引领，以加快实现打造对内驱动、对外引领的供应链运营评价指标体系为发展目标，确立"全景设计、全面覆盖、全链运营、全程管控"总体原则，综合考虑电网供应链行业通用性、充分结合国内外通用评价模型，推进多维指标体系的设计与运营，致力打造国际领先、行业引领、内外协同的先进指标体系，全面支撑公司战略落地。

### （一）指标体系构成

以公司发展战略为指引，深化公司提质增效工作要求，围绕供应链管理与发展，借鉴相关指标分析方法，吸纳公司战略目标指标、公司"十四五"发展规划指标、对标世界一流管理提升行动关键指标、总部部门关键业绩指标、企业负责人业绩考核指数、省公司对标指标等构建供应链运营评价指标库，构建对内驱动、对外引领的绿色现代数智供应链运营指标体系。

对内驱动型供应链专业指标体系。聚焦供应链内部运营绩效，建立提质增效、合规监督、内外协同、数智运营等指标，全面评价需求计划、采购、合同、仓配、质量等供应链全环节业务，系统反映供应链体系运转情况及可持续发展能力。

对外引领型供应链对标指标体系。聚焦社会责任担当及上下游带动能力，建立稳链固链、绿色低碳、营商环境、标准体系、创新驱动、资源共享、生态服务、转型升级等指标，实现对供应链发展所产生的社会效益及生态效益的客观评价。

1. 指标体系总体原则

（1）战略引领、全景设计原则。基于国家、公司战略目标，立足供应链绿色数智发展要求，充分融合国内外通用评价模型，综合考虑电网供应链业务特点、行业通用性，科学设计供应链运营评价指标体系架构。

（2）内外联动、全面覆盖原则。聚焦供应链内部管理质效及行业引领带动作用"双提升"目标，对内开展覆盖全链条业务流、实物流、资金流的指标设计，对外拓展跨企业、跨专业、跨行业、跨地域平台型指标研究。

（3）统一建设、全链运营原则。统筹制定指标体系及指标运营管理办法，统一指标命名、计算方式、数据来源、统计口径等设计规范。合理规划指标"线上化"功能建设计划，各处室及各单位协同推动指标线下论证、线上部署。

（4）动态监测、全程管控原则。建立指标设计、应用、运营等全过程管控机制，动态监测指标管控情况、深入分析指标运营质效，根据形势变化、管理需要，迭代指标体系及管控机制。

2. 指标体系层级结构

根据业务需要构建形成"九维三级"绿色现代数智供应链运营评价指标体系其整体架构图见图 5-1。

（1）"九维"是以精益化、协同化、国际化、智慧化、绿色化的"五化"现代供应链理念为基础，紧密围绕国网绿链行动方案八大重点任务和绿链发展评价指标体系，结合公司提升供应链资源保障能力、风险防控能力、价值创造能力、行业引领能力和效率、效益、效能要求，设计 9 个战略发展层面（即一级）指标，分别是供应链业务规模指数、供应链阳光合规指数、供应链韧性指数、供应链绿色低碳指数、供应链数智转型指数、供应链效率指数、供应链效益指数、供应链效能指数以及供应链社会责任指数。

（2）一级指标。战略层面指标，对应国家级和行业级指标，用于衡量公司整体目标达成情况，辅助决策人员开展战略分析调整。

（3）二级指标。业务策略层面指标，对应公司级和部门级指标，为一级指标的实现路径和业务层面的具体分解，用于更快定位一级指标的问题，支撑管理人员优化公司级的战略路线和部门级的管理策略。

（4）三级指标。业务执行层面指标，对应专业级和基层单位级指标，对二级指标的路径拆解，用于定位二级指标的问题，指导专业管理人员和基层单位级一线人员开展具体工作。

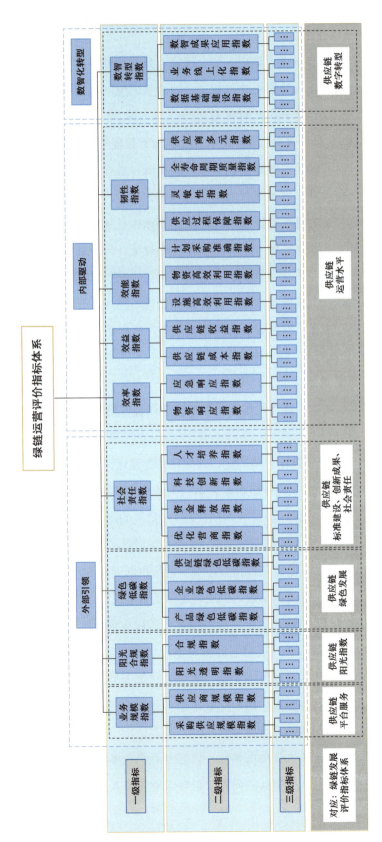

图 5-1 "九维三级"整体架构图

3. 指标设置原则

在不同的时期，国内外企业采用了各种供应类绩效评价与指标管理方法，尽管随着指标管理思想和手段的不断优化，指标设置和绩效评价也在不断改善，但仍然存在一些问题。例如，当前指标设计侧重于对事件结果的事后评价，指标考核数据主要来源于物资、财务业务运行结果，不能在事前、事中针对供应链业务流程实时开展评价和分析，导致不能及时地发现供应类运营偏差，不能立即采取切实有效的措施进行补救，在时间上相对滞后，因此无法直观、可视地反映供应链动态的运营情况；同时，一些指标的设置偏重短期利益或侧重于供应链运营的某几方面，不利于全局经营效益的持续提高，阻碍企业的长远发展。

为确保指标库有实用性和针对性，弥补传统指标绩效评价体系缺陷，更有效地评价供应链绩效，国家电网公司对拟入库的指标进行认真筛选、科学论证，尽量确保收录的指标在一定时期内保持稳定性，避免频繁修改，同时提出指标设置应符合科学性、数据可获得性、可比较性、关键性原则。

（1）科学性原则。以相对成熟的科学理论为依据，能够反映和体现绿色现代数智供应链的特性，且所选指标应具有较强代表性，各指标既界限清晰且相互衔接，科学、准确地反映出绿色现代数智供应链运行绩效评价水平。

（2）数据可获得性原则。应考虑指标计算所需数据的可获得性与长期支撑的连续性，且尽可能从现有信息系统直接获取，保障绿色现代数智供应链运行绩效的客观量化评价准确性。

（3）可比较性原则。尽量采用具有通用性的指标，避免不可比较的指标，使指标库内指标的口径范围与核算方法等可以进行不同单位、不同时点上横向与纵向的比较，便于反映不同评价对象的实际情况及发展趋势，有利于问题的揭示与动态把握。

（4）关键性原则。应坚持第一性原则，从对绿色现代数智供应链卓越运营起重大影响的因素，选取最有代表性、最具关键性的指标开展评估，避免指标过于繁杂增加获取数据成本、加大引入噪音的可能性。

在满足上述四大原则的基础上，指标设定还应注重定性与定量衡量结合，内部与外部评价结合；注重分出评价层次，在分级分类设定基础上，突出核心和关键指标，选取最能突出反映供应链竞争力的指标，对供应链的重点业务全流程进行分析评价；注重评价指标的集成化，应从供应链整体视角出发，把评价视野扩大到供应链上下游企业，最终能实现涵盖供应商、制造商及用户的整个供应链的优化评价指标体系；注重评价指标的实时分析性，通过捕捉实时运营数据信息，扩大供应链运营业务环节的评价范围，加强事前管控、事中控制，及时采取措施开展事后补救；最后，应充分注重指标设计的前瞻性，从未来发展的视角设置供应链绩效评价指标。

4. 指标覆盖范围

基于上述供应指标设置原则，在评价供应链管理绩效时应综合考虑企业供应链业务流程和流程上下各节点间的关系，从供应链业务流程节点、经济效益、创新能力、学习能力和供应链绿色低碳五个方面，分别为每个方面设定对应的评价指标。

（1）供应链业务流程节点：包括衡量供给侧供应商和制造商需求响应质效的供应商准时交货率、供应商质量可靠性、物资生产周期、库存水平等；衡量供应链技术导向的物资优选率、物资标准化率、物资固化 ID 应用率等；衡量需求侧采购企业采购供应质效的采购及时性、物资供应及时性、合同结算及时性、质量可靠性、优质供应商占比等；衡量供应链需求侧采购企业核心业务环节产生的采购总金额、合同履约金额、仓库数量/专业仓数量、废旧处置金额、运营风险问题发布/整改数量、信息平台接入供应商数量/接入数据规模/交易资金规模、新标准数/专利申请数/论文数等；衡量供应链运营质效的经济成本类指标，如采购成本、质量检测成本、仓储成本、库存成本、物流运输成本、信息管理成本、人力成本等。这些指标主要从各节点企业自身出发来衡量其业务流程，同时也反映供应链各节点企业间的合作效率，依据指标评价结果，来改进合作方式，加强合作力度，实现供应链整体效率最优的预期效果。

（2）供应链经济效益：包括国有工业企业主要经济指标，如流动资产/应收账款、资产、负债、营业收入、营业成本、销售费用、管理费用、财务费用、营业利润、利润总额、平均用工人数等；衡量供应链企业在盈利能力、营运能力和偿债能力等方面的表现的财务绩效指标，涵盖资产回报率、每股收益、销售回报率、投资回报率等方面，包括主营业务成本率、资产回报率（Return on Assets，ROA）、销售回报率（Return on Sales，ROS）、投资回报率（Return on Investment，ROI）、总资产周转率（Total Assets Turnove，TAT）、利息保障倍数等；衡量链主企业当期对供应商资金占用程度，如供应商责任指数用应付账款周转率；衡量企业公司当期为员工支付的薪酬情况的指标，如员工获利水平等。这些指标主要从供应链整体经济效益出发，对供应链整体取得的经济效益进行定性和定量衡量。

（3）供应链创新：包括产品创新、合作方式创新等，衡量科技创新转化成果的新产品指数，衡量科技创新过程中产生的专利、科技论文数量的技术积累指数。新产品指数包括新产品数、新标准数、新产品销售率、新产品利润率,从衡量供应链的创新能力从而判断供应链的发展潜力和发展空间。技术积累指数包括链上企业专利申请数和科技论文数等。

(4)学习能力:包括衡量企业员工发展、企业成长、企业学习等指标,例如全年员工培训费用支出占比、中高级职称员工占比、全员培训率等;通过学习类指标的设置,促进企业关注员工发展,从而促进企业的成长,一个学习型的企业就会长足发展。

(5)供应链绿色低碳:绿色低碳(节能降耗)指标用来衡量供应链全链实践绿色发展、循环发展和可持续发展目标的情况,包括链上企业绿色低碳指数和链主企业绿色低碳指数等指标,链上企业绿色低碳指数设置包含链上企业减少环境污染的程度、链上企业每万元产值能源消耗的减少量、绿色产品销售比重等指标;链主企业绿色低碳指数设置包含绿色供应商占比、环保原材料所占比、绿色能源使用率等指标。企业供应链管理绩效的评价和指标设定应根据具体的发展远景和战略进行;随着供应链和企业的整体发展和社会评价要求的不断变化,其评价侧重点和具体指标也应定期进行调整;同时在指标设置中,应兼顾短期和长期目标、财务指标和非财务指标、滞后型和领先型指标、内部和外部绩效指标之间的平衡,从而将管理的注意力从短期目标的实现转移到兼顾战略目标的实现,从对结果反馈思考转向对问题原因实时分析,从企业使命和战略视角出发,提升指标设置的有效性。

5. 指标绩效评价方法

供应链管理常用的绩效评价方法:定性评价主要有调查表分析评价法等;定量评价有标杆法、平衡记分法、比较分析法、层次分析法(Analytic Hierarchy Process,AHP)、数学方法等。为了全方位评估供应链运营水平,客观量化评价智慧供应链建设成效,公司供应链指标绩效评价,应充分结合现有供应链管理绩效评价方法,从物资管理工作要求出发,融合国际通用的 SCOR 模型、供应链平衡记分卡、供应链管理能力成熟度模型等经典供应链绩效评价模型及工具,开展指标体系建设和指标绩效评价。

从公司供应链管理实际出发,综合考虑决策层、管理层和业务层三个视角和特点,开展指标体系建设,通过决策层、运营层、业务层三层指标层层归集,分层次、多维度、全方位地反映供应链运营水平;指标体系层层拆解,从计划管理、采购管理、合同管理、仓储管理、配送管理、应急物资管理、废旧物资处置管理、供应商管理、质量监督管理等专业视角出发,反映供应链业务运营情况;通过展示最底层指标的理想值、目标值和当前值三个指标值,通过设立理想值,比对目标值与当前值的差异,改进现有的绩效状况；通过评价、反馈、提升、再评价、再反馈、再提升这样一个循环的过程，从而不断提升公司供应链运营管理的竞争实力。

6. 指标库建设

（1）建立全域指标库。基于国家电网公司"六大"指标体系及《绿色现代数智供应链发展行动方案》（简称《行动方案》）涉及的指标，开展指标排重、删除、归并等工作，按照指标类型、评价维度、指标层级等管理要素进行指标分类归集，统一指标的统计方法、数据来源、统计口径等信息，形成覆盖各业务环节的全域指标库。

（2）强化指标库迭代。核验评价指标库内全量指标的命名、定义、属性、统计方式等内容，对不满足相关要求的，协同外部科研高校及相关绿链任务支撑单位，按照《行动方案》及国内外供应链评价体系研究成果，提出指标新增、冻结、优化等建议，经相关专业审核后，纳入指标库统一管理。

（3）推进指标"标签化"管理。紧扣供应链绿色数智发展目标及对标管理需求，构建覆盖业务属性、生态属性、评价方式、计算公式、物资管理专业在内的大中小类标签目录，并对指标逐一进行"标签化"赋值。滚动优化指标标签目录，广泛开展意见及建议征求，确保各项指标标签信息完整、精准、客观、可用。对指标进行标签管理，赋予各个指标包括指标分类、对应业务、评价维度、应用主体、指标来源等属性值，使指标"标签化"，实现指标多维分析及"驾驶舱"综合展示。供应链指标"标签化"管理见图 5-2。

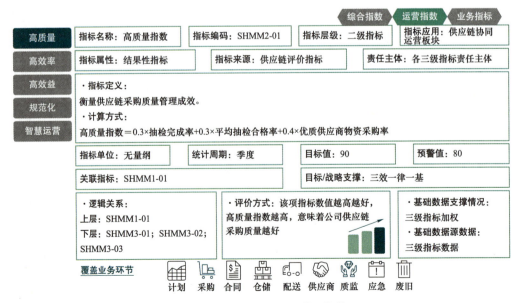

图 5-2　供应链指标"标签化"管理

7. 体系指标选取及权重配置

（1）筛选符合条件指标。基于全域指标库，筛选满足"在线取数、全面覆盖、带动引领"原则的指标纳入指标体系，经相关专业审核后投入应用。

1）在线取数：即要求指标因子为结构性数据，可通过现有系统中的数据源自动获取，或能通过系统改造、新增字段的方式自动获取，能够支持指标的线上化和自动计算。

2）全面覆盖：即要求指标从供应链整体质效出发，涵盖《行动方案》全部层级的重点任务、供应链全环节、物资全专业、"四跨"（跨企业、跨专业、跨行业、跨地域）、平台型指标等各维度。

3）带动引领：即要求指标设计应具备一定前瞻性，不局限于自身优势绩效，满足国际领先、行业引领、国家电网特色的要求，对供应链起到促进带动作用。

（2）配置指标评价权重。紧扣国家部署、公司战略、专业管理等方面发展纲领，围绕供应链高质量发展目标和实际业务需要，结合往年各类物力对标指标考核评价情况，开展指标权重配置及优化调整，对重点评价维度给予适当权重倾斜考量。可按照重点工作，补充相关指标，补提的重点工作任务需对公司供应链运营管理产生重大影响、或满足公司两会期间规定重点工作方向或指导思想、分解该项任务的关键影响因素并分析相关责任部门等。

（3）开展部门指标提炼与分解。首先收集梳理上级下达的单位级（企业负责人）业绩考核指标、年度同业对标体系指标、年度重点工作任务、根据部门提炼的指标以及其他部门分配的关联性指标等。按照层层分解、逐级落实的原则，采取平衡计分卡（Balanced Score Card，BSC）、关键绩效指标（Key Performance Indicator，KPI）等方法，将梳理的指标分解落实到具体部门。直接责任部门对指标承担归口管理责任，协同配合部门承担相应连带责任。可依据部门职责，补充相关的部门级绩效指标。注重区分考核管理重点，如核心职责指标、部门间配合性业务指标等。

（4）建设岗位绩效指标库。除开展部门指标提炼与分解之外，公司各级应需基于供应链岗位职责，梳理并补充岗位考核指标，并确定各指标使用的具体岗位。其中关键绩效指标来源于承担部门级分解指标、岗位工作职责、与本岗位相关的部门专业条线指标等；重点工作任务相关指标来源于承接部门级重点工作任务、各岗位根据各自岗位职责自提对部门的目标达成具有重大影响的重点工作任务、部门临时下达的能体现岗位核心职能工作任务；按照部门目标及岗位职责分解形成。

8. 指标库运营

指标库的运营主要包括指标的新增、调整和退库。其中，新增是指在指标库中新增入库指标信息；调整是指在指标库中对已入库的指标信息进行修改；退库是指在指标库中对已不适用的指标进行删除。

指标库的运营管理坚持动态调整的原则，由国家电网公司总部对入库的指标进行管理和维护。指标动态调整需求主要来源于指标应用不定期反馈及指标定期评估。

（1）指标应用不定期反馈。常态化跟踪、分析指标应用效果，建立问题收集渠道，不定期全面收集各单位在指标监控、评价、分析工作中发现的指标设计不合理、不适用等问题。

（2）指标定期评估。各级公司定期组织指标库盘点工作，依据指标设计标准，结合业务管理实际与专业发展需要，开展指标适用性分析工作，全方位评估指标引领供应链高质量发展的效用，重点关注应用频次低、长期呆滞在库的指标。

（3）指标运营管理流程。各级公司根据国家电网公司战略目标与供应链发展规划，结合指标应用反馈及适用性评估结果，提出指标维护申请，并提供需求新增、调整或退库的指标信息，及调整的相关理由或文件依据。各专业处室对提报的指标维护申请、维护理由进行审核。审核通过后的指标经各级审定后，对相应指标库进行更新。

（4）指标新增。出现以下情况的，应当对指标进行新增：根据公司战略目标、供应链发展规划需要以及工作实际，现有指标无法满足业务管理需要的；在指标评价等工作中，通过收集整理和实际应用发现核心指标的；从各单位运营管理实践中，发现符合工作实际、具有通用性质指标的；其他需要入库的情况。

（5）指标调整。出现以下情况的，应当对指标进行调整：因公司战略目标与供应链发展规划等相关政策调整，对评价指标提出新要求的；现有指标内容有瑕疵的、应用率较低的；根据实际情况，需要对指标信息进行微调的；其他需要进行调整的情况。

（6）指标退库。出现以下情况的，应当对指标进行退库：指标已经不适用实际需要、不符合当前公司战略目标和供应链发展规划要求的；指标内容存在严重错误，使用指标会造成评价结果失真、分析汇总出错的；其他需要进行退库的情况。

各级公司应及时做好指标库运营工作，确保指标库信息的及时性、完整性、准确性。指标库建立后，各层级各专业开展业务评价管理各项工作时需要使用指标的，原则上必须从指标库中选用。指标库中未收录到的指标，如确需使用的，按照"先入库、后使用"原则，由各层级各专业向主管处室提出指标入库申请，由各专业处室进行评审，由总部物资部审定入库后方可选择使用。

按照"谁用谁负责"原则，相关专业负责跟踪收集指标应用效果，基于业务发展，开展指标库指标项、指标属性、指标权重等更新修订。

9. 指标评价

根据业务管理要求开展运营指标监控，对各指标设置目标值和预警值，对比分析各指标在统计周期内的实际完成情况与管理目标的差异，定期评价物资业务运营情况，发布运营评价结果。具体评价逻辑如下：

（1）当实际指标值高于目标值时，代表该指标表现优秀，已达到目标；

（2）当实际指标值介于预警值和目标值之间，代表指标正常，待进一步提高；

（3）当实际指标值小于预警值时，代表指标存在风险，需要重点关注。

指标完成情况可以用驾驶舱和指标树两种模式展示，通过显示各个指标的实际值和目标值，从整体把握供应链运营综合水平，快速发现问题指标。

10. 指标分析

基于供应链综合管理指标完成情况，对指标进行层层钻取，发现和定位存在问题的关键业务指标。对具体指标的变化趋势、组成因子、基础数据等进行具体分析，掌握指标变化动态，挖掘问题指标的形成原因，以指标找问题，以问题查管理，促进供应链管理水平精准提升。

11. 绩效优化

根据各指标分析结果和当前供应链运营现状，针对性地制订运营优化方案和管理提升措施。在具体改进措施的落实过程中，持续关注评价指标的变动情况，与之前评价结果进行对比，跟踪和评价优化方案的改进实施效果。同时，根据改进后的情况为相关指标选取新的目标值进行评价，从而实现供应链绩效评价和优化提升的闭环。

同时，从全行业甚至全球化的视角出发，运用对标管理的方法论选取合适的国际领先企业作为标杆。通过同一套指标体系的全方位对标评价，明确各业务环节的行业领先标准，学习领先企业先进的模式和理念，持续提升供应链运营水平。

12. 指标机制保障

（1）规范制度流程，保障指标运营基础。以现代信息化技术支撑各项物资指标建设业务有效落地，完善物资管理流程制度，制定标准流程和业务作业指导书，促进专业协同高效运作，提升物资服务质量，激发供应链活力与动力。按"放管服"改革要求，持续深化组织体系优化成果，发挥职能管理和属地管理作用，提高市县公司协同运作和业务管控能力，在物资管理要求落地和物资供应服务向基层延伸等工作中发挥实效。

（2）强化业务协同，提高运营效率。秉承"开放、共享"的理念，建立物资管理与规划、建设、营销、运检、人资、财务等业务之间的业务协同管理机制，明确相关方管理职责、职能关系，保障各项工作有序开展，增强不同业务线之间的互通性、数据的可用性、资源的共享性，确保和提升指标建设运营管理工作效率，形成快速响应、灵活高效的跨专业运营工作机制。

（3）加强汇报沟通，提升管控质效。

1）建立运营周例会机制。定期组织内部例会，商议指标体系建设过程中发现的主要问题，跟踪协同会商事项的闭环完成情况，必要时可邀请相关专业参与例会讨论。

2）建立运营月报月会机制。根据指标体系建设运营情况，编制运营月报，定期组织各网省公司召开视频会议通报指标管控整体数据、问题业务数据及督办闭环完成情况，收集各单位反馈的业务问题，开展指标体系部署优化提升。

3）按需开展会商协调。建立协调会商机制，定期组织开展跨专业协调会，针对重大异常和影响效率问题进行专题研究，集体会商决策。当涉及需跨专业协同会商处理的事项，及时组织相关专业协同开展，并跟踪记录会商需求、会前组织、会商决策、跟踪落实全过程，形成闭环管理。

（4）开展宣贯，营造行动氛围。推进供应链运营指标体系建设，发挥宣传传播优势，采取网站、报纸、培训、宣讲等形式，广泛宣贯指标体系建设重要意义，适时开展指标体系管理培训活动，营造良好氛围，充分利用内外部资源和力量，认准目标、精准发力、凝聚共识，全力推进供应链指标体系建设成果落地。

13. 预期成效

基于供应链运营指标体系的研究，明确供应链运营指标库开发的思路和实施方案，促进公司供应链运营管理体系运行，提升管理水平，为绿色现代数智供应链战略目标的达成提供有力支撑。预期效益初步分析如下：

（1）指明供应链运营指标体系优化方向，推进长效管理。通过指标体系建设，明确供应链管理工作方向和具体工作措施，将有助于提升指标体系的实用性，并适应企业未来发展要求。

（2）推进供应链运营战略落地，发挥指标引领作用，合理界定指标归口处室与承担处室之间的管理责任，明确公司战略目标的落地路径，提高公司供应链战略目标对各层级处室工作的聚焦作用，并发挥供应链指标管理的承上启下纽带作用。

（3）提升各层级单位和专业处室考核的准确性，促进岗位职责的履行。通过供应链运营指标体系和指标库开发，全面梳理各层级岗位的管理重点，从起点位置保证绩效管理 PDCA 循环过程的有效性，并最终提升绩效管理工作成效，实现对公司供应链全链运营的有效评价。

（二）指标评价模型

国家电网公司结合绿色现代数智供应链发展要求，构建高端智慧型运营分析模型库。围绕行业级高端智库建设目标，充分发挥物资各专业协同共进、两级供应链运营调控指挥中心资源共享优势，建设供应链业务统一数据标准体系，打造供应链全域数据资产库，推动供应链全链数据汇聚、融合应用。

按照"数据+算法+场景"三维驱动模式，将基础型数据资产转化为服务型数据资产，深化供应链大数据服务和决策分析模型构建与应用，提升公司供应链数据价值创造力。

1. 打造供应链、产业链、价值链融合运营赋能体系

（1）扩展公司价值创造范畴。将供应链网络延伸至上游的原材料/组部件制造企业、设计建设运行服务企业，中游的抽水蓄能、光伏制造企业，下游的用户配电房、储能设备等用电客户，拓展供应链价值创造覆盖范围。

（2）识别溢出效应明显的价值创造场景。围绕战略与组织、产品生命周期管理、供应链网络设计、供应链管控、供应链运营、客户满意度、需求管理等七大要素，深化供应链大数据服务和决策分析模型构建与应用，精准定位制约供应链及链上企业高质量发展的卡点、堵点、断点、痛点和风险点，识别出溢出效应明显的供应链运营调控指挥中心价值创造场景，梳理形成溢出价值产品清单目录，研发价值创造产品，精准支撑供应链效率、效益、效能全面提升。

（3）推动量化的价值服务兑现。深挖供应链数据价值，加大基于人工智能、数据挖掘、流程挖掘、超级自动化、孪生仿真等前沿数字化技术的融合应用，激发数据价值创造能力，建设产值规模、国内生产总值（Gross Domestic Product，GDP）贡献度、安全稳定指数、采购经济指数等产业链供应链宏观运行指标，推动对外价值服务兑现。

（4）打造价值赋能典型运营产品。以供应链基础大数据库和高端智库为依托，对内围绕公司和电网高质量发展目标，开展"九大业务专题"专项分析，推动供应链运营"效率、效益、效能"提升；对外聚焦绿色、智能、生态等绿色现代数智供应链新

要素，充分发挥"链主"引领作用，构建价值赋能典型场景，根据链上企业需求开发数据产品等高智服务，推出市场形势、行业发展、价格情报、同业对标等"重量级"分析报告，发布电工电气装备质量竞争力等指数，带动链上企业发展。助力打造"创新、协同、共赢、开放、绿色"的电网物力资源供应链生态圈。

2. 模型管理

模型管理主要涉及业务需求处室或部门、模型业务分析团队、模型技术研发团队和数据管理部门，管理内容分为新建模型、模型变更、模型共享及监控。

（1）新建模型：随着供应链业务生态的扩大和发展，为适应新的业务需求，由业务需求处室或部门提出新建数据模型需求。数据模型新建需求管理包含需求申报、需求实施和需求验证。需求申报是指数据模型需求处室或部门详述业务数据需求及申请原因，报数据管理部门审核。需求实施是指供模型业务团队组织开展数据溯源和分析，技术团队负责构建模型实体。需求验证是指数据模型构建完成后，技术团队归集实施资料，业务需求部门验证模型准确性。

（2）模型变更：指由于供应链业务流程或规则发生变化，为适应变化对原有模型进行更新和适配。任何模型的变更，特别是基础模型，必须要做好全局的影响评估。评估的内容包括业务影响、模型中相互引用以及相关应用展示的影响。模型业务需求团队和技术研发团队评估模型变更的影响范围，并逐个对相关模型和应用进行更新，更新后对相关的影响实体进行回归测试，最终由业务需求处室或部门完成业务功能验证测试后发布。

（3）模型共享及监控：指对模型的应用管理。模型共享分为开放模型共享和私有模型共享。对开放模型，无需特殊申请即可使用；私有模型共享则需要需求方向数据管理部门提出申请，申请通过后方可授予使用权限。数据管理部门对共享数据模型的使用权限、使用频次、使用时间等指标进行监控，并根据监控指标实时调整模型服务资源。

3. 模型构建

线下分析模型构建。梳理制约供应链及链上企业高质量发展的断点、痛点和风险点，结合同业对标、企业负责人关键考核内容，依托供应链运营平台定期发布月报、专刊等系列供应链运营产品，形成综合分析模型规划清单，分批次构建线下分析模型。分析模型线上化部署。选取成熟度高、具备数据条件的分析模型，试点开展模型建设，基于供应链运营平台落地实施，实现分析模型的在线化部署、分析结果的在线化查阅、分析报告的一键式导出。形成运营产品库，针对供应链运营分析发现的问题，形成供应链运营决策支撑工作清单，打造提质增效智慧运营分析模型库。

（1）运营分析模型：深化供应链大数据服务和决策分析模型构建与应用，精准定位制约供应链及链上企业高质量发展的断点、痛点和风险点，构建具有智能决策特点的综合分析模型库，反哺供应链各业务效率效益提升，为供应链运营提供数字支撑。

1）全面计划专题分析模型。从计划的前沿管理、准确性、及时性、规范性及标准化管理5个维度，设立需求计划转换率、计划管理任务完成率、两级批次公开招标及时率、越权采购率、电网物资标准化率等5个评价指标，衡量、分析全面计划管理成效，实现供需高效对接、精准预测。

2）采购绩效专题分析模型。采购绩效专题从质效、效率、规范、质量、成本、效益六个维度，设立采购质效管理指数、投标保证金退还及时率、中标公告中标通知书发布及时率、一次采购成功率、招标业务规范完成率、异常报价中标占比、优质供应商占比、中标绿色供应商占比、节资率、废旧物资拍卖溢价率等10个评价指标，全面衡量评价采购绩效，推动采购质效持续提升。

3）供应链保障专题分析模型。从物资供应及时性、规范性、可靠性、灵活性四个维度，设立物资交付及时率、物资需求响应周期、合同执行完成率、款项支付及时率、物资供应完成率、不确定性需求物资供应完成率等6个评价指标，衡量供应保障工作成效，全面提升物资供应链时效性。

4）全寿命周期质量监督专题分析模型。归集设备"生产制造、出厂试验、采购供应、安装调试、运行维护"全寿命周期质量信息，设立监造覆盖率、监造合格率、出厂试验一次性通过率、物资抽检合格率、设备投运成功率、设备停运率等6个评价指标，评价质量监督工作成效，推动质量管控主体、流程、场景全覆盖。

5）供应商全息多维评价管理专题分析模型。从供应商群体评价及供应商个体画像两个角度，设立供应商不良行为事件发生率、优质供应商市场占有率、A、B、C类供应商占比、设备全寿命周期质量评价指数、中标绿色供应商占比、供应商服务评价指数等6个指标，优化供应商群体结构。

6）供应链全链风险防控专题分析模型。从管理风险、廉洁风险、舆情风险、重大风险和风险防控5个方面，设立发生重大审计巡察问题数量、电商交易异常选购占比、报废物资处置款项入账及时率、违约处罚的合同占比、账物一致率、廉洁教育覆盖面、物资舆情发生率、供应链运营平台预警问题整改率等8个评价指标，跟踪评价供应链全链风险，保障供应链安全稳定运转。

7）战略指标专题分析模型。战略指标专题从全链引领、专业发展和服务支撑三个方面，设立供应链引领指数、供应链健康发展评价指数、全面计划管理指数、电网物资标准化指数、采购质效管理指数、物资供应保障指数、物资质量监督指数、提质增效指数、物资获得指数等 9 个评价指标，对供应链数字化运营体系建设应用成效进行综合评价。

（2）绿色数智模型：结合绿色数智供应链发展要求，倡导绿色低碳、数智转型价值观念，强化绿色评价和绿色采购导向作用，构建具有节能减排、环保循环、数智数字服务特点的综合分析模型库，推动能源电力领域技术创新、装备升级，促进全产业链供应链"绿色""低碳"发展。

1）供应链碳减排专题分析模型。从绿色管理、绿色运营、绿色制造三个维度，聚焦物料、供应商、供应链活动三维视角，设立电子化减少纸张印刷的碳减排量、线上化减少商务差旅的碳减排量、物流低碳作业率、废弃物资无害化处置率、退役拆旧物资再利用率、零碳仓库占比、绿色设备采购率、绿色供应商占比 8 个指标，评价供应链碳减排工作成效，带动供应链上下游协同发力，共同构建低碳和谐的绿色供应链。

2）产业链供应链数字化转型分析模型。贯通汇聚供应链全过程数据资产，提供公共服务云平台、高端智库等数字化智能化服务，引领链上企业数字化升级转型，带动供应链上下游企业合力破解"不会转、不能转、不敢转"的数字化转型困局，实现产业链供应链全链"数智促发展"。

3）产业链供应链绿色转型分析模型。发挥国家电网公司市场采购规模优势和供应链生态主导能力，强化绿色采购和绿色评价导向作用，推动供应链全过程、全环节绿色低碳可持续发展。以供应链绿色采购为切入点，制定绿色采购标准，引导电工装备企业绿色发展、绿色制造。构建企业绿色信息库，制定绿色评价标准，带动供应链低碳生产、绿色运行。

4）产业链供应链金融融合分析。提供供应链可持续发展资金保障机制，响应国家扶持中小企业号召，发挥采购辐射效应，带动链上企业、金融机构整合上下游金融服务资源，积极纾解中小企业、实体经济发展资金压力。提供资金链风险防范、化解和处置机制，推动供应链金融市场稳定发展。

5）产业链供应链高质量发展分析。基于平台型数字服务，为供应链上下游提供市场预测、产业洞察、生产感知、数字营销、行业对标、经营诊断、风险预警、能耗监控、"双碳"认证等一系列数据增值服务，帮助供应链企业在生产经营和产品制造过程中时刻做到"心中有数"，实现高质量发展。

（三）指标结果应用

基于供应链运营融合汇聚物资内外部数据，充分发挥全链运营分析评价能力，针对采购与合同全链运营、全寿命周期质量监督等制约供应链高质量发展的断点难点，构建智慧运营分析模型，按照"识别问题－原因分析－解决措施"运营管控模式，累计构建 80 余个分析模型，发布专题分析专刊，识别供应链运营问题，通过制定闭环反馈机制，指导各单位锁定问题产生原因、制定问题整改方案、明确具体整改计划，全年运营问题闭环反馈成效显著，极大提升产业链供应链决策支撑服务能力。

1. 建立数智赋能型运营驾驶舱

根据供应链运营平台总体规划，完成全量数据资产管理、全景规划设计建设、全链运营分析评价、全程监控预警协调、全域资源统筹调配等板块建设，扩展平台数据接入范围，实现外专业、外部数据的接入与连通。

2. 构建高端智慧型运营分析模型库

结合绿色数智供应链发展要求，构建供应链业务统一数据标准体系，打造供应链全域数据资产库，推动供应链全链数据汇聚、融合应用。按照"数据＋算法＋场景"三维驱动模式，将基础型数据资产转化为服务型数据资产，深化供应链大数据服务和决策分析模型构建与应用，提升公司供应链数据价值创造力。

3. 建立行业引领型指标体系

以专业管理评价、公司战略承接及行业国际对标为目标，建立由基础指标、复合指标及派生指标组成的供应链发展评价指标库，各层级各专业根据专业管理需要，基于业务场景，从指标库中选取适用的供应链运营评价指标项，确定指标的类型、维度和层级，赋予指标权值，创建评价指标体系，建立指标体系动态更新优化机制，充分发挥供应链指标对内驱动、对外引领作用，建立对标世界一流管理提升行动关键指标、"十四五"发展规划指标、公司战略目标指标等行业引领型指标对标体系。绿色现代数智供应链运营指标体系见图 5-3。

## 四、供应链运营策略优化

供应链运营调控指挥中心对供应链策略进行统一管理，并基于数据分析、业务诊断及预测结果，形成科学的业务洞察，作为策略优化和补充的依据，制定供应链运营策略优化措施，以实现供应链策略的持续迭代更新。对有关管理制度、流程、规则调整等重大事项进行会商决策，提升供应链策略的科学性，适应业务新发展和管理新要求，促进供应链运营效率与质量的全方位提升。

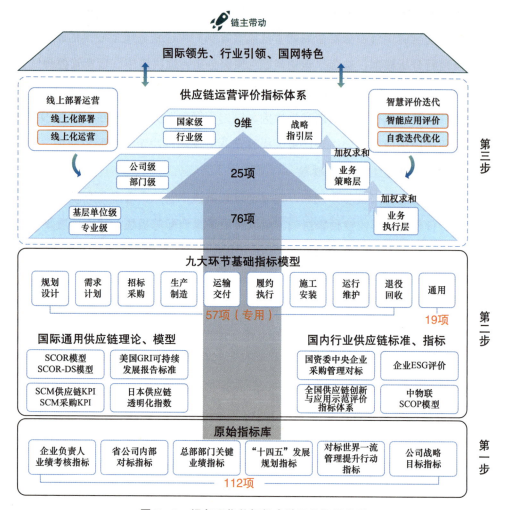

图5-3　绿色现代数智供应链运营指标体系

**（一）策略管理**

供应链策略是指对供应链历史业务活动的决策经验和专家经验，经过剥离、提炼、转化、整合，形成存在场景判别要素、量化判别标准、业务选择概率、决策优先级的相关行动路径，包括供应链监控导期策略、供应链异常处理策略、供应链供需平衡策略等。

供应链策略管理是供应链运营调控指挥中心业务计划执行的关键基础。通过开展供应链策略库集中管理，前端以供应链日常业务策略库和策略优化结果作为关键输入，建立供应链策略维护与更新机制，在供应链运营调控指挥中心统一管理各专业及协同业务策略；后端连接供应链运营调控指挥中心各业务运营板块，为供应链运营调控指挥中心协同业务选择及各业务链自动化策略选择提供支撑，促进供应链业务分析结果向日常运营层的传导和转化。

供应链策略管理包括策略库管理、策略选择管理、策略统计管理三方面。

1. 策略库管理

在供应链运营调控指挥中心建立统一策略库，维护策略库目录和结构化策略信息，形成供应链策略体系，包括供应链监控预警、异常处理、供需平衡等不同类型业务策略；结合日常业务管理要求和系统评估分析需求，定期组织业务专家对业务策略及优化策略统一评审，并开展策略更新结果在线会签，确认更新策略生效，作为策略库维护的依据。

2. 策略选择管理

在策略库基础上，建立不同业务场景与策略库关联映射关系，通过业务场景定位分析，识别业务问题类型、问题原因及问题判断标签，快速形成问题画像，在策略库内选择相应策略建议。

3. 策略统计管理

开展关于策略库类别、条目、具体内容、使用情况的统计分析，并对策略更新记录管理包括策略更新维护申请、维护记录以及策略状态变更情况等进行统一管理。

（二）策略优化

供应链策略优化是供应链运营调控指挥中心业务计划执行的重要驱动力，驱动供应链运营质效优化提升。随着供应链持续稳定运营，供应链运营数据、策略选用数据不断积累，供应链策略库广度和深度不断提升，供应链运营调控指挥中心基于智能数据模型开展策略优化，形成供应链策略库管理闭环，提高供应链各类业务处理效率，提升供应链管理与运营水平。

供应链策略优化方法主要基于历史业务策略数据，利用机器学习技术开展数据训练，随着数据积累、模型训练和学习，结合数据分析、业务诊断及预测结果，形成基于实时业务数据及业务决策结果的策略模型，为各专业及协同策略制定提供支撑，输出策略优化建议，提升策略制定的科学性、客观性。

供应链策略优化内容主要针对物资采购策略、库存策略、异常判断策略、异常处理策略、预分配策略等提出优化建议，针对重大事项，由供应链运营调控指挥中心组织会商决策后将策略优化建议发布至统一策略库，各专业选用执行更新策略。同时，各专业和供应链运营调控指挥中心对策略执行效果进行评价和反馈，对策略模型进行持续优化，形成策略优化和管理的闭环，为供应链运营决策提供智慧支撑。

# 第二节　全链业务运营分析核心场景

## 一、全链业务分析与预测

（一）业务分析

供应链运营调控指挥中心以问题根因分析为导向，深度挖掘数据价值，借助运营分析模型，开展业务多维分析和诊断，实现从静态的、简单的报表统计向海量数据、实时灵活的可视化分析转变。

供应链运营调控指挥中心开展的业务分析，根据分析对象的不同分为综合分析和专业分析，根据业务状态的不同分为常规分析和异常分析。

1. 综合分析和专业分析

（1）综合分析。在汇聚供应链全流程信息的基础上，从供应链整体的特征、能力、资源等视角出发，开展多维分析，揭示供应链运营规律，洞察业务发展趋势；研究影响供应链运营的跨专业问题，发现内外协同断点及供需矛盾等运营瓶颈，形成供应链管理优化和流程改进建议，促进各专业深度融合，推动供应链整体运营水平的提升。

（2）专业分析。从需求计划管理、采购管理、合同管理、仓储管理、配送管理、质量监督管理、供应商管理、废旧物资处置管理、应急物资管理等专业视角出发，结合各专业特点与实际，定期分析各专业业务数据，针对各专业工作中的重点、难点、痛点进行深入挖掘分析。探究影响各专业业务开展的制约因素和限制条件，识别各专业业务关键提升点，并形成相应分析结论和管理建议，为专业管理提供决策支撑，以数据驱动业务发展。

2. 常规分析和异常分析

（1）常规分析。针对供应链全链条日常业务进行统计分析，通过开展分组分析、占比分析、分布分析、聚类分析、关联分析等，反映供应链业务的特征及变化趋势，揭示供应链运营规律，指导日常业务操作，支撑业务策略优化。常规分析包括数量类、金额类、周期类、频次类、比率类等分析，反映供应链的规模、效率、标准化、规范性等特征。

（2）异常分析。针对供应链业务运营异常场景进行统计分析，在科学方法论的指导下，通过定性和定量的方式开展异常业务分析，为风险防范和策略优化提供依据。异常分析具体分为异常分布分析和异常根因分析。异常分布分析是按照不同业务环节分析异常问题发生频率，帮助业务人员快速定位问题高发业务环节。按照物资类型、项目类型、项目单位等维度，多维反映统计期间内异常问题分布情况，并对比不同月度、季度及年度异常问题数量变化，发现异常问题分布变化趋势，为异常风险防范指明方向。异常根因分析是针对异常问题开展根因分析，总结归纳常见异常原因类型，明确异常问题发生的责任主体。基于异常问题的大数据分析，定位高频出现的问题类型、问题原因及责任主体，并对比不同月度、季度及年度异常问题数量变化，发现异常问题根因变化趋势，提高异常问题解决效率，为策略优化夯实基础。

（二）业务预测

供应链运营调控指挥中心依托国网数据中台，借助人工智能需求预测模型，组织开展大数据业务预测分析，洞察未来需求，支撑物资采购供应资源统筹，为供应链运营提供智慧决策支持。根据分析对象的不同，业务预测分为综合业务预测和专题业务预测。

1. 综合业务预测

供应链运营调控指挥中心通过收集、整理与清洗需求侧与供应侧前后端数据，涵盖项目投资计划、项目类型、物资类别、项目物资出库、物资采购订单等数据，综合考虑季节性、项目投资额、年度增长率、项目批复率等影响因素，构建自上而下与自下而上相结合的预测机制，获取未来一段时间的物资领用出库量预测。综合业务预测是分析物资需求消耗规律的基本手段和标准方法论，也是专题业务预测的基础数据支撑。

自上而下预测过程主要是基于大数据计算模型，以项目投资总额和综合计划为出发点，通过分析项目类型、电压等级与主要设备材料的相关性，梳理项目类型与物资需求的对应规律，并综合考虑年度增长率、项目批复影响因素、政策影响等要素，分解得出各物资小类的预计使用数量及金额。

自下而上预测过程主要是以近三年物资历史出入库记录为基础，在物资需求特性分析的基础上构建预测模型，并且运用大数据运算进行模型参数的自动学习与更新，最终形成基于时间序列、季节性等多因素在内的组合预测模型。

大数据模型算法采用可以同时处理连续性需求和间断性需求的多个预测模型进

行组合预测，以实现预测模型选择的自动化和智能化。进入组合预测模型的单体预测模型包括适合预测需求连续性强、季节波动性明显的 Winter 模型以及机器学习模型，适合需求趋势性明显的曲线拟合模型®和适合需求间断的 Croston 模型等。通过设计算法对不同预测模型的预测结果进行智能赋权，提升需求预测模型的精度。

将预测模型整合到组合预测模型中对每一种物料进行预测，该模型既可以自动为每种物料选择最优预测模型，也可以进行多个模型的智能组合预测。这里的组合预测是指以一定的规则对"每一个模型得到的需求预测值"赋予权重，使用加权平均值作为最终输出的组合预测结果，权重设定则按照"预测误差最小"的方式进行寻优计算。同时，允许多个技术特性相近的物料进行合并预测，之后再分解得到各种物料的预测结果。

在小类层面，按照"预测误差最小"的方式进行自动寻优，实现自上而下与自下而上预测结果的权重设定，并将小类预测结果分解至物料层级。

2. 专题业务预测

在综合业务预测基础上，针对相关环节主题开展相应的业务预测。专题业务预测主要包括协议采购计划预测、滚动供需协同计划预测、补库计划预测以及供应计划预测。

协议采购计划预测是在综合业务预测的基础上，综合考虑协议采购覆盖时间、协议预计剩余份额、在途库存数量、仓库预计剩余库存等因素，构建协议采购计划预测模型，计算出该协议采购的物料最终建议结果，包括协议采购数量和金额。

滚动供需协同计划预测是在综合业务预测的基础上，综合考虑项目需求提报、仓库库存量、仓库预留量、库存上限、采购未入库、协议预计剩余份额等因素，构建滚动供需协同计划预测模型，计算出未来 3 个月的物料供应需求数量。可将该结果按月滚动提前分享给供应商，便于供应商进行物资供应缺货预警，通过产能备货前瞻安排，及时做好备库和排产，实现基于"智慧"的精准供需协同。

补库计划预测是在综合业务预测的基础上，综合考虑库存策略、仓库库存、在途库存数量、服务水平、供应导期等因素，构建补库计划预测模型，计算出仓库的自动补货量，满足物资领用的同时高效周转仓库资源。

供应计划预测是在综合业务预测的基础上，综合考虑供应需求物资特性标签、需求提报等因素，构建供应计划预测模型，计算出物资的供应需求数量，实现智能分析物资供应需求，提升及时供应的业务能力。

## 二、打造供应链智能数据模型库

（一）应用背景

由于系统运行性能限制，源端业务操作类信息系统普遍采用范式建模的方式将每一个具体业务流程的信息抽象为"最小冗余"的数据实体及其关联关系，客观上形成了错综交织的复杂数据结构。快速准确理解这些数据结构对后端数据管理、开发和应用人员的技术水平和经验水平要求较高。传统的数据开发模式已经难以高效满足供应链数据规模化、敏捷化、智能化应用的需求。

为提升物资领域数据治理效能，满足供应链数据规模化、敏捷化、智能化应用需求，创新打造可以模块化使用的数据"组件"，国家电网公司构建供应链智能数据模型库，更好地支撑物资数字应用场景建设。

（二）场景实施

1. 创新构建供应链业务数据标准表

推进供应链数据开发利用方式从使用"分立离散"的数据原始表向使用"集成封装"的供应链智能数据库转变，破解了数据溯源难、开发难、核验难、治理难等痛点难题。在国家电网公司统一数据模型（SG–CIM）的基础上，从业务视角出发，按环节划分，创新构建了全网统一的供应链业务数据标准表，对分立的数据"零件"进行整合与集成，打造可以模块化使用的数据"组件"。

2. 创新打造供应链智能数据库

应用供应链业务数据标准表，模块化使用数据"组件"，开发上线年度需求计划预测、供应商全息画像等500余个数据应用产品。这些数据应用产品已应用于服务疫情防控、复工复产、重大工程建设等。

3. 深化供应链智能数据库应用

拓展供应链数据接入范围，计划将数据互联范围延伸至供应链上下游原材料、组部件等制造企业，设计、建设、运行、物流等服务企业和检测、认证、金融等第三方机构。

（三）运营成效

实现了对底层离散化数据架构的解耦重构和集成复用，规避了90%以上的数据重复溯源工作量，使数据质量问题发生率降低近一半、数据应用整体效率提升80%。目前，供应链智能数据库已广泛应用于绿色现代数智供应链建设，下阶段，还将围绕供应链智能数据库，加强对供应链数据资源的统一化管控、价值化提炼、标准化封装、系统化治理、组件化应用、规范化共享，构建更加丰富多元的数据分析决策模型，建设供应链高端智库，打造行业级"大脑中枢"，助力供应链上下游智慧决策。

## 三、打造一级部署供应链运营平台

### （一）应用背景

供应链运营调控指挥中心以数据分析挖掘应用为基础，构建运营分析模型，开展供应链多维分析、诊断和预测，为供应链管理决策提供业务洞察和智慧依据，精准指导业务高效运营。建立供应链运营评价指标体系，开展运营绩效评价与跟踪，形成绩效评价与优化提升闭环。以数据驱动供应链运营管理提升，指导供应链策略优化，推动流程再造与管理创新，全面提升供应链运营质效。

根据国家电网公司绿链行动方案要求，按照"线下开发模型，线上快速部署"新模式，推动供应链运营架构迭代升级。

### （二）场景实施

基于供应链运营平台融合汇聚物资内外部数据，充分发挥全链运营分析评价能力，针对采购与合同全链运营、全寿命周期质量监督等制约供应链高质量发展的断点难点，构建智慧运营分析模型，按照"识别问题－原因分析－解决措施"运营管控模式，累计构建 80 余个分析模型，发布 27 期专题分析，识别出供应链运营问题 2578 项，通过制定闭环反馈机制，指导各单位锁定问题产生原因、制定问题整改方案、明确具体整改计划，全年运营问题闭环反馈率 92%，大幅提升产业链供应链决策支撑服务能力。供应链运营一级部署工作场景见图 5－4。

图 5－4　供应链运营一级部署工作场景

### （三）运营成效

创新打造"11651"类应用架构，通过 1 个平台首页，1 个决策驾驶舱，6 大专业管理驾驶舱，5 全运营工作界面，1 个功能目录树，增强分层级、定制化用户体验，推进供应链运营向行业级高端智库提档升级。

围绕供应链运营"五全"职能，加强供应链运营与各专业、各行业的协作协同，打造供应链、产业链、价值链融合运营赋能体系，推动公司供应链运营网络向上下游企业延伸，研发服务产业供应链赋能升级产品。总结提炼供应链运营系列实践、成果，形成创新运营理论体系。提升供应链运营调控指挥中心价值创造能力，充分发挥链主引领作用，打造"创新、协同、共赢、开放、绿色"的供应链生态圈。

同时打造提质增效智慧运营分析模型库，构建供应链的"大脑中枢""驾驶舱"，加快建设行业级供应链高端智库，不断提升规范管理水平，助力供应链资源保障能力、风险防控能力、价值创造能力、行业引领能力和效率、效益、效能提升，支撑公司生产经营和电网发展建设，如图 5-5 所示。

图 5-5　一级部署供应链运营平台应用架构

## 四、供应链业务仿真模拟功能辅助决策

### （一）应用背景

为降低供应链运营风险，提高业务决策效率和质量，某电力公司供应链运营调控指挥中心应用供应链业务仿真模拟功能辅助业务人员进行决策，以采购申请、

采购订单或到货需求拆分条目为业务对象，根据采购物资品类、数量和需求到货时间等参数要求，依据与库供目录的匹配关系，在不同业务节点模拟计算流程路径总时长，并依据不同推荐原则提出最优流程路径，为项目单位、物资公司和物资部业务人员提供决策支撑。同时不断对仿真模拟结果进行优化，根据供应导期优化计算结果，在后续仿真模拟时引用最新计算结果，应用机器学习技术持续提升仿真模拟的准确性。

（二）场景实施

仿真模拟的决策支持应用场景主要包括以下三个方面：

1. 需求提报方式推荐

当业务处于需求提报阶段，系统根据需求为业务人员智能推荐采购方式。如需求提报物料在库供目录中，计算当前可用库存数量，若可用库存数量大于需求数量，则采用库存供应方式；如物料不在库供目录中，或物料在库供目录中且库存量小于需求量，则根据采购策略判断是否为招标采购或协议库存，并根据交货期比较，进一步依据物资类型、采购策略表判断属于招标采购还是协议库存，按照各采购批次基层申报截止时间、物资计划交货期等因素推荐招标批次等具体采购方案。

2. 物资供应方式推荐

当业务处于物资供应阶段，系统可以针对已选采购申请或采购订单行项目，根据物资品类采购导期自动计算流程总时长，并判断是否满足计划交货期。当计划交货期与当前系统时间偏差大于标准基线总时长要求，按照当前业务路径继续执行；当计划交货期与当前系统时间偏差小于标准基线总时长要求，且大于紧急基线总时长要求，则推荐切换至紧急基线业务路径执行；当计划交货期与当前系统时间偏差小于紧急基线总时长要求，则推荐切换业务路径，修改交货期考虑批次计划项目调拨、协议库存项目调拨等方式。

3. 综合计算结果推荐

在仿真模拟历史数据积累后，通过设定时效优先或合规优先推荐原则，为业务人员推荐最佳业务策略。利用仿真模拟计算正常业务情况和特殊业务情况下业务路径，其中正常方式是指采用国家电网公司集中采购或者省公司集中采购方式，特殊情况是指属于国家电网公司集中采购目录但需采用绿色通道形式，或者属于省公司集中采购目录但需应用省公司紧急采购形式。当业务人员选择时效优先时，默认为业务人员推荐时效最短业务方案；当业务人员选择合规优先时，排除特殊业务情况（国网绿色通

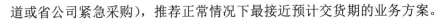

道或省公司紧急采购），推荐正常情况下最接近预计交货期的业务方案。

（三）运营成效

实现了不同业务场景下最优业务路径的智能推荐。基于采购供应周期数据收集和分析，构建供应链业务路径仿真模拟算法模型，为不同采购方式、物资类别等业务场景下的各业务节点模拟计算流程路径总时长，并依据时效优先、合规优先等原则开展仿真模拟，智能推荐和显示当前情况下的最优业务路径，为物资采购方式及供应方式的选择提供智慧依据。

应用机器学习技术，对仿真模拟结果进行持续优化。仿真模拟模型中，以预设的供应导期作为初始化信息输入，应用机器学习技术，对供应链业务数据开展训练，随着数据积累、模型训练和学习，形成基于实时业务数据及业务决策结果的导期优化模型，对仿真模拟结果进行持续迭代优化。

促进业务决策效率和质量的有效提升。通过仿真模拟功能，展示仿真业务路径示意图，支持业务人员进行横向对比，直观快速了解和判断不同业务策略的优劣，避免人为经验判断失误，提高了决策的效率和准确性，降低了交货期偏差率，保障物资及时供应。

# 第三节　全链业务运营分析典型案例

**典型案例一：强化运营分析决策提升物资款项支付时效**

（一）案例简介

2020年9月，国务院下发《保障中小企业款项支付条例》，要求及时支付中小企业款项，切实缓解企业资金压力。国家电网某公司高度重视，按照总部"付款期限不得超过60天"的管理要求，以"零拖欠、零逾期"为目标，协同专业部门全面开展物资合同款项支付专题分析，深入挖掘问题根源，推动业务流程优化、重构，取得显著工作成效。

（二）主要做法

该公司供应链运营调控指挥中心对该年全省物资合同款项支付情况开展大数据分析，覆盖省、市、县以及直属单位，涉及合同凭证79041个，支付明细265484条。

从支付周期分析，除预付款外，到货款、投运款和质保款平均支付周期均超过 60 天，存在逾期支付情况；从逾期数据分析，逾期条目数最多的为投运款，占比 61.94%；从单位分布分析，逾期金额最高的为县公司，占比 61.00%。物资合同款项支付平均周期见图 5-6。

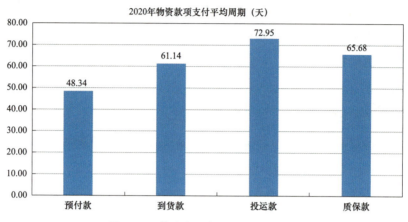

图 5-6 物资合同款项支付平均周期

为探究数据背后的潜在影响因素，该公司对可能影响支付时效的全链业务数据进行收集、清洗、分析。以到货款为例，将分析角度拓展至实物到货、收货手续办理 6 个细分环节，并结合实际业务，对各个环节的办理时长逐一开展合理性判断以及潜在原因分析。到货款结算环节周期分析见图 5-7。

图 5-7 到货款结算环节周期分析

主要存在问题：

（1）单据流转不及时。受疫情影响，供应商结算单据办理、交接困难。同时，ESC 监控预警颗粒度不够，存在一定"监管盲区"，比如可以监控到发票校验、付款完成等线上业务节点，但对单据签署、发票送达等线下业务关键节点缺乏监控能力，单据流转的时效性难以有效把控。

（2）资金支付周期长。该公司受资金池预算影响，从收取单据至付款完成的周期为 40～70 天。固定的资金结算周期导致前端单据办理时间更加有限，存在较大逾期支付风险。

（三）管理成效

1. 提升单据办理质效

通过物联网和电子签章技术，实现结算单据电子化单轨制运行。对内依托 ESC 部署交接单、投运单、质保单办理预警，强化资金支付源头管控；对外贯通政府税务系统、供应商票据信息等数据，实现验收、结算"一站式"在线办理，大大提升了工作质效，2022 年，单据办理时长从半个月缩减至 3min。

2. 优化资金结算周期

贯通项目部门、物资部门业务管理系统数据，依托图像识别等技术，综合分析到货数量、付款比例、发票金额等信息，自动生成批次月度付款计划，将常规合同款项支付频次由每月 1 次提升为 3 次，紧急物资款项开设"专车"，确保各类款项"应付尽付"。2022 年，物资合同款项平均支付时长由 62 天减少至 38 天，同比压降 37.56%。物资款项支付频次调整示意图见图 5-8。

3. 引导常态化管控

设置物资结算及时率指标，纳入物资专项考核，按月发布情况简报、按季度召开视频会议，通报各单位合同款逾期支付情况并限期整改反馈，引导各单位加强常态化管控。截至 2023 年 8 月，该公司物资款支付已连续 19 个月零逾期。

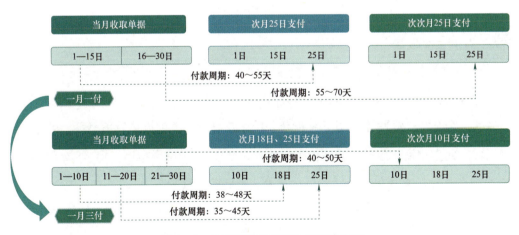

图 5-8　物资款项支付频次调整示意图

## 典型案例二：推进供应链绿色数智转型创新构建物资供应链运营评价体系

### （一）案例简介

国家电网某公司深入贯彻新发展理念，融合国家政策要求与企业战略目标，落实绿色现代数智供应链建设要求，立足物资专业管理实际，构建供应链运营评价体系，形成"评价－分析－改进"的管理提升路径，推动供应链卓越运营。供应链运行评价体系见图 5－9。

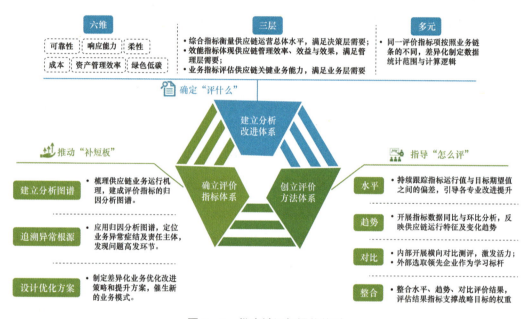

图 5－9　供应链运行评价体系

### （二）主要做法

1. 确立评价指标体系，量化绩效考评尺度

综合研究 SCOR、BSC、ROF❶等供应链经典评价方法，立足公司物资供应链管理特殊性，结合"双碳"、数字化、智能化、优化营商环境等供应链发展要求，建立"六维三层多元"物资供应链运营评价指标体系，涵盖 6 个综合指标、15 个效能指标和27 个业务指标，支撑供应链运营对标找差、持续改进提升。

---

❶ ROF，即 Resources Output Flexibility，资源、产出、柔性。

2. 建立评价方法体系，指导绩效评价实践

根据公司发展战略要求，结合管理规定、年度管理重点，针对主网物资、配网物资等细分供应链，明确各级指标的计算逻辑、合理设置指标阈值及目标期望值。应用卓越绩效结果评价方法，从水平、趋势、对比、整合四个方面开展全方位绩效评价，以指标找差距，以差距查管理，以管理促提高。

3. 建立分析改进体系，推动管理闭环提升

系统性梳理供应链业务运行机理，从业务环节、责任主体出发，全面分析影响评价指标水平的关键影响因子，提炼形成采购及时率、合同签订及时率等 150 余个影响因子指标集，构建评价指标归因分析图谱。基于供应链绩效评价及对标评估结果，剖析定位供应链运营差距与薄弱环节，制定业务优化改进策略，形成"评价－归因－改进"的阶梯式管理提升路径，支撑公司供应链运营绩效不断提升。

（三）管理成效

自供应链运营评价体系建设实施以来，该公司专业管理绩效持续提升，物资需求响应周期由 167 天压缩至 129 天，压缩 22.75%，物资供应及时率提升至 99.55%；运行成本费率显著降低，物流运输成本费率同比下降 29%，仓储资产利用效率同比提升 2.1%。

## 典型案例三：电商选购"四比"风险管控模型

（一）案例简介

随着电商化采购业务的广泛开展，电商选购中可能存在的管理风险、廉洁风险逐渐暴露，为落实供应链风险防控要求，国家电网某公司不断健全"事前预防，事中监督、事后改进"工作机制，打造适用性、推广性强的电商选购"四比"风险分析模型，从同比、横比、配比、占比四方面分析入手，根据历史数据，确定风险管控阈值，将风险识别逻辑部署至供应链运营平台电商风险管控分析板块，自动实时识别选购环节风险，并从风险发生单位维度、风险物料维度、风险发生时间维度等多角度统计分析风险发生情况，辅助管理决策和风险管控。

（二）主要做法

1. 分析业务范围及数据边界

分析范围及数据边界为通过国网电商平台及可视化选购专区下单采购的全量订

单业务，具体包括一级专区执行订单数据、二级专区（电网）执行订单数据及二级专区（非电网）执行订单数据。

2. 运营分析模型的构建

为提高公司电商管控的前瞻性，通过分析电商选购历史数据，科学制定风险识别逻辑和阈值，建立横比、占比、同比、配比 4 项比例模型，具体逻辑释义见表 5-1。

表 5-1 "四比"模型逻辑释义

| 序号 | 名称 | 含义 |
| --- | --- | --- |
| 1 | 横比 | 采购数量超过平级单位采购平均值的 2 倍，判定为存在潜在风险 |
| 2 | 同比 | 采购数量超过近 3 年平均值 50%，判定为存在潜在风险 |
| 3 | 占比 | 同标包供应商采购金额占比差值超过 50%，判定为存在潜在风险 |
| 4 | 配比 | 采购金额超过平均比例值 2 倍，判定为存在潜在风险 |

3. 对该公司开展运营分析

以"横比"为例，对该公司某年零星物资及办公用品选购订单进行风险识别分析。

（1）物料维度。基于某年专区存在横比风险的订单数据，从物料小类维度开展风险分析。按照风险采购数量统计，发现电能计量仪表配件采购风险异常占比最高，达到 26.43%，对导致该问题的单位主体进行深入统计分析，发现两家地市公司的电能计量仪表配件异常采购风险总数量占比达 88.77%，后续将针对这两家供电公司加强电商风险管控。按照风险发生数量统计，发现横比风险发生数量最多的物料是绝缘蜈蚣梯，达到 89 次，占比最高，达到 2.54%，对导致该风险问题的责任单位主体进行深入统计分析，发现 6 家市公司均存在该物料的横比风险，风险单位占市县单位总数的 84.76%，需对该情况做进一步分析及风险管控。

（2）单位维度。从单位维度统计，风险数量较大的前 10 名市（县）单位占全部风险发生数量的 21.11%。具体数据见图 5-10。

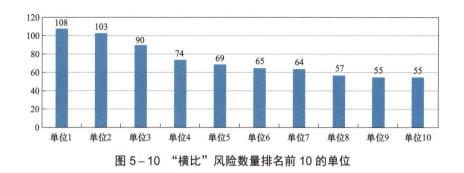

图 5-10　"横比"风险数量排名前 10 的单位

（三）管理成效

1. 提高合规管理效率

依托大数据手段，搭建电商物资采购风险"四比"分析模型，结合历史数据及增长变化，创新设置超体量采购基准值、采购均衡度占比差额、配比异常等模型参数，有效提高合规管理效率，风险发生数量较往年同比下降 35%。

2. 提高风险防范水平

通过建立四项管控措施，熔断采购申请数百条，涉及物料小类 53 种，提级审批采购申请上百条，涉及物料小类 35 种。适应特殊情况实际业务需求，灵活管控，辅助电商选购业务高效开展；模型阈值灵活性高，适用各网省公司电商选购风险防范，推广和实用性强。

3. 推动供应链高效运营

通过横向跨专业、纵向跨省市两级供应链运营调控指挥中心的协同联动，联合纪委办双向管控，实现风险提示单闭环管控，增强了风险管控力度，提高了风险管控督办整改效率，推动了供应链高效协同运营。

## 典型案例四：配网物资的采购价格运营分析

（一）案例简介

《国家电网绿色现代数智供应链发展行动方案》要求强化采购数据分析应用，构建采购质效多维评估模型，建立采购管理、评审策略与评估结果联动机制，动态优化采购策略。国家电网某公司运用 K-means 分类、皮尔逊相关、线性回归、关联分析、归一法等大数据分析手段对近年采购物资的中标价格、投标价格、原材料等数据进行分析，客观呈现公物资采购价格的基本情况、变化趋势，并通过与成本构成、供应商因素、营商环境因素等进行关联诊断分析，揭示部分物资采购潜在风险，提出相关管理建议。

（二）主要做法

1. 采购价格相关性分析

构建与采购价格的影响分析模型，利用皮尔逊相关系数算法，分析各类物资原材料、运距、人工成本、竞争度、供应商性质对中标价格的影响。用 Python 第三方机器学习库等进行展示，选取最佳的影响因子。通过分析电力电缆、低压电力电缆、水泥杆等 45 类典型物资的主要关联因子，为下一步分析提供方向。水泥杆采购价格像关系热力图见图 5−11。

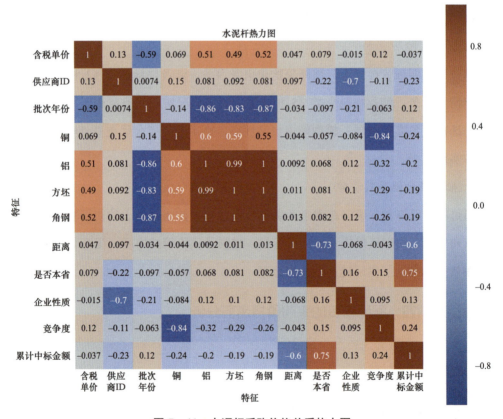

图 5−11　水泥杆采购价格关系热力图

2. 成本因素分析

（1）原材料对物资中标价格影响。通过对近年物资中标价格与铜、铝、角钢价格进行关联分析，用最小二乘法分析线性拟合情况，展示各类物资的拟合度（关联程度）

及相关系数（价格联动系数），诊断价格联动范围及联动系数合理性。目前部分物料水泥杆、铁塔（早期）$K$值较高，可能给后期履约带来风险；同时发现钢绞线、地脚螺栓等物资与大宗商品关系密切，可进行价格联动。

（2）运距对物资中标价格影响。为了消除原材料变动、技术参数不同等因素影响，用"归一法"，即各行物资的中标价格除以同一标包、同一物资所有供应商的平均价格获得中标价格比值，分析发现越接近该公司省份的供应商的中标价格越低。用皮尔逊相关系数分析各类物资的相关系数，发现10kV变压器地脚螺栓、铁塔、锥形水泥杆等相关系数均超过0.5，该类物资的距离可作为重要分析因素。

3．供应商因素分析

通过K-means聚类、皮尔逊相关系数等构建供应商因素与采购价格的影响分析模型，对供应商不平衡报价、价格联盟、垄断及竞争等情景进行分析，分析内容如下。

（1）不平衡报价的识别分析。不平衡报价识别，使用区间检测法对协议库存异常报价进行检测，合理数值应分布在$(0.8u, 1.2u)$❶区间，当同一个标包中出现低价也出现高价的中标物料，则认为该供应商采取了不平衡报价策略，发现29份协议涉嫌不平衡报价。同时，分析不平衡报价对执行的影响，对132251包2井盖进行深入分析，发现中标价格异常的物料在中标数量与执行数量存在偏差，供应商通过异常低价物资多执行，异常高价物资多执行多获益。

（2）供应商价格联盟的识别（示意图见图5-12）。统计同一类物资各供应商在不同批次标包的报价，利用K-means聚类算法，分析不同的供应商在不同批次、不同标包的供应商投标价格相似情况。如近3年参与该公司绝缘子投标的供应商有223家，通过聚类分析将供应商划分为111类，其中分类在23、29、26的供应商有10家、8家、7家。发现部分供应商在投标时采用价格联盟策略，参与/不参与某一个标，且报价类似，通过影响投标的基准价来获得价格高分。需重点分析该类抱团供应商是否存在异常报价或围串标行为，避免供应商的异常报价给公司带来损失。

---

❶　$u$指综合单价。

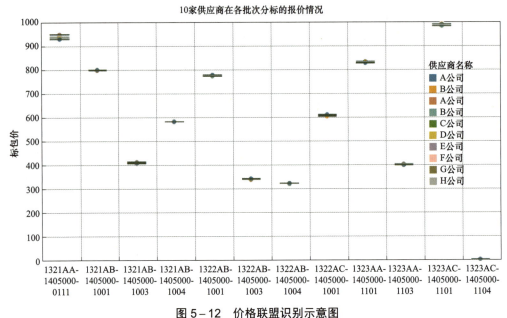

图 5-12　价格联盟识别示意图

（3）不同采购竞争程度对采购价格的影响。通过竞争性皮尔逊相关性分析可知，架空绝缘导线、高压熔断器、低压电力电缆、一二次融合成套环网箱、高压开关柜等物资的皮尔逊相关系数均低于 −0.7。竞争度对中标价格影响较大，如高压开关柜在竞争度为 8.6 时候中标价格为 6.5 万元，竞争度在 28 时候中标价格显著降低至 5.6，该类物资中标平均价与竞争度高度相关，可引入竞争，合理降低价格。高压开关柜在不同竞争度下的中标价格分析见图 5-13。

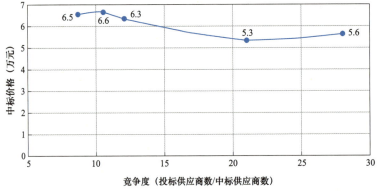

图 5-13　高压开关柜在不同竞争度下的中标价格分析

（4）供应商垄断对中标价格的影响。统计分析中标概率情况，把中标概率在 80% 以上划分为超高中标率、50%～80% 为高中标率、20%～50% 为中中标率、20% 以下为低中标率。超高中标率、高中标率、中中标率、低中标率的中标价格比值分别为 0.994、0.993、1.000、1001，他们的报价基本相同。但从分类看，电缆保护管、RFID 等物资超高中标概率供应商仍具有价格优势。以"横比"为例，对某公司某年零星物资及办公用品选购订单进行风险识别分析。

按照风险发生数量统计，发现横比风险发生数量最多的物料是绝缘蜈蚣梯，达到 89 次，占比最高，达到 2.54%，对导致该风险问题的责任单位主体进行深入统计分析，发现 6 家市公司均存在该物料的横比风险，风险单位占市县单位总数的 84.76%，需对该情况做进一步分析及风险管控。

4. 营商环境分析

由于不同物料、不同技术参数的价格偏差价格，应用"归一法"对进行降维处理，将不同物资的中标价格除以同一物资、同一批次、同一分标的平均价格获得中标价格比值。

（1）本省供应商偏好度。从中标概率差看偏好度，统计该公司本省、外省供应商中标金额/投标金额的比值：

$$本省供应商偏好度 = 该公司省份供应商中标金额占比 -$$
$$外省供应商中标金额占比$$

若偏好度越高则对本省公司的越偏好。近 3 年本省公司的偏好度分别为 4.48%、2.29%、1.19%，整体营收环境显著提升。分类看，地脚螺栓、井盖、铁塔、交流避雷器、架空绝缘导线、锥形水泥杆等物资本省供应商偏好度较高，具有明显的木省供应商性。从中标价格差看偏好度。计算省内外中标价格与同一分标下的中标均价的比值平均，获得省内外中标均价比值，比值越高则中标价格越高。2023 年该公司省份的企业的价格基本与平均中标价格一致，略低于外省的中标价格。分类看，井盖、布电线、水泥杆等物资本省供应商中标价格偏好度较高，在考虑价格因素情况下具有明显的本省供应商偏好性。

（2）构建电力物资营商环境指数。分析国有企业供应商偏好度（国有企业、集体企业、民营企业、合资企业的价格差异）系统内供应商偏好度（分析系统内、系统外）。统计省内外、是否系统内、是否国有企业的供应商中标概率、中标价格的差异，构建

"电力物资营商环境指数"。

（三）管理成效

1. 保障物资供应

新增了钢绞线、地脚螺栓等联动范围，修正了水泥杆、铁塔等联动系数，避免因原材料价格大幅变动导致履约难问题，助力该公司攻坚百亿配网投资。

2. 助力提质增效

事前通过采用物料组合理设置采购资质等策略，事中评审时通过应用模型发现不合理报价，事后直接暂停执行不平衡报价的高价物料等方式，仅暂停不平衡报价就可挽回数百万元损失。

3. 提升营商环境

通过构建电力物资营商环境指数，实时了解营商环境的变化情况，确保招标采购程序依法合规，持续加强招标信息的公开、招标过程的公平公正，引进优质供应商，提高招标竞争性，积极助力该公司"阳光采购"，中标供应商数量较往年提升 30%以上。

## 典型案例五：绿色现代数智供应链背景下的电网报废物资网上竞价处置策略优化分析

（一）案例简介

绿色现代数智供应链背景下，不断挖掘报废物资处置竞价过程数据价值，是实现提升报废物资处置收益，优化报废物资处置策略的关键路径。近年来，再生资源回收总量和回收总值呈上升趋势，回收利用行业快速发展，报废金属价格不断上涨，企业对报废物资处置收益更加重视。报废物资网上竞价也因其参与门槛低，回收商竞争度高，竞价过程可全程追溯的优势，逐渐成为电网企业报废物资处置的最优选择。国家电网某公司聚焦有处置价值的废旧物资，针对网上竞价处置收益影响因素进行全方位分析，对于拍卖人可以控制的主观可控因素，即网上竞价处置策略（包括竞价时间安排、标包划分、排序、起拍价及底价设置等）进行分析，达到提升废旧物资处置收益的目的。

（二）主要做法

1. 分析模型构建

基于电网绿色数智供应链，聚焦以绿链运营数据为基础的报废物资网上竞价策略优化，以提升报废物资处置收益。搭建报废物资网上竞价指标分析模型，实现对报废物资处置情况进行跟踪分析与评价。废旧物资网上竞价指标分析模型主要包括报废金属市场行情走势、区间金额标包回收商数量、标包溢价率（按包）、标包溢价率（按包号）、竞价时长、估价溢价率、底价溢价率等分析要素。通过以项目维度、标包维度、时间维度对上述指标进行分析，指导网上竞价处置策略的优化。影响溢价率的关键因素见图 5-14。

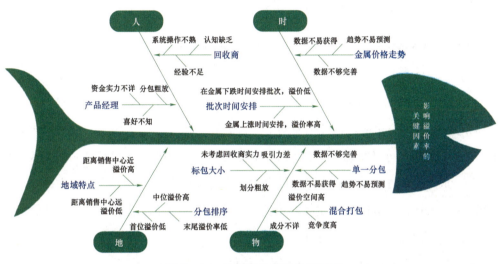

**图 5-14 影响溢价率的关键因素**

2. 运营分析

（1）网上竞价批次安排分析。

2022 年 6 月至 2023 年 6 月，现货金属交易市场共经历过 2 次比较明显的价格波动，分别为 2022 年 7 月和 2023 年 5 月，在 2022 年 8 月和 2023 年 6 月处置的报废物资，溢价率出现明显下降。由此可得，报废物资网上竞价的成交额与现货金属市场的行情深度相关，且报废市场的价格波动略滞后于现货市场。

综上分析，在报废物资处置批次安排上，应顺应金属市场价格波动趋势，在现货金属市场价格下降的情况下，同时考虑仓储成本，应减少的报废物资处置批次安排。在金属价格走势平稳或上升的情况下，应加快报废物资处置。竞拍时间分析见图 5-15。

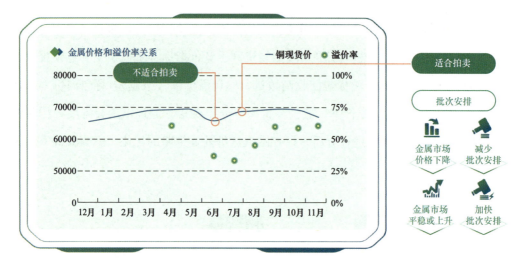

图 5－15　竞拍时间分析

（2）标包金额大小分析。

以 2022 年该公司电网报废物资网上竞价处置的 118 个包为样本，分析标包大小与竞争度的关系。可以发现，该公司估算金额在 50 万～100 万元的标包占比最大，为42.37%，成交金额 100 万～150 万元以内的标包占比最大，为 29.66%，其中成交金额在 100 万～150 万元区间的回收商群体较多，显示出明显的多样性，随着成交金额的提高，回收商群里显示明显的集中性。

综上分析，在标包划分时，标包划分在估价 50 万～100 万元范围内，成交价在 100万～150 万元范围内，供应商多样性最好，竞争最为充分。标包金额分析见图 5－16。

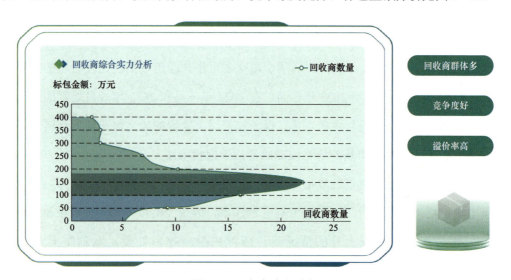

图 5－16　标包金额分析

（3）标包类型分析。2022 年该公司处置金额较多的物资为报废钢芯铝绞线、报废电能表（电子式）、报废铁塔、报废架空绝缘导线等。

从打包方式来看，单一物资标包共 18 个，其余 100 个标包均为多种物资混合打包。其中溢价率排名前十的标包中的报废物资品类集中在报废电力电缆、高压开关柜、10kV 变压器、报废其他交流变压器等。溢价率排名后十的标包中物资种类单一的标包有 7 个，多为品种单一的电能表、配电变压器。

综上分析，回收商倾向于购买标包种类多样化的物资，对于单一种类物资的标包价格较为透明，受有色金属价格波动影响大，收益空间有限。标包打包方式优化分析见图 5−17。

**图 5−17　标包打包方式优化分析**

（4）网上竞价规则分析。起拍价及加价幅度主要影响其竞价时长，影响竞价节奏。但是如果起拍价定得过低，加价幅度过小，会拉长竞价时间，影响竞买人的出价节奏。如果起拍价定得过高，加价幅度过大，可能导致竞价不充分，甚至流标情况发生。因此，在网上竞价开始之前，拍卖人应预先评估标包市场价，合理设置起拍价及加价幅度，控制竞价时间。

**（三）管理成效**

**1. 提升报废物资处置收益**

金属市场行情波动是影响报废物资处置收益的最关键因素，严格顺应金属现货市场波动情况，合理安排报废物资网上竞价时间，不在金属行情下跌期间过多安排竞价批次。截至 2023 年 11 月，共优化废旧物资处置批次 5 批，平衡地区间溢价差额 27%。

2. 实现溢价率平稳维持

通过对标包进行合理划分，使供应商充分竞争，对于品相较好，回收商喜爱度高的标包，可在整个批次中分散、均匀放置，用以吸引回收商全程参与竞价。报废物资的标包大小、地域、排序是拍卖人组织竞价活动的可控因素，是提升报废物资处置收益的关键因素，通过竞拍策略优化，2023 年该公司竞拍成功率由 2022 年的 94.6% 提升至 100%。

# 第六章

## 国家电网公司供应链全域资源统筹调配

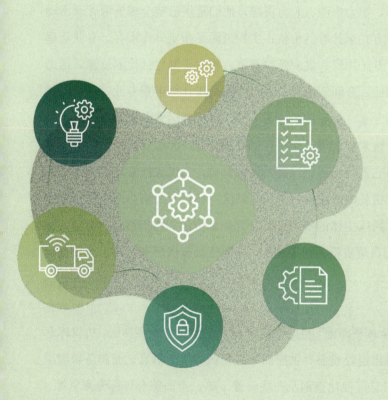

国家电网公司供应链运营全域资源统筹是指依托 ESC 构建"供应链全域资源池"，汇聚实物资源、物力资源、人力资源以及需求资源、系统资源等资源信息，实现全域资源实时可查、可视，开展资源统筹、应急调配指挥工作，灵活优化资源配置，确保供应链运营管理过程中的难点、断点、堵点所需的资源统筹调配，特别是应急场景下的物资供应。

本章从全域资源统筹调配运行模式、全域资源统筹调配核心场景、全域资源统筹调配典型案例三方面，系统介绍了公司资源统筹、应急调配的运行机制关键流程和核心场景，通过实时交互、业务融合、信息共享实现供需精准对接，促进物资供应效率提升，全面提高物资供应服务质效。

# 第一节　全域资源统筹调配运行模式

## 一、资源统筹调配业务主体

国家电网公司供应链全域资源根据资源的属性不同可以分为有形资源、无形资源。有形资源是指实物资源、物力资源、人力资源，他们是供应链全域资源管理活动的基础，一般可以通过会计方式来计算其价值；实物资源是指实体库库存、专业仓库存、在途订单、协议库存、专区物资、供应商库存等；物力资源包括检测资源、运力资源、评标基地、供应商产能、合同资源等；人力资源是指计划审查专业、现场监督专家、合规监督专家、评标专家、资质业绩核实专家、供应链运营专家等。无形资源包括需求资源、信息资源、技术资源等，相对有形资源来说，无形资源似乎没有明显的物质载体而看似无形，但它们是支撑供应链发展的基础，为供应链管理带来无可比拟的作用。在业务实施上，主要由国家电网公司、供应商和第三方来协同承担资源统筹调配职能。上述资源根据所属主体的不同可以分为外部资源和内部资源，内部资源所属主体主要由国家电网公司负责资源统筹调配，外部资源有供应商及第三方负责或协助供应链资源统筹调配。

（一）国家电网公司

基于 ESC 建立供应链全域资源池，协同供应链各方汇集实物库存物资、协议库存资源、未履行合同资源、退出退役设备、供应商库存资源等资源信息。面向各级需求单位开放，实现各类资源信息可视化查询及在线一键下单。全面整合评标专家资源、库容资源、检测资源和数据资源等全链相关资源，形成统筹配置合力，推动供应链深入协同。

（二）供应商

依托 EIP 及 MES 向国家电网公司提供生产线数量、生产周期、原材料采购量、半成品存量、生产进度安排等生产制造信息。根据工厂生产能力，基于国家电网公司历史合同执行信息，建设物资生产供应周期模型，得出分配给国家电网公司的供货产能。通过可视化方式，对重点物资和常规物资的产能按照年度、季度、月度等频度，从物料信息、供货区域、供货周期等维度进行统计和展示，配合国家电网公司开展产能统筹调配提供数据支撑。在国家电网公司统一组织下开展实物资源协议储备、寄存储备、联合储备的策略研究和应用，常态梳理寄售库存和现货库存，实现闲置资源的有效共享，确保在出现应急情况时，在国家电网公司的统筹调配下提升库存资源利用效率，助力国家电网公司应急响应能力提升。

（三）第三方

第三方主要包括除供应商之外的外部物流企业、回收商、监造单位等。其中物流企业主要依托 ELP 与国家电网公司进行实时互联，提供运力资源信息。助力国家电网公司构建重点物资运力资源分析模型和常规物资运力资源分析模型，实现满足重点物资和常规物资运力需求。并通过可视化方式，对重点物资和常规物资的运力按照年度、季度、月度等频度，从配送能力、配送区域等维度进行统计和展示，及时调整运力配置、优化调度措施，实现运力资源的统筹共享。

## 二、资源统筹调配业务蓝图

全面落实党中央、国务院在提升产业链供应链现代化水平、保证产业链供应链安全稳定、建立健全绿色低碳循环发展经济体系、构建全国统一大市场等方面作出的一系列战略部署，贯彻国资委等相关部委对提升产业链供应链支撑带动能力要求，充分发挥公司在能源电力产业链供应链的战略响应力和生态主导力，强化战略思维、系统思维、创新思维和链式思维，加快公司供应链平台与服务升级、绿色和数智升级，促进产业链、供应链、创新链、资金链、人才链与价值链融合。推动跨行业、跨平台、跨企业的专业化协同整合和资源统筹调配，对内提升发展的支撑力，提高物资保障、质量管控、价值创造能力；对外提升行业的带动力，增强链上企业数字赋能、绿色低碳、科技创新能力。以产业链供应链集成打造能源电力产业生态圈，在能源转型的大国竞争中占据领先地位，全面支撑服务公司和链上企业高质量发展。

（一）以业务融合为基础建立资源统筹"硬联通"

深化物资管理部门与建设、营销等部门流程协同，强化业务融合，打破各专业间的操作壁垒，辅助设计人员智能生成项目物资需求清单、统一计量物资质量规范、帮助建设部门合理制定检测规范。通过流程再造与统一规范，并利用物联感知技术，将物资生产、在途、交付，以及供应商库存资源数字联结，随时"可看、可找、可调"，大幅降低供需双方实物储备。推动物资质量管控手段前移，实现物资管理从片段化管控到全过程追溯的转变。依托信息化手段，实现资源统筹调配的平台操作、在线协同，形成强大供应链平台效应，提升业务融合协同和资源统筹调配能力。

（二）以信息共享为手段深化资源统筹"软连接"

通过数据中台与公司内部各专业数据融合贯通，以应用集成、平台交互等方式与供应链上下游企业系统实现信息交互。优化物力资源集约储备调配，汇聚公司物资库、专业仓、工程现场等实物资源信息，接入链上供应商实物储备、寄售物资信息，构建统一实物"资源池"和"信息库"。运用大数据智能测算储备定额，打造全网协议库存"蓄水池"，打通链上企业实物储备资源共享链路，云聚"实物资源"，降低全链库存资金占用，提升全链资源运营效率与效益。

（三）以价值挖掘为导向提高资源统筹"附加值"

依托供应链协同开拓数据挖掘范围，跨专业协同统筹数据价值，实现各方多元互联互通、信息资源统筹调配。通过需求、库存、物流等信息的实时交互与全网统筹，促进供需精准匹配，全面提高物资供应服务质效。基于库存资源和检测资源的优化整合，实现物资到货、检测、入库各环节高效衔接，推动配网物资"检储配"一体化。通过终端信息采集、传输与应用，动态感知物流状态，全方位整合上下游资源，深度挖掘数据价值，推动供应链管理全方位、全链条的质量变革和效率变革。针对跨专业数据价值挖掘信息，对外提供开放、标准的服务，形成对内对外跨专业跨业态的数据共享共用生态，充分发挥数据资产价值，最终实现资源协同共享、优化配置和统筹调配的目标。

（四）以和谐共赢为目标提升资源统筹"创造力"

依托集团化优势，对行业内外共享资源、技术和信息，发挥协同带动作用，为供应链上下游持续赋能，持续构建"共建、共治、共享"的供应链和谐生态圈，着力培育具有全球竞争力的产业链。积极引导社会物流服务商参与绿色现代智慧供应链建设，通过强强联合、优势互补、统筹调配，促进企业与物流资源协同高效利用。推动供应链金融服务实体经济，通过银行保函替代质保金、开放供应商相关资信、对接社会公共服务信息等一系列举措，实现供应链伙伴互惠共赢，带动供应链上下游企业共同发展。

### 三、资源统筹调配运行机制

供应链全域资源池构建机制。公司供应链全域资源池按照供应链运营调控指挥中心建平台、建标准，各专业负责本专业资源池的建设原则开展供应链全域资源池建设工作。总部供应链运营调控指挥中心结合企业发展要求和行业专业技术牵头建设供应链全域资源池，牵头制定资源池建设标准、平台和系统架构，各专业根据专业需求在供应链运营平台的统一标准和系统架构下建设本专业资源池。

供应链全域资源统筹机制。公司按照"自下而上，三级统筹，专业负责"原则，建立总部、省、地市公司三级资源统筹机制，依托供应链运营平台汇总资源调配申请，供应链运营调控指挥中心根据全量资源调配申请，开展资源统筹工作，从供应链全局集中配置和优化各项资源，提出资源统筹调配决策意见；各专业结合供应链运营调控指挥中心资源调配决策意见统筹开展本专业资源调配工作。

供应链全域资源调配机制。各专业根据实际业务需求，向本级供应链运营调控指挥中心提报资源调配申请；各级供应链运营调控指挥中心接收资源调配申请，制定资源调配计划，并组织实施资源统筹调配；本级资源池无法满足调配的，应向上一级供应链运营调控指挥中心提报申请；上级供应链运营调控指挥中心接收资源调配申请，经本级业务授权后，制定资源调配计划，并组织实施资源统筹调配。

### 四、资源统筹调配关键流程

资源统筹调配包括实物资源调配、物力资源共享、人力资源统筹、需求资源统筹、系统资源统筹五个部分，以全域资源池为基础，根据资源调配需求，依托运营平台统筹开展实物、物力、人力、需求、系统等资源调配和协调共享，灵活优化资源配置，为物资采购供应提供资源支撑。

（一）实物资源调配关键流程

实物资源包括实体库库存、专业仓库存、在途订单、协议库存、专区物资、供应商库存等。实物资源调配包括依据"先实物、再协议、后订单"顺序开展实体库、专业仓、供应商等库存调拨、在途订单、专区物资调剂、协议库存匹配及调剂等。

供应链运营调控指挥中心发挥资源统筹功能，充分挖掘和利用全网实物库存资源和协议库存资源，开展实物库存调配与协议份额调剂工作，实现供需精准对接，促进物资供应效率提升。

1. 实物库存调配

（1）实物库存定义。实物库存是指存放在公司各级仓库的储备定额物资、项目暂存物资、工程结余物资、供应商寄存物资、废旧物资和退出退役资产等。储备定额物资是为保证企业生产顺利进行所必需的、经济合理的定额储备物资。项目暂存物资是由于现场不具备收货条件，临时保管在项目单位自有仓库中，最终用于工程项目建设的物资。工程结余物资是由于实际用量少于采购量而产生的结余物资，包括项目因规划变更、项目计划取消、项目暂停、设计变化、需求计划不准等原因引起的结余物资。供应商寄存物资是依据采购合同约定，由供应商提前将货物存放在公司仓库中，待领用出库后再办理结算的物资。废旧物资包含报废物资和再利用物资。报废物资是指完成报废手续办理的固定资产、流动资产、低值易耗品及其他废弃物资等；再利用物资是指经技术鉴定为可使用的退出物资。退出退役资产是因性能、技术、经济性等原因离开安装位置，退出运行的设备和主要材料。

（2）实物库存调配工作流程。供应链运营调控指挥中心实时掌握本级全量实物库存资源，统筹管理可调配物资，对于本级单位无法满足的紧急物资需求，组织开展物资调配工作。

1）调拨需求在线提报。地（市）公司物资部积极响应需求单位物资需求计划，通过本单位平衡利库或协议采购等方式满足物资需求。无法满足时，向省供应链运营调控指挥中心在线提报物资调拨申请。若本省无法满足物资调拨申请，省供应链运营调控指挥中心在线提报跨省实物调拨申请，报总部供应链运营调控指挥中心。

2）调拨方案智能推荐。省供应链运营调控指挥中心根据物资调拨申请（以及省公司直管工程的物资调配需求），借助全量物资数字化资源平台匹配本省库存可调拨物资，并通过既定规则由系统智能推荐物资调拨方案，报省供应链运营调控指挥中心进行在线审批。总部供应链运营调控指挥中心根据物资调拨申请，借助全量物资数字化资源平台匹配全网库存可调拨物资，并通过既定规则由系统智能推荐物资调拨方案，报总部供应链运营调控指挥中心进行在线审批。

3）调拨方案高效执行。调出、调入省公司自主对接，执行调拨方案。实时监控调拨物资运输状态，确保物资安全、及时运抵需求现场。若遇到重大问题，及时报总部供应链运营调控指挥中心协调。

4）调拨结果及时报备。实物库存调拨完成后，调出、调入省供应链运营调控指挥中心及时向总部供应链运营调控指挥中心反馈工作完成情况。

2. 协议份额调剂

（1）协议份额定义。协议库存是指对一定时期内采购需求进行预测，通过招标或非招标方式确定协议供应商、采购数量和采购金额，根据实际需求，平衡利库后以供货单方式分批或分期要求协议供应商按照规定时间提供相应数量的产品，并据此向协议供应商分批或分期结算货款。协议库存实施范围主要包括需求频度高、响应时间短、技术标准统一、年度需求数量较大且在两级集中采购目录范围以外的物资。协议份额是协议供应商在合同约定期间拟完成的物资供货数量（金额）。按照"进度均衡"匹配原则，国家电网公司对同类物资各供应商的协议份额执行进度差异设定了合理阈值，原则上各供应商协议份额执行比例（按金额计）差异不超过20%，即合同期内，协议供应商执行的协议份额应在约定协议份额数量的80%～120%区间。

（2）协议份额调剂工作流程。当省公司框架协议合同已执行完毕，紧急项目需求无法满足时，省供应链运营调控指挥中心向总部供应链运营调控指挥中心提出协议库存调剂申请。总部供应链运营调控指挥中心在全网协议库存资源池中，自动匹配相关需求，智能推荐最优方案，经审批通过后下达至相关单位执行。

1）调剂需求在线提报。省供应链运营调控指挥中心在线填报跨省调剂申请单，并收集相关支撑材料报送省供应链运营调控指挥中心，经省供应链运营调控指挥中心及省公司分管领导审核后，流转至总部供应链运营调控指挥中心。在此过程中，省供应链运营调控指挥中心合理控制、严格审查调剂需求的合规性与必要性。

2）调剂需求智能匹配。总部供应链运营调控指挥中心按照省公司跨省调剂需求，借助 ESC，按照既定规则智能匹配调剂资源（若匹配失败，组织紧急采购），形成调剂方案，并生成跨省调剂通知单，报送总部供应链运营调控指挥中心审批。

3）调剂结果精准下达。跨省调剂通知单经总部供应链运营调控指挥中心审批后，由总部供应链运营调控指挥中心通过系统精准下达至调出、调入省供应链运营调控指挥中心执行。

4）调剂结果快速响应。调出省供应链运营调控指挥中心依据调剂通知单，迅速冻结相应数量的协议库存份额，组织供应商签订补充协议（或共同书面确认），明确调剂数量纳入已执行份额，并将调剂情况与协议库存执行进度在线同期公示。调入省供应链运营调控指挥中心依据调剂通知单，及时协调合同管理部门与供应商签订合同，双方权利义务（合同单价、生产运输、验收支付、质量保证、违约责任等）均按调出省公司原协议库存合同执行，偏远地区运输费用可根据实际情况另行约定。

5）调剂合同高效执行。调入省供应链运营调控指挥中心落实物资供应主体责任，做好计划对接、履约协调、到货验收、质量监督、结算支付等合同履行协调工作，重大问题及时报总部供应链运营调控指挥中心协调，切实做好重点工程紧急物资保障。

6）响应结果及时报备。协议份额调剂完成后，调出、调入省供应链运营调控指挥中心通过 ESC 及时向总部供应链运营调控指挥中心反馈协议份额冻结、补充协议签订、合同履约执行等工作完成情况。

（二）物力资源共享关键流程

物力资源包括检测资源、运力资源、评标基地、仓库资源、合同资源、供应商产能等。物力资源共享包括检储配业务调度、检测能力共享、运力资源共享、评标基地共享、仓库共享、合同资源共享以及供应商产能统筹等。

物力资源共享关键流程共分为 6 个流程和 16 个环节，如图 6-1 所示。首先接收需求申请，包括省内需求、跨省需求，其次是需求统筹分析，通过物力资源信息和分析模型得到分析结果。然后编制物力资源统筹方案，包括检测机构能力评估报告、供应商产能分析报告、运力资源分析报告、库仓资源评估方案、检储配评估报告、评标基地分析报告。之后是业务授权，通过需求单位、接收单位、专业部门业务授权，形成方案审批结果。然后下达任务指令，按照方案审批结果逐级下达指令。最后运营分析评价中心对执行情况进行跟踪闭环。

（三）人力资源统筹关键流程

人力资源包括计划审查专家、现场监督专家、合规监督专家、评标专家、资质业绩核实专家、供应链运营专家等。人力资源统筹依托 ESC，建立物资专业人力资源库，在技术规范、检测标准、属地催交、到货验收、供应链运营等方面，发挥专家库及专业人才作用，联合开展重点项目、重大事件等攻坚任务物资保障。

人力资源统筹关键流程共分为 6 个流程和 10 个环节，如图 6-2 所示。首先是接收需求申请，包括省内需求、跨省需求。其次是需求统筹分析，依据全域人力资源信息，通过分析模型得到分析结果。然后是编制人力资源统筹方案，再是业务授权，通

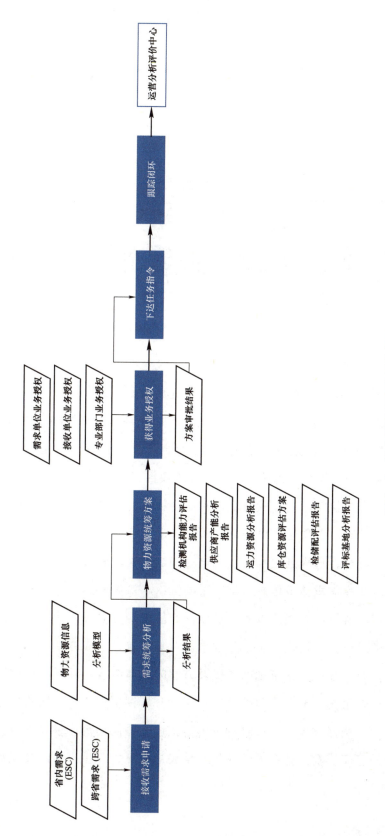

图 6-1　物力资源共享关键流程图

过需求单位、接收单位、专业部门业务授权，形成方案审批结果。然后是下达任务指令，按照方案审批结果逐级下达指令。最后运营分析评价中心对执行情况进行跟踪闭环。

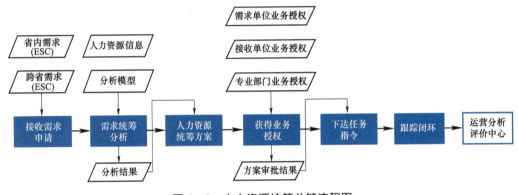

图 6-2　人力资源统筹关键流程图

（四）需求资源统筹关键流程

需求资源包括项目储备资源、年度需求资源、采购批次资源、原材料资源等。

需求资源统筹关键流程共分为 6 个流程和 16 个环节，如图 6-3 所示。首先是年度需求收集。统筹收集项目储备信息、年度综合计划信息等信息，通过构建差异化物资需求预测模型，综合考虑基建项目、技改项目、营销项目、10kV 配（农）网项目及业扩配套项目等不同需求特征，对不同物资类别进行年度需求预测，辅助年度需求计划编制。其次是需求统筹分析。基于年度需求预测模型，构建批次智能安排模型，科学合理规划采购批次，自动确定批次时间节点。然后编制需求统筹方案。结合年度需求储备信息、年度采购批次、协议框架信息，编制年度需求批次采购方案、协议库存采购方案、供应商产能安排方案等分析报告。再是业务授权。通过需求单位、接收单位、专业部门业务授权，形成方案审批结果。然后是下达任务指令。按照方案审批结果以及方案的具体内容，逐级下达指令，推动方案的具体实施工作。最后是跟踪闭环。运营分析评价中心对方案的执行进度进行实时跟踪，在执行过程中，及时对采购批次进行协同调剂、供需缺口平衡匹配，保障方案的有序落实，并在方案的执行结果形成评价分析报告，实现流程的闭环管理。

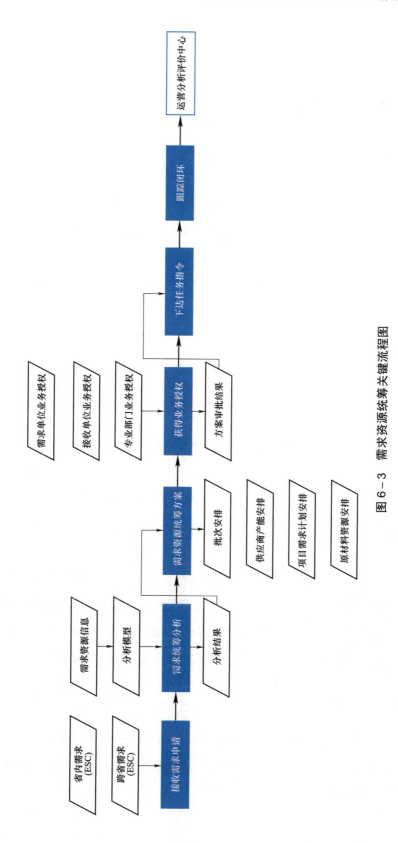

图6-3　需求资源统筹关键流程图

（五）系统资源统筹关键流程

系统资源包括对 ERP、ECP、ELP、EIP、e 物资等"5E"平台内部用户账号权限、流量跟踪、用户活跃度、点击量、应用率等，以及外部注册物流企业、供应商、回收商、监造单位等外部用户注册信息。

系统资源统筹关键流程共分为 6 个流程和 16 个环节。首先是接收需求申请。建立总部、网省公司两接业务需求统筹管理机制，统筹收集各网省公司关于供应链相关系统的业务需求、账号权限调整等需求。其次是需求统筹分析。对业务需求、权限调整变更开展统筹需求分析工作，形成业务需求、权限调整等需求分析报告。接着是编制需求资源统筹实现方案，根据需求分析报告，结合各个系统的业务范围，统筹编制需求具体实现方案。其后是业务授权。通过需求单位、接收单位、专业部门业务授权，形成方案审批结果。然后是下达任务指令。按照方案审批结果将各个需求统筹分配下达到各个系统建设单位，统一开展需求的设计、开发、测试和应用工作。最后是跟踪闭环。运营分析评价中心对执行情况进行跟踪闭环。

# 第二节　全域资源统筹调配核心场景

供应链运营调控指挥中心通过构建全量物资数字化资源平台，对内集成 ERP、ECP、ELP、EIP、"e 物资"等系统数据，对外获取 MES、公共服务等社会平台信息，有效整合实物、产能、仓储设施设备、运力、质量检测等资源，构建供应链全域数字资源池，实现各类资源全网信息共享、可视，统一平台查询、监控、调配，精准支撑供应需求。通过在线开展产能运力统筹调度、协议份额调剂、实物资源调配、应急保障指挥调度等，强化全域资源统筹能力，构建全网资源"一盘棋"格局，实现供需精准对接，有效提升供应链资源配置效率和水平。

## 一、资源精益统筹

构建"分散储备、信息集中"的全域数字资源池，融合汇聚全量实物资源、产能资源、仓储设施设备资源、运力资源、质量检测资源等，实现各类资源全网信息共享、可视，精准支撑供应需求。

（一）实物资源统筹

整合实体库库存、虚拟库库存、合同资源、专业仓库存、协议库存等实物资源信息，实现实物资源统筹共享，实现各层级各单位库存资源可视化展示；通过数据监测分析，识别库存资源管理风险和问题；建立预警信息推送机制，辅助物资管理人员实时掌握、高效规范应用实物资源，保障实物资源的可用可调；向需求单位开放库存信息查询窗口，扩大资源池信息共享范围，为主动配送服务提供支撑，提升物资供应快速响应速度。

1. 实物资源池构建

（1）全量实物资源池构建。依托 ESC，统筹对接 ERP、WMS、专业仓管理系统、EIP、ECP 等系统，融合汇聚各级物资库、专业仓、项目现场物资以及供应商协议库存、在途订单等实物信息，整合实物资源，强化资源统筹，开展全网实物资源"一本账"管理，构建全量实物资源池，为全量实物资源的可视可查、统筹调配提供基础数据支撑。

（2）可利库资源池构建。以全量实物资源池为基础，加强对工程结余物资、退役代保管物资、项目长暂存物资等可利库物资的管理，统筹构建全网可利库资源池，为省内平衡利库、实物跨省交易、应急调拨等业务场景提供可视、可用、可调的利库资源，盘活闲置实物资源，减少库存积压、资金占用、运营成本，提高企业实物管理质效。供应链运营调控指挥中心实时监控全量实物库存资源信息，通过智能化可利库资源检索策略，自动筛选符合利库条件的实物库存资源，形成库存物资纳入可利库资源池建议，在征求项目建设管理部门和专业管理部门意见后，由项目建设管理部门出具技术鉴定报告，将库存物资纳入可利库闲置资源池。

2. 实体库资源可视化

通过 ESC 可视化功能模块，对实体库存资源中的物资库库存资源、专业仓库存资源、供应商寄存资源，虚拟库存资源中的项目直发现场、非项目直发现场、应急物资、借用物资的库存资源，以及供应商协议库存物资、合同物资资源的数量、金额、库龄等信息进行多维展示与分析，实现实物资源全网范围内可视可查，为全量实物资源的统筹管理提供支撑。

（1）实体库存资源可视化。以 GIS 地图方式，直观展示实体库存资源的分布、物料种类、规模、金额、可利库等情况，包含库存金额分布、库存金额占比、物资种类分布、积压库存分析、库龄分析、库存趋势分析等功能，并支持按工厂、仓库、物料类别、物料编码、物料描述等关键业务信息的模糊查询。辅助物资管理人员实时掌握、高效规范应用实物库存资源。

1）实体库存资源可视化。按照物料类别、项目类型、地市单位、仓库点、库龄等维度，分别对库存物资的数量、金额及其占比情况进行统计和展示。

2）供应商寄存资源可视化。按照物料类别、供应商名称、库龄等维度，分别对供应商寄存物资数量、寄存金额及其占比情况进行统计和展示。

3）专业仓库存资源可视化。按照物料类别维度，对班组站所库存物资数量进行统计和展示。

（2）虚拟库存资源可视化。虚拟库存资源可视化统计并展示项目直发现场、非项目直发现场、应急物资、借用物资的数量、总金额等关键信息。掌握公司虚拟仓库库存管理现状。并支持按照工厂、物料类型、物料编码、物料描述等关键字段对虚拟库存库存资源数量及金额信息进行查询。

（3）协议库存资源可视化。以协议供应商数字地图方式，多维度展示协议供应商基本信息、生产物料类别、协议储备数量、金额等，并支持按照物料编码、物料描述、供应商等信息进行模糊查询，识别物资管理风险问题，为供需匹配、应急管理等业务开展提供依据，辅助物资管理人员实时掌握、规范应用协议库存资源。

（4）合同资源可视化。合同资源可视化统计展示各类合同资源中的各类物资总量、总金额情况，包括合同资源、未执行批次合同资源、未分配协议库存资源以及未执行的采购供货单资源，按照物料类别、订单是否超期等维度进行分类统计，辅助物资管理人员掌握合同资源管理现状，并支持按照物料类别、物料编码、物料描述、供应商名称等关键字段进行查询。

1）未执行合同资源。掌握未执行合同资源情况，对未执行合同涉及的物料总量及总金额进行统计和展示，并按照物料类别、合同是否超期等维度进行分类统计。

2）未分配协议库存资源。对协议库存未分配金额、未分配比例等总体情况进行统计和展示，并按照物料类别维度进行分类统计。

3）未执行协议分配订单资源。对未执行协议分配订单涉及的物料总量及总金额进行统计和展示，并按照物料类别、订单是否超期等维度进行分类统计。

（二）产能资源统筹

通过收集梳理供应商产能等相关信息，构建供应商产能资源分析模型，实现供应商产能实时自动分析，为科学统筹产能、合理排定物资供应高峰期物资供货时序提供数据支撑。建立项目进度与物资供应匹配度分析模型，智能分析重点物资供需形势，提前预警潜在供应风险，为采购、供应联动形成决策支撑。

1. 产能资源池构建

供应商产能可细分为生产产能和供货产能两种。针对生产产能，ESC 对接 EIP、MES 等系统，获取供应商生产线数量、生产周期、原材料采购量、半成品存量、生产进度安排等信息，分析得出供应商的生产产能；针对供货产能，ESC 基于供应商历史合同执行信息，构建物资生产供应周期模型，采用大数据分析供应商在多个生产供应周期内供货数量的变化趋势、特征及规律，得出供应商分配给国家电网公司的供货产能。对上述两种供应商产能的对比分析，构建供应商产能分析模型，可得到供应商在一定时期内的产能资源。

（1）重点物资产能资源。收集梳理重点物资供应商产能、瓶颈工序、供货能力相关信息，及时掌握物资生产排产、进度等信息，统筹供应商产能资源。构建供应商产能分析模型，应用物联采集数据，实现供应商产能实时自动分析，为科学统筹产能、合理排定物资供应高峰期物资供货时序提供数据支撑。

（2）常规物资产能资源。收集梳理常规物资供应商产能、供货能力相关信息，及时掌握产成品、在制品、关键部件库存信息和产能利用情况信息，综合物资需求供应信息，构建供应商产能、供货能力分析评价模型，实现常规物资的供应商产能分析，为常规物资产能统筹工作提供数据支撑，防范因需求过于集中引起的履约风险。

2. 产能资源可视化

（1）重点物资产能资源可视化。基于重点物资产能资源情况，通过可视化方式，按照年度、季度、月度等频度，从物料信息、供货区域、供货周期等维度进行统计和展示，为重点物资产能统筹工作提供数据支撑。

（2）常规物资产能资源可视化。基于常规物资产能资源情况，通过可视化方式，按照年度、季度、月度等频度，从物料信息、供货区域、供货周期等维度进行统计和展示，为常规物资产能统筹工作提供数据支撑。

（3）产能资源综合分析。通过整合各类产能分析结果及预警信息，实现产能综合分析，统筹供应商产能资源，科学排定建设高峰期物资供货时序，确保资源有效、有序利用。

（三）仓储设施设备资源统筹

仓储体系表见表6-4。

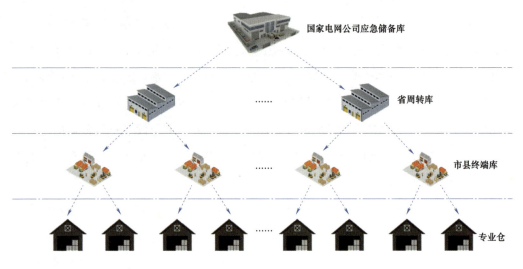

**图6-4 仓储体系表**

1. 仓储设施设备资源池构建

通过与 ERP、WMS 系统的线上贯通集成，实现全网仓储设施设备资源统一整合，构建仓储设施设备资源池，为仓储设施设备资源可视化分析和统筹管理提供基础数据支撑。

全面收集和掌握全国网范围内各级仓库设施信息，主要包括仓库的占地面积、地理位置、使用面积、区域划分、仓位容量等信息，为仓储设施资源可视化分析提供数据支撑。

全面收集和掌握全国网范围内各级仓库各种设备的型号、用途、功能、技术参数等信息，覆盖仓库的存储类设备、计量类设备、辅助类工器具、装卸搬运类设备等多种设备类型，为仓储设备资源可视化分析提供数据支撑。

2. 仓储设施设备资源可视化

（1）仓储设施资源可视化。通过对全网现有仓库数量、仓库占地面积、仓库使用面积及各仓库地理位置等信息的统计、整理、分析，实现对仓库等仓储设施具体信息的全面掌握。并按照仓库所属单位、仓库层级［国网储备库、省中心库、地（市）周转库、县终端库、专业仓储点］等维度进行分类统计与展示，为仓储设施统筹使用数据支撑。

（2）仓储设备资源可视化。通过对全网现有仓储设备数量、种类、功能、技术参数及所属仓库等信息的统计、整理、分析，实现对仓储设备具体信息的全面掌握。并按照仓储设备类型（存储设备、装卸搬运设备、计量设备、辅助工器具等）、所属仓库层级［国网储备库、省中心库、地（市）周转库、县终端库、专业仓储点］、使用状态等维度进行分类统计与展示，为仓储设备统筹使用提供支撑。

（四）运力资源统筹

目前国家电网公司的物资运输类型主要分为两种：一种是由供应商出资，由供应商负责将物资运输到指定地点，电力特种设备运输通常包含在此类运输中；另一种是由国网物资专业负责将物资运输到项目地点或者检测中心。两种运输方式大多数是由供应商或者省公司物资公司委托社会第三方承运商来承接运输任务，但是目前两种承运方式均存在闲置运力（非满载运力空闲）、返程空载等问题，导致运力利用率不高，运输成本较高。

为此，通过对承运商、供应商运力资源信息的整合，构建形成一个运力"共享池"，进行运力风险预警，及时调整运力配置、优化调度措施，实现运力资源的统筹共享，最大限度满足工程总体需求。ELP 运力统筹见图 6-5。

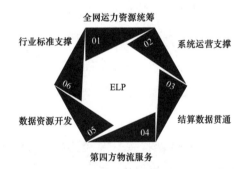

图6-5　ELP 运力统筹

1. 运力资源池构建

通过 ELP、运输监控终端、配套 App 及第三方信息系统数据接入，充分获取承运商、供应商运力资源信息，并结合重点物资、常规物资运输信息，构建重点物资运力资源分析模型和常规物资运力资源分析模型，实现重点物资和常规物资运力的精准分析。通过接入 ELP 新能源物流车辆运营信息进行各种分析，为绿色配送运行体系的构建提供支撑，促进智慧能源与智慧配送融合发展。

（1）重点物资运力资源。通过获取梳理承运商、供应商运力资源信息，及时掌握重点（大件）物资运输信息，构建重点（大件）物资运力资源分析模型，实现重点物资运力分析，构建重点物资运力资源池，实现重点物资运力共享。

（2）常规物资运力资源。通过获取梳理承运商、供应商运力资源信息，及时掌握常规物资运输信息，构建常规物资运力资源分析模型，实现常规物资运力分析，构建常规物资运力资源池，实现常规物资运力共享。

（3）绿色低碳运力资源。通过获取梳理新能源物流车辆运行里程、故障情况、维修情况、配送物资情况、驾驶员情况等运营信息，构建新能源车运力信息资源池，为绿色低碳运力可视化分析提供数据支撑。

2. 运力资源可视化

（1）重点物资运力资源可视化。在对供应商重点物资运力进行模型量化分析评估的基础上，通过可视化方式，对重点物资的运力按照年度、季度、月度等频度，从配送能力、配送区域等维度进行统计和展示，为运力统筹工作提供数据支撑。

（2）常规物资运力资源可视化。在对供应商常规物资运力进行模型量化分析评估的基础上，通过可视化方式，对常规物资的运力按照年度、季度、月度等频度，从配送能力、配送区域等维度进行统计和展示，为运力统筹工作提供数据支撑。

（3）绿色低碳运力资源可视化。基于新能源车基本信息、运行里程、车辆维修、故障情况、重大情况、驾驶员管理等各种基础数据，展开新能源运营成效分析，通过合理统筹发挥新能源物流车经济实用、绿色环保优势，建立新能源配送生态圈和配送平台，开展绿色共同配送，构建优化电网工程绿色配送体系。

（五）质量检测资源统筹

国家电网公司物资质量抽检工作具有样品种类多、数量大、检测项目繁杂的特点，作为"检储配"一体化运营体系中的重要一环，直接影响物资供应效率及供应质量。为了充分利用国家电网公司系统及第三方检测机构现有检测资源，高效开展物资质量检测，通过对检测机构、检测物资种类、检测项目、检测能力登记、检测设备资源、检测人力资源、检测任务信息等检测资源的统筹，构建质量检测资源池，对现有检测资源信息开展分析和可视化展示，对检测任务执行实时监控，实现检测资源全网共享，为检测资源科学规划和检测能力优化提升提供有力支撑。

1. 质量检测资源池构建

ESC 对接 ECP、各网省质量检测业务管理平台、各检测中心作业管理系统，从检测机构资源、检测能力资源、检测任务资源三个方面实现信息的汇聚融合，构建质量检测资源池，为质检检测资源可视化分析和统筹管理提供基础数据支撑。

全面收集和掌握国家电网公司所属检测机构、省公司所属检测机构、社会第三方检测机构的检测机构资源情况，包括检测机构基础信息、检测机构人力资源、检测机构设备信息等，为检测机构资源可视化、检测能力评估提供数据支撑。

全面收集和掌握国家电网公司所属检测机构、省公司所属检测机构、社会第三方检测机构的检测物资类别、检测级别、检测试验项、检测结果情况等检测能力相关资源信息，为检测能力可视化分析提供数据支撑。

全面收集和掌握国家电网公司所属检测机构、省公司所属检测机构、社会第三方检测机构的实时检测任务分配情况、历史检测完成情况，为检测任务的可视化、检测能力的评价提供数据支撑。

应用物联网技术，实现对检测资源的感知，将检测样品、检测工位和检测中心数据互联，实时采集检测工位等检测资源状态信息，支持检测任务状态的实时在线监测。

2. 质量检测资源可视化

通过清晰掌握检测机构资源、检测能力资源、检测任务资源等数据信息并进行可视化展示，为物资质量检测资源的统筹使用提供数据支撑。

（1）检测机构资源可视化：包括检测机构资源分布、人力资源和设备资源的可视化。

1）检测机构资源分布可视化。以 GIS 图为依托，对国家电网公司所属检测机构、省公司所属检测机构、社会第三方检测机构的数量分布情况进行可视化展示。从检测物资种类、检测项目、检测能力等级等方面数据化展示各检测中心的检测能力。对物资类别、检测级别进行展示过滤，掌握检测机构资源分布情况，合理调配检测任务。

2）检测机构人力资源可视化。对国家电网公司所属检测机构、省公司所属检测机构等内部检测机构，统计分析各检测机构人员数量、各类检测人员的资质能力等，为检测任务委托提供依据，选择人力资源、资质完整的检测机构。

3）检测机构设备资源可视化。对国家电网公司所属检测机构、省公司所属检测机构等内部检测机构，统计分析各检测机构各类检测的试验仪器仪表、自动化检测柔性工位数量、检测辅料等资源，为检测任务委托提供依据，选择设备资源完备的检测机构。

（2）检测能力资源可视化：构建检测能力评价模型，基于国家电网公司所属检测机构、省公司所属检测机构、社会第三方检测机构的检测物资类别、检测级别、检测试验项情况、检测任务、检测人员等检测资源信息，从人员组织、场所环境、设备设施、管理体系、信息化建设五个方面，对某个检测中心的试验能力、实际运行效率等按照模型进行评估，得到检测中心年度检测承载能力，并通过能力标签标识进行可视化展示和分析，整体掌握物资检测能力水平，以便合理安排送检任务。通过对检测中心检测能力评价结果的分析，判断各检测中心现有设备的检测能力，提出能力优化方案，充分发挥软硬件效力，提升检测能力。通过智能分配策略模型，判断现有检测能力是否能够满足未来一段时间内的检测需求，提出增设检测项目或者扩容检测能力的建议，为科学规划和建设检测机构提供决策依据。

（3）检测任务资源可视化：基于国家电网公司所属检测机构、省公司所属检测机构、社会第三方检测机构的实时检测任务分配情况、历史检测完成情况，对各检测机构检测任务执行情况、检测任务负荷情况以及任务趋势变化情况进行可视化展示和分析，实时掌握可用检测资源现状，为送检前的检测机构选择、检测任务的统筹安排、检测委托合同的制定提供依据。

（4）检测任务在线实时监控：基于检测工位、样品检测状态、检测实时结果等检测资源实时状态感知数据，开展检测任务在线实时监控，物资管理人员通过平台查看公司系统各检测中心当前的工作状态，实时跟踪样品检测进度与检测计划执行情况。

## 二、资源精益调配

根据实际需求，以供应链运营调控指挥中心"全域资源池"为基础，通过总部、省、地市公司三级资源调配机制，对各类资源进行统筹调度分配、协调共享，实现资源高效灵活配置，最终实现供需精准对接，促进物资供应效率提升。核心场景包括协议库存管控、供应计划统筹、实物智能调配、履约问题处理和检测资源共享。实物资源调配示意图见图6-6。

（一）协议库存管控

1. 主要内容

在系统中固化比例均衡、前期配套、打包匹配、就近匹配等匹配规则，实现系统自动匹配。对匹配结果不符合客观实际确需调整的，在系统中逐项记录调整原因。借鉴电商交易模式，将协议库存可用资源向需求单位开放，开展协议库存物资在线可视化选购。搭建协议库存可视化选购平台，提高需求部门参与度，提升物资供应服务水平。

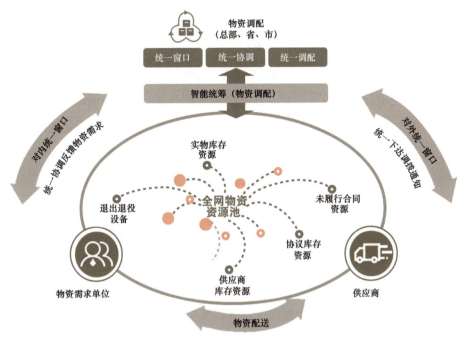

图 6-6 实物资源调配示意图

2. 场景实施

场景实施主要包含基础信息维护、框架协议管理、原匹配规则维护、协议库存匹配、协议库存可视化选购、分析预警。

（1）基础信息维护：主要包含招标批次中协议的最低执行比例、最高执行比例、匹配顺序优先级、物料供货周期、最晚交货日期，通过系统辅助和管控做实协议库存匹配前的准备工作。

1）招标批次维护。维护招标批次编号，系统根据编号区分主配网协议库存，自动判断所用匹配规则。

2）匹配比例维护。维护框架协议中规定的最低执行比例、最高执行比例等限定条件，实现系统匹配比例的自动限定。

3）数据支撑。数据支持集成人数据供应导期模块物资供应周期内容，为计划人员提报满足合理交货期下的物资采购申请提供参考依据，为系统自动预警非合理交货期物资采购申请提供数据支持。

（2）框架协议管理：将供应商履约能力、价格联动统一融合到框架协议管理功能中进行管理，主要包含异常供应商、不良行为供应商和框架协议匹配的智能联动、原材料物资的价格联动、框架协议匹配状态手工调整，实现框架协议的统一管理。

1）价格联动。获取原材料价格及物料与原材料对应关系，系统自动计算联动价格，匹配人员通过系统实现对物料的价格联动。

2）履约能力。调配平台供应商产能运能分析结果，作为协议库存匹配的重要参考，优先匹配产能运能充足供应商，对于产能运能严重不足的供应商暂缓匹配操作。

（3）匹配规则维护：根据主配网物资不同特性，分别将前期配套、比例均衡、打包匹配、就近匹配等必选匹配规则固化进系统，并增加供应商履约能力等可选匹配规则。根据业务实际需求，灵活应用匹配规则，实现协议库存智能匹配，满足不同类型物资的匹配操作需求。

（4）协议库存匹配：系统根据匹配规则自动匹配，对于确需对匹配结果进行调整的，支持匹配结果人工调整。已审批完毕的匹配结果，相关人员可通过物资调配平台及时查看本期或历史匹配结果。

（5）匹配监督预警：系统根据协议库存匹配结果，对框架协议执行进度、供应商表现、协议库存匹配各环节时间节点、物资实际交货与计划时间准确性、采购供货单确认响应及时性、物资供应需求周期合理性、协议库存匹配操作规范性等进行监督预警，指导相关人员进一步规范业务操作。

3. 成效

通过协议库存可视化选购，需求部门由原先被动等待物资部门匹配结果变为主动线上选购所需物资，可直观看到每家供应商中标物资型号的技术参数及生产情况，进行即需求即选购，缩短供应链需求侧到供应端的时间，提高对需求部门和供应商的服务水平。

（二）供应生产管控

1. 主要内容

以物资供应计划确定交货期为依据，重点跟踪管控图纸交付、排产计划、生产进度、发货通知、运输计划、交接验收执行情况。通过项目、采购订单、供应商、物料、交货日期等多维度实时查询图纸提交、确认进度，供应计划生效、确认、变更、拆分、合并、关闭状态。跟踪监控重点物资工序排产计划、实际生产进度、运输计划和路径轨迹。对到货验收单、投运单、质保单结算单据的办理进度开展统计，并对业务办理进度滞后、影响物资供应的关键节点进行监控预警。

2. 场景实施

场景实施主要包含供应计划统筹、供应商生产备货信息协同和智能催交。

（1）供应计划统筹。整合供应商未交货订单信息，系统智能预警订单集中供应商，根据工程投运（停电）时间、特殊地区等要素自动统筹编排供应计划，经需求单位和供应商确认后线上发布。物资调配中心统筹物资资源，跟踪供应计划的执行，实时获取供应商生产备货协同信息，对延期供货情况提出预警和督办，保障供货平稳有序。

1）供应问题收集。各省公司通过物资调配平台上报问题供应商，项目单位和供应商也可通过物资调配平台主动反映供货问题。

2）供应问题预警。调配平台根据问题供应商清单，自动获取相关供应商对应的所有未完成全部收货的采购订单，国网物资调配中心根据采购订单所对应省公司，通过系统将存在问题的供应商推送至各省公司物资调配平台，发布预警。

3）供应计划统排。国网物资调配中心统筹存在问题的供应商所有未完成全部收货的采购订单，根据各工程投运（停电）时间，结合供应商实际产能，通过系统自动倒排物资供应计划。若各需求单位或供应商对系统自动统筹编排的供应计划未达成统一意见，国网物资调配中心组织召开专项协调会，根据协调结果手工完成供应计划调整。

4）供应计划确认。各省公司和供应商对系统自动统筹编排的供应计划或国网物资调配中心协调的最终供应计划调整结果进行操作确认，各单位应严格执行，不能擅自修改。

5）统排计划查询。各单位根据权限分配，可查看对相关问题供应商已完成统筹编排的供应计划历史数据，为调整、指导供应商排产提供参考。

（2）供应商生产备货信息协同。通过全业务数据中心自动获取电工装备智慧物联平台上的供应商原材料备货、排产计划、生产进度、物流状态、库存数量等信息，实时掌握物资供货进度，自动调整排产计划，实现供需精准联动。主动推送项目里程碑计划、现场施工进度、订单合同、物资供应计划等履约重要节点信息至全业务数据中心，指导供应商合理生产备货，优化供给侧资源配置，推进物资合同履约网络化协同、数据化共享。

1）排产计划跟踪。系统自动获取供应商排产计划信息，相关人员可通过采购订单、供应商、项目编码等维度查询供应商排产计划安排，系统根据各工序时间节点，自动判断其排产计划的合理性，指导供应商合理编制排产计划。

2）生产进度跟踪。系统自动获取供应商实际生产进度信息，与排产计划自动对比，对于进度滞后的采购订单进行预警提示，物资人员及时介入管控，保障物资供应及时、准确。

3）库存信息查询。系统自动获取供应商库存信息，对供应商库存原材料、半成品和加工完毕待发货物资状态进行监控，为物资人员管控生产进度提供参考，为构建全量库存资源池提供数据支撑。

4）运输信息查询。系统自动获取供应商运输信息，跟踪物资运输状态、运输车辆和运输人员等内容，并与获取的运输管控平台中相关数据进行自动对比，对异常信息及时预警，实现在途物资有效管控。

（3）智能催交。根据业务管控需求，在物资调配平台设定催交逻辑规则，后台智能在线感知业务发生，对生产进度滞后、发票交接不及时、业务操作不规范等问题，通过"e物资"移动应用App或短信等方式将催交信息主动推送至供应商，提醒其按要求开展相关业务办理；系统融合电子签章等技术，实现催交函、工作联系单在线编辑、一键签章、精准触发、回执监控，将线下催交方式转移至线上流转，提高催交效率，降低催交成本。

1）即时催交。物资人员选择催交采购订单及催交类型（合同签订、图纸交付、合同履约、发票交付等），系统根据催交类型自动关联预置催交模板，根据订单自动匹配供应商联系人信息，物资人员核对并在线编辑催交内容后，以短信或移动 App 的方式将催交信息一键发送至供应商。

2）函件催交。物资人员选择催交采购订单，系统根据固化的催交函模板，自动填写订单信息，物资人员在线补充催交内容，完成电子签章后，将催交函推送至供应商，供应商可通过电脑或移动 App 查看催交内容并填写反馈意见，完成电子签章后反馈至物资人员。对于供应商超过时限要求未答复函件，系统实时监控，自动发出预警，催促供应商及时反馈意见并提醒发件人介入管控。

3）数据分析。系统自动整合催交信息，相关人员可通过采购订单、供应商、催交时间等多种维度查询催交内容，系统对催交数量、供应商响应时效等方面进行分析，为物资履约风险管控提供数据支撑。

3．成效

通过 ERP、EIP 主动对接 MES 与监造平台，实时交互生产备料、排产计划、制造进度信息，实现生产进度在线跟踪。当出现偏差时，及时提醒并协调解决，实现物资的实物流、业务流、资金流三流合一，促进跨专业业务融合与跨领域资源共享。

（三）实物智能调配

1. 主要内容

发挥资源统筹功能，充分挖掘和利用实物库存资源，实现可利库物资（生产运维物资、工程结余物资、项目暂存物资、供应商寄存物资等）资源上传、物资调配线上提报、物资需求智能分级匹配可利库资源、智能推荐物资调配方案、调配需求线上审核、跨单位调配工作协调、调配物资查询等功能操作，减少积压和闲置库存的同时避免重复采购，提高物资资源利用率，保障物资调配工作高效稳定运行。

2. 场景实施

场景实施主要包含区内平衡利库、跨区实物调配和协议份额调剂。

（1）区内平衡利库。建立利库资源池，实时监控全量库存资源信息。依托供应链运营调控指挥中心省、市、县三级平衡利库机制，考虑物资未来一段时间的需求与利库资源情况，逐级开展物资平衡利库工作。按照物资规范相同、就近匹配、规格型号相近、型号替换等原则对可利库物资进行自动智能平衡利库，实现物资需求与库存资源的智能匹配，落实先利库、后采购策略。

（2）跨区实物调配。当省、市两级供应链运营调控指挥中心利库资源无法满足供应需求时，将可利库物资资源及调配需求计划推送至总部供应链运营调控指挥中心，建立调配供需"资源池"，根据物资需求及全量可利库资源实现自动匹配，智能推荐物资调配方案，经供需双方确认及总部审批后，自动生成调拨通知单，指导供需双方完成实物调配。实时监控调拨物资运输状态，确保物资安全、及时运抵需求现场。

（3）协议份额调剂。当省公司框架协议合同已执行完毕，紧急项目需求无法满足时，省供应链运营调控指挥中心向总部供应链运营调控指挥中心提出协议库存调剂申请。总部供应链运营调控指挥中心在全网协议库存资源池中，自动匹配相关需求，智能推荐最优方案，经总部审核后下达至相关单位，指导需求提报单位签订补充协议，调出单位冻结相应份额，调入单位和供应商配合开展合同签订、备料生产等相关工作，完成合同履约执行。

3. 成效

通过协议库存可视化选购，需求部门由原先被动等待物资部门匹配结果改变为主动线上选购所需物资，更直观地看到每家供应商中标物资型号的技术参数及生产情况，可进行即需求即选购，缩短供应链需求侧到供应端的时间，提高对需求部门和供应商的服务水平。

（四）履约问题处理

1. 主要内容

建立总部、省、市三级履约问题线上协调工作机制。下级单位无法解决的合同履约问题，在线提报协调申请，分级流转，逐级协调，并将协调结果反馈至合同违约追究、供应商不良行为管理环节。

2. 场景实施

场景实施主要包含三级履约问题协调、合同违约追究和不良行为管理。

（1）三级履约问题协调。制定物资合同履约协调工作规范，明确地市－省－总部履约问题逐级提报、协调及反馈业务流程，重大履约问题由省物资部提报国网物资调配中心、物资部协调，实现了履约协调业务闭环管控；同时，物资履约问题注重与供应商、项目单位协同配合、专项协调，保障物资供应有序开展，切实为项目单位提供履约服务支撑。

1）履约问题提报。物资调配平台为项目单位和供应商提供反馈履约问题的窗口，通过平台将反映的履约问题推送至订单对应的物资调配中心（室），督促物资人员及时协调解决。本级物资人员遇到无法协调解决的履约问题，通过物资调配平台向上一级物资部门或单位提出协调申请。提报人员在申请时，只需选择采购订单编号，编辑需协调内容，平台根据订单自动带出其他信息，并精准发送至相应处理人。

2）履约问题协调。协调处理人员通过线上（必要时召开线下专题协调会）协调履约问题，并将协调结果反馈给申请人。对于协调未达成一致意见的，协调人员向上一级物资部门或单位申请再次协调。协调申请人收到反馈结果后，跟踪供应商履约执行情况，并线上反馈执行结果，形成履约问题闭环管理。

3）履约问题查询。项目单位及供应商只可对其提报的履约问题进行查询，物资人员可对所有履约问题协调历史信息进行查询，通过建立台账，实现履约问题信息永久追溯。

（2）合同违约追究。加强物资履约问题管控，建立合同违约追究及供应商不良行为线上管控机制，固化合同违约追究流程，依法合规开展合同违约追究处理，提高问题处理的规范性和准确性。实现供应商合同履约违约问题线上提报、审核、确认、处罚，系统自动生成过程文档、进行电子签名签章，提升合同违约追究管控力度。对于存在供应商违约事实的采购合同，相关单位在物资调配平台根据合同违约处罚条款提报供应商合同违约追究申请，系统自动判断处罚措施并通知供应商对违约事实进行线上确认。物资调配中心监督供应商处罚结果执行情况，及时发布预警信息。

（3）不良行为管理。对供应商不良行为问题进行线上提报、审核、约谈、公示、整改、验收和解除等管理，系统自动生成过程文档，并提供辅助支持，提高对供应商不良行为问题处理的规范性和严肃性，实现供应商不良行为问题闭环管理。

1）约谈。对于履约过程中发现的供应商不良行为，相关单位约谈供应商，并将约谈记录根据系统固化模板进行线上编辑，供应商完成电子签章确认后，线上提报供应商不良行为信息，经物资部审核后，系统自动生成供应商不良行为处理建议，反馈至招标环节。

2）整改。调配中心在线监督供应商整改情况。供应商根据处理结果及时上传整改信息，整改完毕后线上提交验收申请，对于验收通过的供应商，系统将验收结果反馈至招标环节，解除其不良行为处罚。

3. 成效

通过线上履约协调管控机制，加强重点物资到货管理，及时了解供应商生产情况，重点了解物资到货需求，做好组织供应商发货和到货衔接工作，提升物资保障服务水平和能力。

（五）检测资源共享

1. 主要内容

在现有检测资源可视化展示基础上，对检测任务执行实时监控，实现检测资源全网共享和任务智能分配。

2. 场景实施

场景实施主要包含检测任务智能分配。以检测中心实时数据共享和大数据分析为基础，实现检测任务从传统的人工分配到科学的智能分配。通过分析省内各检测中心的检测能力和承载能力，综合考虑检测中心检测情况、历史检测质量、实时承载能力和未来一段时间内的检测任务等因素，筛选出满足要求的省内检测中心；通过配送路径可靠性分析，选定最优检测中心，实现检测任务智能分配。在特定情况下，当省内检测中心不能满足检测需要时，检测资源可视化系统能够智能推荐省外检测中心，实现检测任务跨省分配、检测资源全网共享。

通过接入国家电网公司系统外第三方检测机构，在内部检测资源不满足要求的情况下，推荐第三方检测机构，实现检测资源利用最大化。

3. 成效

对国家电网公司的检测中心承载能力与分布情况应用智能分配策略，实现了省间、省内检测资源共享和检测任务智能分配，有效提高检测资源利用效率和物资质量检测效率。

## 三、应急保障管理

（一）主要内容

在应急状态下或重大保电活动时，供应链运营调控指挥中心成为供应链应急指挥中心，统一指挥各业务协同运作。受理各级应急管理部门物资需求，统筹各方可用资源，制定物资调拨方案，确定出库物资、数量以及配送方式，下达调配指令，跟踪物资配送执行过程。对于本级无法满足的应急物资需求，逐级提报申请，全力保障物资供应。

（二）场景实施

1. 应急预案管理

建立总部与省公司两级应急物资保障预案工作机制，通过建立预案强化应急物资保障组织机构建设，明确应急物资保障工作职责，优化应急物资保障工作流程。应急物资供应保障预案应包括领导工作小组人员名单、应急物资保障小组通讯录（值班人员通讯录）、应急协作供应商名录、应急物资保障方案、应急物资供应流程等，确保全天应急响应。

供应链运营调控指挥中心通过对接公司应急管理部门相关监测预警系统，在系统中建立数字化应急物资保障预案。根据自然灾害、事故灾难、公共卫生事件和社会安全事件等四类事件，按照一、二、三、四级应急事件响应级别，实现应急物资保障预案线上编制、审批、发布和修订。同时，在应急事件提报时，系统能够自动搜索应急物资保障预案库，根据事件类型、等级、历史事件处置方式等关键参数智能匹配最佳预案，实现应急物资保障预案一键挂接、物资需求智能推荐、库存储备明细自动更新，进一步提升应急物资响应速率，完善应急物资管理基础准备，保障应急物资管理工作有序高效。

2. 预警信息管理

供应链运营调控指挥中心围绕供应链业务活动和全量资源，量化识别供应链关键风险要素成因，利用结构与非结构化信息构建风险监控预警模型，主动开展供应链风险管理。从关键节点、重点流程阶段、全局资源三种视角出发，构建"点＋线＋面"式全维度风险监控模型，开展业务流、实物流、资金流风险监控预警，实时监控供应链全环节运转情况，对发现的风险进行分级预警，实现关键节点事前提示、核心业务全面监控、重大风险实时预警、资源瓶颈提前预防、违规行为及时纠偏、问题事件闭环处理，确保供应链风险"可控、能控、在控"。

业务风险监控是业务风险预警的基础。供应链运营调控指挥中心在供应链全流程信息汇聚的基础上，从全供应链视角出发，结合供应链风险管控要求，构建风险监控模型，对供应链数据进行智能化监测，实时掌握供应链最新动态，为识别和感知供应链运行过程中的异常状态及潜在风险奠定基础。

供应链运营调控指挥中心智能获取各级预警信息，自动推送预警响应回执，一键转换应急事件，实现自上而下自动发布、自下而上主动反馈的总部、省、市县三级预警管理，提升应急事件预知、预防、预控能力。

3. 应急事件管理

建立总部、省、市县三级应急事件线上管理机制，固化应急事件逐级提报、逐级处置、逐级反馈、逐级监控流程。在应急事件发生时，结合应急事件类型、等级，自动挂接应急物资保障预案，获取推荐物资需求清单，并依托库存资源池，智能推荐物资调配方案与紧急采购策略，自动生成调配、采购单据。启用24h在线值班制，智能挂接预设应急值班名单，灵活管理应急值班人员轮班、换岗情况，实时连接事件现场，记录值班时间、值班详情、现场处置进度等信息，辅助应急事件决策，在线了解事件进展、及时调整应对策略、快速应对现场变化。实时监控调拨过程、采购进度、值班详情，提升应急事件在线管控能力。

（1）物资应急需求。

应急事件发生初期，物资需求部门通过新一代应急指挥系统（ECS），在线点选需求物料，优先在本级物资库、专业仓中选取物料，实现应急状态下物资提报由"提物资"转为"选物资"，推动"以物定方案"，提升应急物资供应服务能力及响应时效。重特大灾害发生时，应急物资保障现场指挥部计划组向专业管理部门开放全网库存查询权限，物资需求部门应用应急管理现场指挥工具提报物资需求。必要时邀请设计院专家协助现场需求提报，将现场"口语化"需求信息"翻译"成物料编码，对于与现场需求物资型号、规格相近的，提出物料替代建议，在抢修方案中采取"型号替换""以大代小"等举措，降低需求提报与供给偏差，提高供应精准性。

本级应急物资资源无法满足需要的，可向上级物资部门提出应急调配申请。

（2）物资资源调配。

按照"由近及远、效率最优"保障策略，各级物资部门通过 ESC 接收新一代应急指挥系统（Emergency Command System，ECS）推送的应急物资需求，统筹实物资源、协议库存、合同订单、供应商库存、跨企业共享资源开展应急物资调配。按照"先属地、再跨市、后跨省"原则，综合考虑道路损毁、覆冰及当地公共卫生事件要求等因素制定调配方案。在时效相同情况下，按照"先实物、再协议、后订单"顺序，统一调配应急物资。本级物资部门无法满足的应急物资需求时，及时上报上级物资部门协调解决，接到调配指令后，在库在仓物资原则上 1h 完成出库（仓）发货；跨省、跨市调配物资，调出单位接到调配指令后原则上 2h 内完成出库。

重特大灾害发生时，应急物资保障现场指挥部按照"先近后远、先实物后协议再采购"原则，开展应急物资保障工作。

（3）应急物资采购。

在资源调配均无法满足现场需求的情况下，及时实施应急采购。需求单位在履行相关手续后可实施直接委托，优先选择协议库存和批次采购中标供应商，由提供最快物资保障供应商供货，价格参照最近批次招标采购结果确定。应急采购按照"先采购、后备案"的原则，在应急状态解除后及时提报相关资料。若因实际情况急需采用单一来源采购的，无需专业论证、事前公示。重特大灾害发生时，应急物资保障现场指挥部在统筹调配仍无法满足需求的前提下，组织应急采购。根据现场抢修情况，对于急需的零星物资及工器具，现场指挥部视情况及时安排主力集货商直接对接抢修队伍，零星小件直接送货到抢修现场，做好使用备案，提升小件耗材快速供货能力。

4. 应急物资储备管理

供应链运营调控指挥中心借助全量物资数字化资源平台，打造全量可视、统筹管控的一体化应急物资储备资源库，实现各层级单位库存物资智能搜索、统一分配、精准定位。

供应链运营调控指挥中心统筹考虑全网范围内应急装备储备情况，统一应急装备类型、计量单位、储存方式，线上管控应急装备储备、采购过程，精细化管理应急装备，进一步提升库存资源全局把控能力，为应急事件物资需求匹配提供坚实有力的库存数据保障。同时，加强应急物资日常管控，统筹各类应急物资在库储备情况，制定各类应急物资盘点策略，动态发布盘点通知，核对应急物资在库保存数量，及时监控物资盘点差异，确保应急物资需求匹配结果准确无误。并根据各类应急物资特点，在系统预设各类应急物资维护保养策略，按时发送应急物资维护保养提醒，定期维护保养重点应急物资，更换、维修损坏应急装备，及时处置报废应急设备，更新应急物资在库状态，实时在线监督维护保养策略执行情况，科学规范应急物资在库管理机制，避免应急物资“可搜不可用、可用搜不到”的情况出现，确保在库应急物资质量完好、随时可用，进一步提升应急物资精益化管理水平。

5. 应急标准化储备清单管理

按照不同灾害抢险物资需求特点和灾害不同阶段需求变化，制定主网输电、主网变电、配网变电、配电线路、生活、救灾六个模块及暴雪、冰冻、地震、洪涝、台风、公共卫生、重大事件保电七个灾害场景的标准化应急物资储备清单，实现全网应急资源“一本账”可视管理，实时查询公司物资库、专业仓库存品类、数量和位置状态，满足应急状态下物资快速响应的需要。应急物资标准化储备清单见图 6－7。

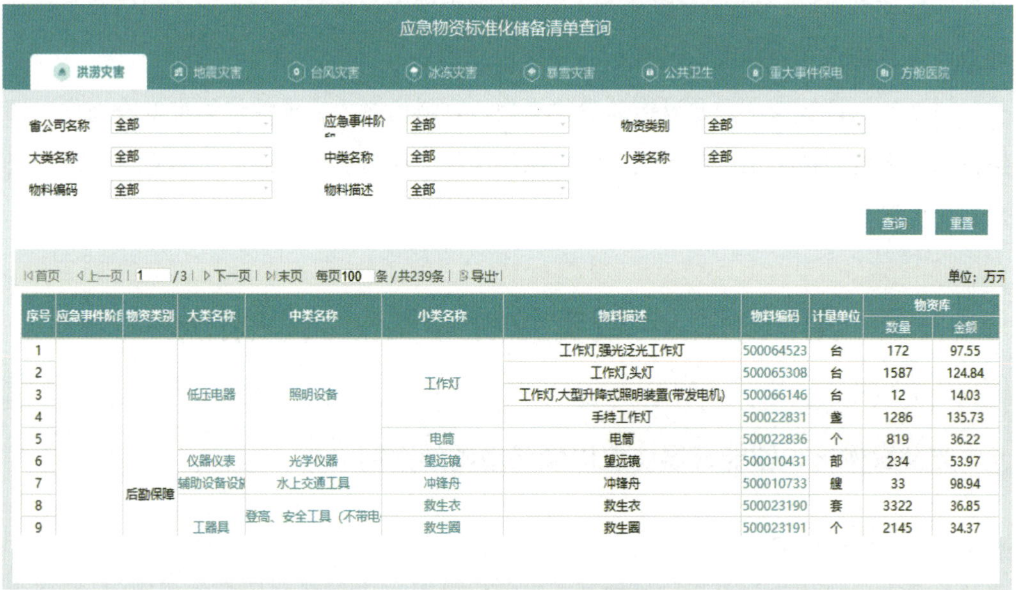


| 序号 | 应急事件阶段 | 物资类别 | 大类名称 | 中类名称 | 小类名称 | 物料描述 | 物料编码 | 计量单位 | 物资库 | |
|---|---|---|---|---|---|---|---|---|---|---|
| | | | | | | | | | 数量 | 金额 |
| 1 | | 后勤保障 | 低压电器 | 照明设备 | 工作灯 | 工作灯,强光泛光工作灯 | 500064523 | 台 | 172 | 97.55 |
| 2 | | | | | | 工作灯,头灯 | 500065308 | 台 | 1587 | 124.84 |
| 3 | | | | | | 工作灯,大型升降式照明装置(带发电机) | 500066146 | 台 | 12 | 14.03 |
| 4 | | | | | | 手持工作灯 | 500022831 | 盏 | 1286 | 135.73 |
| 5 | | | | | 电筒 | 电筒 | 500022836 | 个 | 819 | 36.22 |
| 6 | | | 仪器仪表 | 光学仪器 | 望远镜 | 望远镜 | 500010431 | 部 | 234 | 53.97 |
| 7 | | | 辅助设备设施 | 水上交通工具 | 冲锋舟 | 冲锋舟 | 500010733 | 艘 | 33 | 98.94 |
| 8 | | | 工器具 | 登高、安全工具（不带电 | 救生衣 | 救生衣 | 500023190 | 套 | 3322 | 36.85 |
| 9 | | | | | 救生圈 | 救生圈 | 500023191 | 个 | 2145 | 34.37 |

**图 6－7　应急物资标准化储备清单**

围绕“绿色、数智”发展方向，建立供应链统一标准体系，采用“大数据分析为主＋专业分析为辅”的方式，从物料技术可替代性、技术前瞻性、专业发展要求、网省地域特点及差异化需求等方面，进一步细化、深化标准物料清单，压减可替代性物料、保留通用标准物料、推进成套装置物料，确保物料的先进性、适用性，提高应急物资通用互换和匹配效率，缩短事故抢修时间，为应急物资保障奠定基础。

6. 应急综合查询

（1）天气信息查询。系统实时获取天气信息数据，采用地图化方式对天气信息进行综合展示。天气信息包含当天温度范围、实时温度、相对湿度、降水量、风向风速、大气压强等信息，采用柱状图、折线图、仪表盘图等方式进行可视化展示。同时，系统针对查询到的天气信息进行天气预警，提前警示因气象变化可能造成的影响。通过集成天气信息数据，准确判断以当前为基准的延伸时段内的气象变化，如暴雨、暴雪、雷电、台风等灾害天气，精准预测事件发生概率、把握事件演变走向，精确定位预警类型、时间、地域、影响程度，辅助各单位提前做好物资储备、车辆调配、人员安排工作，提升突发事件响应速度，降低突发情况造成的损失，保障电网运行安全。

（2）物资库存查询。在 ESC 接入各仓库、仓储点视频监控信号，对物资储存情况进行远程全景监控，实时监督物资出入库、维护保养及盘点过程。在应急状态下，视频查询应急物资在库情况，监督应急物资出库作业。

（3）物资调拨查询。通过应急事件类型、物料信息、需求单位等维度查询物资调拨情况、物资调拨记录，穿透查询物资调拨路径、起运及到达时间等信息，为后续类似调拨提供参考。

# 第三节　全域资源统筹调配典型案例

## 典型案例一：智能开展协议份额跨省调剂案例

（一）案例简介

A 电力公司物资公司某日接到某需求单位提报的 300t 铁塔紧急物资需求。铁塔为协议库存采购，系统显示省内目前无可用实物库存且无框架协议可匹配。在省内资源无法满足需求的情况下，A 电力公司向总部供应链运营调控指挥中心申请协议库存跨省调剂，以满足紧急物资需求。

总部供应链运营调控指挥中心充分挖掘和利用全网协议库存资源，应用 ESC 对可利用协议库存资源进行智能匹配，形成协议份额调剂方案，并通过系统对执行过程进行实时跟踪和监控，确保 300t 铁塔的紧急物资需求得到有效满足。

（二）主要做法

协议库存调剂需求在线提报。A 电力公司物资公司发现框架协议合同已执行完毕，紧急物资需求无框架协议可匹配之后，通过省供应链运营调控指挥中心收集相关支撑材料在线提报协议库存调剂申请，经 A 电力公司物资部审批通过后生成调剂申请单，报总部供应链运营调控指挥中心。

协议份额调剂方案智能制定。总部供应链运营调控指挥中心通过构建全量物资数字化资源池，统筹实物库存、协议库存、在途物资、专业仓等各类型资源，对物资调配需求实时响应，推荐最优调配方案，全程留痕，有据可查。借助 ESC 接收 A 电力公司提报的 300t 铁塔紧急物资需求，根据"物料编码""需求数量"等需求信息，对全网可用协议库存资源进行对比分析，自动分析运输距离和库存周转情况，智能推荐最优调剂方案，报总部供应链运营调控指挥中心审批通过后，确定由 B 电力公司作为调出方，开展 300t 铁塔物资的协议份额跨省调剂工作。

协议份额调剂方案高效执行。B 电力公司供应链运营调控指挥中心接到总部供应链运营调控指挥中心下发的跨省调剂通知单，具体内容是要求 B 电力公司向 A 电力公司调剂铁塔物资的协议份额 300t。

根据需求信息，B 电力公司在 ESC 冻结相应协议份额，并将相关合同信息同步传递到 ERP。在完成份额冻结操作后，通过系统将调剂信息推送至供应商。

供应商获取协议份额调剂信息后，及时与 A 电力公司完成合同签订及履约。同时，A 电力公司通过 ESC 对厂家生产进度进行跟踪监控。通过获取供应商生产线数量、生产周期、原材料采购量、半成品存量、生产进度安排等信息，分析供应链的生产产能。例如铁塔加工、试组、镀锌等工序的实际完成时间，并与排产计划时间对比，对滞后环节自动预警，快速采取解决措施，保障物资顺利供应。并通过获取梳理承运商、供应商运力资源信息，及时掌握铁塔物资运输信息，构建物资运力资源分析模型，实现重点物资运力分析管控，确保满足物资运输需求。

供应链运营调控指挥中心通过智能推荐利库、研判最优调配策略、实时预警业务督办，优化配置全域物资资源，减少物资积压，推进物资工作质量和效率全面管控，助力公司降本增效。

协议份额调剂闭环管理。协议份额调剂完成后，A 电力公司和 B 电力公司通过 ESC"调剂反馈"功能，将调剂信息及时向总部供应链运营调控指挥中心反馈。

（三）管理成效

借助供应链运营调控指挥中心开展协议份额调剂工作，不仅实现了库存资源的高效利用，同时也促使协议份额调剂工作更加高效化、在线化、智能化和快速化。

资源利用高效化。通过供应链运营调控指挥中心，打造了全量库存物资资源池，实现全网协议库存资源充分挖掘和高效利用，有效盘活闲置库存资源，防止库存积压导致的资产流失风险。

需求提报在线化。通过供应链运营调控指挥中心，实现协议份额调剂需求在线提报、审核，调剂单在线生成、流转与审批，进一步提升了协议份额调剂工作的电子化水平。

方案制定智能化。当出现需紧急实施项目或在应急响应状态时，利用 ESC 融合的人工智能技术，智能推荐调剂方案，保障物资及时供应。

方案执行快速化。通过 ESC，打破信息壁垒，促进公司内部各专业、外部各供应商之间协同运作，促进协议份额调剂工作效率提升。

## 典型案例二：数智决策援藏跨省调拨抗疫保电案例

（一）案例简介

2022 年 8 月突如其来的新冠肺炎疫情打乱了 A 地区居民的生活节奏，由于该轮疫情传播速度快、传染性强、扩散风险高等特点，使 A 地区各地面临有史以来最严峻、最复杂的疫情防控形势。8 月 13 日 A 电力公司因防疫需要，急需 16 台带升降式照明装置的发电机，并向总部供应链运营调控指挥中心紧急调拨需求，在国家电网公司系统内进行同类型物资匹配。8 月 14 日 8 时 30 分，B 电力公司供应链运营调控指挥中心接到总部供应链运营调控指挥中心紧急调拨任务安排。B 电力公司供应链运营调控指挥中心立即按照全时段、全方位物资供应保障要求，利用 ESC 迅速完成库存核实，锁定中心库存有对应型号的发电机设备 28 台。9 时 15 分通过 ESC 完成调拨任务下达，B 电力公司接到任务以后，核实库存设备参数与物资需求参数是否相符，确认无误后，开展物流车辆统筹、进藏物资运输通行证办理等工作。2022 年 8 月 14 日 17 时，抗疫保电物资的车辆顺利发往 A 电力公司（见图 6-8）。同时针对运输距离长、路况复杂、安全管控难度大等问题，B 电力公司供应链运营调控指挥中心利用 ELP 实时监控设备运输路径、运输位置、预警等信息，安排物流运输单位优先选派具有入藏运输经验的驾驶员执行任务，确保调配物资及时准确到达物资接收地点。

**图 6-8　B 电力公司运送应急物资**

（二）主要做法

B 电力公司绿色现代数智供应链调拨模块于 2019 年 9 月 30 日上线运行。模块主要功能包含可用在库实物状态管理、物资调拨、配送管理、配送过程跟踪等，结合"e物资"和 WMS，确保随时随地进行物资库存查询、调拨需求提报、物资库存调拨等，同时应用 ELP 开展物资调拨过程监控，确保物资在途安全。B 电力公司坚持"全网一盘棋"，依托绿色现代数智供应链，构建省级全量物资资源池，将省、市、县物资库、专业仓等物资纳入物资资源池中，全面保障跨省调拨物资需求。

（1）应急物资需求提报审核。发生应急事件后，A 电力公司内部物资供应无法保障应急需要，通过 ESC 向总部供应链运营调控指挥中心在线提报物资需求，明确需求 16 台带升降式照明装置的发电机并提报需求人相关信息。

（2）应急物资需求匹配。总部供应链运营调控指挥中心接到应急物资需求后，按照"先近后远、先利库后采购"的原则以及"先实物、再协议、后动态"的储备物资调用顺序，由系统将提报的需求与各省公司物资库存进行自动匹配，根据库存数量（库存是否满足需求）及地理位置等条件，自动推荐物资调配方案，优先推荐应急事件发生地周边仓库，并在系统中以列表形式显示匹配成功的物资库存详细信息及调拨建议方案。

（3）应急物资调拨方案制定。基于应急物资需求匹配的结果，ESC 自动生成应急物资调拨方案，根据调拨方案，系统自动调取物资调拨申请单、确认单、审批单等单据模板，按预设单据签署职责划分，自动匹配各单据签署流程，集成电子签章服务，在线签章，生成电子签章单据。针对未及时确认的单据，重复发送单据确认提醒，保障单据及时流转，为物资配送调拨提供电子化过程管控，做到全程有据可依、有迹可循，确保物资调拨规范高效。

（4）应急物资配送及跟踪。供应链运营调控指挥中心综合考虑物资需求计划、存放位置、送货地点、物资重量、体积等信息，合理分配资源，合并或拆分需求计划，生成并发布配送任务。由系统智能选择最佳路线，第三方物流服务商按最佳路线进行配送。各级物资管理部门与铁道、交通等政府部门及时沟通协调，迅速落实运输方案，确保物流配送网络运转高效，保证应急物资的及时供应。应急情况下，供应链运营调控指挥中心对应急事件处理情况进行全面实时跟踪，全程掌控气象、仓库作业、车辆运输轨迹等应急事件相关信息，确保应急物资运输过程的安全、快速、高效，提升应急事件快速处置水平和应急物资响应能力。借助 ELP 平台，通过软件平台、监控终端、配套 App 及第三方信息系统数据接入，充分获取承运商、供应商运力资源信息，并结合重点物资、常规物资运输信息，构建重点物资、常规物资运力资源分析模型，进行运力风险预警，及时调整运力配置、优化调度措施，实现运力资源的统筹共享，最大限度满足工程总体需求。

（5）配送物资到货交接。应急物资配送到货后，物资需求单位验收人员对到货物资外观、数量、设备附件完整性等进行检查，运用移动收货 App 完成收货，并对物资到货信息与需求计划进行比对，核实到货数量与应发数量是否一致，若不一致，系统提示是否有遗漏。确认无误后，验收人员通过系统在线签字和电子签章，完成整个货物交接流程。货物交接完毕后，物资供应部门和物资需求单位分别在系统中对第三方物流服务商及供应商进行评价，帮助改进物流服务流程和供应商的择优选择。

（6）应急闭环管理。供应链运营调控指挥中心智能检测应急物资调拨完成情况、物资结算完成情况、应急值班记录情况、调拨单据签章流转情况等，提醒各单位在线进行应急事件闭环操作，完成应急事件收尾。并整合系统记录，完成自动归档，确保完整归纳总结应急事件过程，为后续类似事件处置提供决策依据和信息参考。此次抗疫物资调拨跨越多个省份，运输距离超 4000km，考验着物资的"快速响应、协调作战、跨省调拨、盘活物资"的四重能力。展示了国家电网公司物资一体化管理水平，发挥了国家电网公司集团化运作优势，有利于深化资产全寿命周期管理，优化资源统筹调配机制，实现资源优化配置、存量盘活、降本增效目标。

（三）管理成效

构建全量可视化"资源池"，实现全省物资管理一盘棋。深化落实国家电网公司实物资源管理要求，通过信息技术手段搭建实物资源管理平台，实现仓储实物资源"实时、透明、互联、共享"，通过开放存储物资查询、信息共享等权限，深挖物资全量资源大数据，精准掌握全省资源分布，全力支撑跨省调拨业务，盘活库存，压降资金，提升物资精益化管理水平。

依托智能供应链运营平台，强化应急事件响应能力。精准匹配调拨物资资源，对全省物资"统筹配置、统一管理、统一运作"，充分利用 ESC，保障调拨物资的高效、及时供应。同时加强应急事件风险防控预警，接入灾害天气气象信息预警功能，智能获取各种预警信息，提升应急保障应急物资调拨供应保障水平。

构建科学的物资储备体系，提升应急物资供应保障。结合天气、地质等灾害特点，构建储备布局合理、资源品种齐全的应急物资实物储备。设立区域中心库，在储备定额的基础上实现"动态调整，按需储备"，确保应急物资储备标准能满足抗灾救灾的物资保障需求，有效应对和处置突发应急事件。

## 典型案例三：强台风下的应急物资快速高效供应案例

（一）案例简介

某年夏季，某超强台风登陆，国家电网某公司电网受灾严重。500kV 线路停运 10条，220kV 线路停运 40 条，110kV 线路停运 98 条，35kV 线路停运 49 条，10kV 配电变压器停运 65409 台，全省累计停电用户 4270390 户。该公司借助应急物资供应保障指挥中心开展应急调配指挥，全力组织做好应急物资保障工作。

台风灾害期间，该公司共计完成省内调配配电变压器 176 台、配电箱 410 只、断路器 210 台、各类线缆 401.4km、水泥杆 2146 基，并通过有效的物资统筹调配，20min联系到 20kV 特殊规格电缆现货 2.8km、30min 获得 52 套抢修现场照明灯、3h 配齐 40多万只应急灯具、2.5h 组织到位 210 台发电机，切实保障了应急物资快速高效供应，确保受损线路及时恢复供电。

（二）主要做法

提前启动应急预案。在台风登陆前，该公司利用应急物资管理平台提前获取台风等级、路径等基本信息，自动检索固化在系统中的应急物资保障预案库，智能匹配针对本次台风的应急预案，并在线召开防御台风部署协同会，组织各相关部门、单位落实应急物资保障预案，有序开展防汛抗台物资保障工作。

发布应急事件。在应急供应保障模块第一时间发布应急响应事件，触发短信通知。系统根据应急事件类型、险情类别，智能匹配固化在系统中的应急物资保障预案库，向各层级模块用户推送本次台风灾害应急预案、应急处置"一事一卡"。各级单位在线编制值班表，成立本次应急供应保障虚拟团队。

开展需求智能预测。根据台风预估路径，预判受影响地区，根据区域历年物资供应数据、灾害类型、等级预测需求物资类型，向受影响区域定向补库，实现应急资源就近分布。联系协议储备、联合储备物资供应商，提前落实供应商厂内物资、供应商运力资源，确保紧急需求供得上、送得出。

应急物资在线申请审批。灾情发生后，该公司应急物资供应保障指挥中心接收下属地市公司在线提报的应急物资需求，包括物资需求类型、物资需求数量、物资需求地点、需求提报人信息、需求提报人联系方式等信息。指挥中心借助应急物资管理平台及时完成需求在线审批。

智能推荐应急物资调拨方案。该公司依托全量物资数字化资源平台，统筹匹配应急物资需求，按照"先近后远、先利库后采购"的原则以及"先实物、再协议、后动态"的储备物资调用顺序，综合物资需求匹配度、物资存储距离、预估调拨费用等，智能推荐最优调拨方案，自动生成调拨单据，明确调出方、调拨距离、结算方式、预计到货时间等信息。

调拨执行跟踪监控。按照系统智能选择的最佳路线，第三方物流服务商进行应急物资配送。应急物资调拨过程中，该公司通过启用 24h 在线值班，对库存、备货、装车、配送等应急过程进行在线跟踪和管控。并利用视频监控、车辆定位等技术，实时监控物资调拨过程，辅助预测物资到达时间，协调应急物资到货验收交接。同时，密切关注气象情况及变化趋势，预测发展情况，提前研判可能的灾损，做好车辆调配、人员安排，保障调拨方案顺利执行，确保抢修物资能够在最短时间内配送至现场。

应急调拨闭环管理。应急调拨完成后，借助系统平台在线进行应急事件闭环操作，自动归档应急过程信息、结算单据信息及相关挂接文档资料。

（三）管理成效

构建科学的应急物资储备体系，结合灾害特点，构建储备布局合理、资源品类科学的应急物资实物储备，重点地区差异化提高储备份额；用活协议储备模式提前建立应急货源渠道。

通过应急物资需求在线提报、审核，应急物资调拨过程在线实时跟踪，应急过程信息资料在线自动归档，促进应急调配指挥全程在线。

通过智能挂接应急物资保障预案，智能推荐应急物资调拨方案，促进应急调配指挥智能高效。

通过统筹各方资源，建立全量物资数字化资源平台，打破信息壁垒，加强跨专业、跨层级、跨单位之间的协同作业，促进应急调配指挥充分协同。

通过在应急情况下实行 24h 值班制度，在应急配送、验收过程及时跟踪，实时反馈相关问题，促进应急调配指挥快速响应。

**典型案例四：突发事件下履约协调优化统筹供应**

（一）案例简介

2022 年，A 电力公司特高压、输变电、抽水蓄能及配电网建设同期进入全面提速阶段，物资供应任务艰巨，受外部经济环境、疫情、原材料价格波动等多重因素影响，物资保供面临严峻考验。计划 6 月份投运的 220kV 某输变电工程是民生保障重点工程，总投资约 4.9 亿元，两台主变压器重量超过 300t，塔材使用 3734t，钢芯铝绞线使用 1061t。受到疫情造成的跨区域物流运输受限、大件运输通行证办理受阻、原材料价格大幅上涨等多重因素影响，工程进度严重滞后。为了不影响项目物资供应，针对跨区域物流运输受限 A 电力公司果断寻求当地市政府帮助，开辟了塔材运输绿色通道；针对大件运输困难，以"水运为主，水陆联运"的方式启运两台主变压器，办妥大件运输全部手续，打通运输通道；针对原材料价格大幅走高，通过三级履约协调机制，果断启动"跨省调剂"工作程序，以解燃眉之急，最大限度满足工程建设需要。6 月 13 日，当最后一辆满载着电力电缆的重型卡车驶入施工现场时，比原计划交货时间提前了 3 天。

（二）主要做法

外部生态资源共享。2022 年初，220kV 某输变电工程施工进入黄金期，各项工程物资按照计划有序供应。全国疫情突然呈多点散发态势，跨区域物流运输受限严重。A电力公司物资部组织开展专业协调会，商议优化策略，协调问题处理。积极与第三方物流以及公共服务、行政监督等外部服务平台开展信息集成和资源共享，构建数据标准接口并畅通信息沟通渠道。认真研究当地疫情期间运输管理政策，精准制定解决措施，在对接当地疫情防控办公室后，得知可以为特殊车辆及人员办理通行证明，积极寻求当地政府支持，通过政府发函至供应商所在地潍坊政府，协调解决铁塔运输问题，得到当地政府的积极响应，为供应商快速办理特殊车辆及人员通行证明，开辟了塔材运输绿色通道。

运力资源统筹。随着施工进度稳步推进，两台主变压器的运输问题，又带来了新的考验。两台主变压器重量超过300t，受高架桥坍塌事件影响，大件运输通行证办理时间较长，原计划于3月份到货的主变压器面临延期风险。为保证工程如期投运，A电力公司物资部再次迎难而上，多次踏勘运输路线，组织项目部门和供应商共同商讨，优化完善路线、机具、人员等运输细节，最终达成"水运为主，水陆联运"的运输方案。A电力公司通过电力物流服务平台，全过程实施跟踪监控，实时掌控大件物资运输信息。3月18日，经过620km的长途跋涉，两台主变压器终于顺利抵达施工现场。

产能资源统筹。面对原材料价格大幅走高，尤其线缆类物资受原材料价格波动影响较大，以使用铝作为主要生产原材料的钢芯铝绞线为例，单价由1.56万元/t同比上涨至2.18万元/t，涨幅达39.83%，单笔合同供应商将承担数百万元的价格差，线缆厂家受此影响，无法正常履约。通过三级履约协调平台上报重大履约问题，申请省物资公司给予协调解决。物资公司收到该工程紧急物资需求后，按照"先实物，再协议、后订单"的原则进行调拨匹配，然而省内实物和协议库存都无法匹配需求。随后，物资公司通过ESC查询发现，其他网省公司有对应的协议库存份额满足跨省调剂条件，立即向总部申请跨省调剂。最终，总部通过ESC下发了跨省调剂通知单，B电力公司向A电力公司调剂部分协议库存份额。5月10日，项目所需钢芯铝绞线经跨省调剂匹配顺利送达施工现场。

（三）管理成效

物资管理跨专业延伸，主动识别预估风险因素。通过主动对接工程需求、提前介入工程建设，依托供应链运营平台在线督导图纸确认、生产进度等关键环节，全力保障物资供应，为输变电工程如期投运创造有利条件。

统筹各方可用资源，科学制定物资供应方案。对复杂的、涉及跨专业、跨单位或跨层级的物资需求，开展专业协调会，快速应对现场变化。灵活变更运输方式，根据现场实际情况及时调整应对策略。

发挥供应链职能，多措并举保障物资供应。以"先实物，再协议、后订单"的原则进行省内匹配，针对无法正常履约的紧急物资需求，申请协议库存跨省调剂。通过国网供应链运营平台协调，发挥供应链资源统筹功能，切实做好重点工程紧急物资保障。

### 典型案例五：冰冻天气下的抢险物资快速供应案例

（一）案例简介

2024年2月，我国中东部地区出现大范围持续性低温雨雪冰冻天气，雨雪强度大、影响范围广、持续时间长。A地区局部地区有暴雪，对电网运行和供电保障造成重大影响。

2月6日16时，B公司接到A省电力公司委托，受冻雨和强降雪影响，A省某500kV输电线路10基铁塔因导线覆冰过重发生倒塔断线，导致大面积停电，需要属地企业C提前做好抢险塔加工准备并在技术方案确认后尽早完成加工送往工地现场。16时30分，在国网物资部组织相关单位召开抢险物资专业视频会议，要求各单位强化政治担当，压紧压实责任，对抗击雨雪冰冻保供电应急物资保障工作进行再动员、再部署。

临近春节，供应商、运输商陆续放假，物资寻源难、运力协调难。接到雨雪冰冻预警信息后，B公司第一时间组织供应商建立抗冰应急协调群，使之做到"有呼必应""随叫随到"。并应用图纸交互平台加速图纸与供应商精准交互，使供应商快速放样，并动员工人24h不间断生产加工；通过ELP实时监控轨迹，实现A省电力公司急需的首批塔材24h内到货，全部塔材48h内全部到货。由原来的线下手段到现在的数智手段，物资运输大幅节约了时间。

（二）主要做法

1. 接到抢险任务

2月6日16点30分，B公司接到A省电力公司委托，该500kV输电线路铁塔受恶劣天气影响，出现倒塌情况，需要属地C企业提前做好抢险塔加工准备并在技术方案确认后尽早完成加工送往工地现场。

2. 成立应急抢险小组

2月6日16点50分，在国网物资部组织相关单位召开抢险物资专业视频会议，要求各单位强化政治担当，压紧压实责任，对抗击雨雪冰冻保供电应急物资保障工作进行再动员、再部署。17点00分，B公司高度重视抢险任务，启动应急预案，成立应急抢险小组，立即参与开展抢险救灾协调工作，组织C企业召开线上视频会，传达总部意见督导生产工作。图6-9为抗冰抢险工程现场协调会现场。

图6-9 抗冰抢险工程现场协调会

3. 驻厂协调督导

2月6日20点50分，B公司安排专员赴C企业组织召开A省该500kV输电线路抗冰抢险工程现场协调会，参与编制排产计划。依据以往抗冰抢险塔建模放样经验，要求C企业铁塔放样组成员挑灯夜战，在图纸未最终确认的情况下与设计院多次研讨与沟通，提前编制两套铁塔放样方案待设计最终确认，节省抢险塔生产时间。

4. 火力全开

2月7日8点55分，A省设计院最终确认设计方案。随即C企业铁塔套料发料15人、生产加工237人（白班、夜班24h待命）、镀锌包装103人、后勤服务保障人员70人闻令而动，技术组下发塔型ZB33、ZB24，相关图纸样板同步提供车间，生产部下发塔型生产任务，物料组配料完成，开始发料。10点45分，镀锌车间开始收料，对照料单进行勾号进镀；19 点 00 分，板材、角钢加工全部结束；22 点 00 分，镀锌加工全部结束；22 点 20 分，成品车间开始打包陆续装车；2 月 8 日 2 点，装载该输电线路抗冰抢险塔的发运车辆共三车 80.13t 全部驶离 C 厂区，风雨兼程奔赴抢险一线。

所有物资从确认加工到现场交货均不超过 48h。在本轮抗击雨雪冰冻应急物资保障中，B 公司高效响应抗冰救灾应急物资需求，刷新了应急物资供应纪录。

（三）创新点及成效

物资管理跨专业延伸，主动识别预估风险因素。通过主动对接抢险需求，依托供应链运营平台在线督导图纸确认、生产进度等关键环节，全力保障物资供应，为 A 省应急抢险物资争分夺秒。图 6-10 为抗冰抢险工程物资运输现场。

**图 6-10　抗冰抢险工程物资运输现场**

统筹各方可用资源，科学制定物资供应方案。对复杂的、涉及跨专业、跨单位或跨层级的物资需求，开展专业协调会，快速应对现场变化。灵活变更运输方式，根据现场实际情况及时调整应对策略。

发挥供应链职能，多措并举保障物资供应。以"先实物，再协议、后订单"的原则进行省内匹配，针对无法正常履约的紧急物资需求，申请协议库存跨省调剂。通过国网供应链运营平台协调，发挥供应链资源统筹功能，切实做好重点工程紧急物资保障。

# 第七章

## 国家电网公司供应链全程监控预警协调

国家电网公司供应链运营全程监控预警协调是指通过供应链运营平台对规划设计、需求计划、招标采购、生产制造、产品交付、履约执行、施工安装、运行维护、退役回收供应链全环节，进行运营效能与业务合规性的全面监控，识别供应链运行异常，主动进行效能预警、合规预警，保障企业生产运营的同时，为企业高质量发展做出更大贡献。

本章从供应链运营全程监控预警模式、供应链运营全程监控预警核心场景、供应链运营全程监控典型案例三个小节，阐述公司针对供应链运营全程监控预警工作的管理方式、方法和具体实践，通过工作流程优化、管理模式提升、先进理念导入、前沿技术应用等，确保供应链业务高效、安全运行。

# 第一节 供应链运营全程监控预警模式

2022 年党的二十大报告提出着力提升产业链供应链韧性和安全水平，2024 年党的二十届三中全会提出建立产业链供应链安全风险评估和应对机制。2024 年 7 月，国务院国资委、国家发展改革委联合印发《关于规范中央企业采购管理工作的指导意见》，提出全力打造依法合规、公开透明、集约高效的供应链，切实提升产业链供应链韧性和安全水平，建立健全中央企业采购管理体系，增强采购价值创造能力，全面推动中央企业采购管理规范化、精益化、协同化、智慧化发展。这就要求我们要站在供应链全链视角，构建从规划设计、需求计划、招标采购、生产制造、产品交付、履约执行、施工安装、运行维护、退役回收等全流程出发的监控预警体系，将过去的被动响应转变为主动预测，实现供应链全流程智能监控预警，提升供应链整体运营效率。

## 一、全程监控预警的内容

### （一）供应链运营的主要风险

公司供应链管理工作过程中任何一个违法、违纪、违规、违章或不规范行为，均有可能给企业依法治企、廉政安全、安全生产、经济效率和社会形象等带来风险。依据风险产生的不良影响及造成的损失，可以将公司供应链运营风险划分为合规风险、效能风险和其他风险。

### 1. 合规风险

（1）合规风险概念。合规风险是指因未遵守公司规范程序而发生不合规行为的可能性。重点涉及在供应链全链条运行过程中，企业经营管理是否依法依规，采购过程是否阳光透明，市场交易环境是否公开公正等方面的风险。

（2）合规管理风险产生原因。在与供应链外部市场主体接触当中，《招投标法》《合同法》等相关的法律法规为供应链工作划出了明确的底线，招标采购、供应履约、质量监督、废旧物资处置等业务过程中因违法、违规、失职或者违约都容易引发合规管理风险。同时供应链工作始终是各类巡视、监督、检查等必查严查的内容，供应链从业人员因法规制度掌握不到位、执行不严格、操作不规范，习惯性违章等潜在责任风险不容忽视。

2. 效能风险

（1）效能风险概念。效能风险是指涉及供应链业务效率效能、监控分析的不确定性对目标实现的影响。

（2）效能风险产生原因。随着电网建设的大规模投入、高强度建设，以及大量新技术、新材料、新设备的应用，对供应链资源的统筹协调能力、支撑服务能力和设备安全质量水平提出更高要求。在公司外部，部分供应商由于产能不足、质量管控不力、资金链断裂等问题导致的物资供应风险；在公司内部，物资申报不及时、采购方式不合理、供应协调不到位等原因，均容易导致物资不能及时采购和供应，设备产品质量得不到保障，不仅可能影响工程进度，更可能威胁到电网的安全稳定运行。

3. 其他风险

（1）其他风险的范围。公司供应链运营其他风险包括人员廉洁风险和外部舆情风险。

（2）人员廉洁风险产生原因。随着供给侧结构性改革的持续推进，电工装备市场竞争日益激烈，公司供应链领域反腐倡廉的形势将更加复杂和严峻。一方面，个别不法供应商为了谋取利益，花钱公关、金钱开道，不择手段围猎公司供应链从业人员和评标专家，严重扰乱市场环境；另一方面，在高压反腐大环境下，个别工作人员利用职务便利在供应链管理过程中，为本人或特定利益关系人谋取不正当利益，一步步逾越道德底线、触碰法纪红线，最终走向犯罪深渊。

（3）外部舆情风险产生原因。随着采购模式的不断创新，尤其是周期更长的协议库存等采购方式的全面应用，电气设备供应商之间的竞争日益激烈，在供应链业务操作中若发生采购组织不严谨、员工言行不当、与供应商交往不规范等方面的问题，均有可能受到利益相关方的质疑与投诉。供应商或其他人员若借助新闻、微博、微信、自媒体等网络渠道对相关工作进行不当的宣传、评论，极易使企业成为负面炒作的对象，引发社会关注，给企业形象和声誉造成严重影响。

（二）供应链运营的风险场景

1. 阳光采购业务链

（1）立项申报流程违规。项目未经国家相关部门核准或立项便申报需求计划，发生项目取消或规模变更，造成需求计划取消或大幅变更，无法严格执行采购结果，引发合规风险、外部舆情风险和效能风险。

（2）评标打分程序违规。未按照招标文件规定的评标标准和方法，客观、公正地对投标文件进行评审和比较，专家评审打分带有倾向性，打分结果存在重大偏差，直接影响评标工作质量和评标的公正性，存在合规风险和人员廉洁风险。

（3）确定中标人程序违规。在评标委员会依法推荐的中标候选人以外确定中标人，依法必须进行招标的项目在所有投标人被评标委员会否决后自行确定中标人，违反法律法规，存在合规风险、人员廉洁风险和外部舆情风险。

2. 现代物流业务链

（1）合同签订环节违规。未严格按照采购结果签订合同、合同变更或合同解除未严格执行有关程序，引起对合同合法性质疑，容易引发供应商投诉或法律诉讼，存在合规风险和外部舆情风险。

（2）物资调配环节违规。未能及时开展有效的物资调配，对物资资源和配送过程中的信息掌握不全面，影响工程建设物资供应需要，存在效能风险。

（3）款项支付环节违规。未按照合同约定的付款比例支付货款或为谋取不正当利益进行虚假收货、违规支付到货款，存在合规风险和人员廉洁风险。

3. 全链质控业务链

（1）质量抽检流程不严谨。抽检方式、技术以及装备不满足抽检工作要求或未对发现的质量问题及时有效处理，存在效能风险和合规风险。

（2）监造方案设置不合理。未按规定进行设备监造，对供应商生产进度跟踪不到位，存在效能风险和合规风险。

（3）供应商绩效评价指标体系不完善。未对供应商的产品质量、合同履约、售后服务等综合情况进行全面、客观、准确评价，存在人员廉洁风险和合规风险。

4. 合规运营管理

（1）供应链运营管理机制不完备。无法有效掌控供应链运营整体状况，难以为重大决策提供全面、真实的数据参考，存在效能风险和合规风险。

（2）供应链风险事件处置不及时。供应链运营与预警机制不健全，对于突出的风险事件不能采取及时有效的反应，只能被动应对，风险防控措施不得力，造成企业负面影响的急剧扩散，存在人员廉洁风险和合规风险。

（3）供应链安全运营管理不到位。在安全策略、硬件设置、人员教育等方面存在缺陷，发生失泄密事件，信息安全难以得到有效保障，影响供应链业务运行效率，存在合规风险和效能风险。

## 二、全程监控预警的方法

（一）运营风险识别方法

1. 风险地图法

风险地图法是一种常用的供应链风险识别方法。它通过绘制供应链的地图，将供应链中的各个环节和相关因素进行整理和分类，从而识别可能存在的风险。首先，对供应链的各个环节进行梳理，包括原材料采购、生产制造、物流运输、库存管理等。然后，对每个环节进行风险评估，考虑各类风险因素，如自然灾害、市场需求波动、政策变化等。最后，将风险进行归类，确定关键风险和次要风险，以便采取相应的风险管理措施。

2. 供应链事件树分析法

供应链事件树分析法是一种基于事件树理论的供应链风险识别方法。它通过构建供应链的事件树，将可能发生的风险事件进行分解和组合，从而识别潜在的风险源。首先，确定供应链的起始事件，如原材料供应中断、生产设备故障等。然后，根据不同的起始事件，逐步展开可能发生的中间事件和终止事件，形成事件树。最后，对事件树进行分析，识别出可能导致供应链风险的关键事件和路径，以便采取相应的风险管理措施。

3. 供应链网络模型法

供应链网络模型法是一种基于网络理论的供应链风险识别方法。它将供应链看作一个网络系统，通过构建网络模型，分析供应链中的关键节点和路径，从而识别潜在的风险点。首先，确定供应链中的各个节点，包括供应商、生产厂商、物流服务商等。然后，考虑物流运输、信息流传递、资金流动等因素，建立节点之间的连接关系。最后，通过网络分析方法，计算节点的重要性指标，识别出对供应链稳定性影响最大的节点，以便采取相应的风险管理措施。

4. 供应链风险评估矩阵法

供应链风险评估矩阵法是一种常用的供应链风险识别方法。它通过构建风险评估矩阵，综合考虑风险的可能性和影响程度，对供应链中的风险进行评估和排序。首先，确定供应链中可能存在的风险类型，如自然灾害、市场需求波动、供应商破产等。然后，对每个风险类型进行可能性评估和影响程度评估，分别给出相应的评分。最后，根据评分结果，计算出供应链中各个风险的综合评分，确定关键风险和次要风险，以便采取相应的风险管理措施。

（二）运营风险监控方法

从关键节点、重点流程阶段、全局资源三种视角出发，构建"点＋线＋面"式全维度风险监控方式，快速识别供应链中的异常状态及风险问题，实现风险在线感知。

1. 点式监控

（1）点式监控的重点。点式监控聚焦供应链业务运营中的关键业务节点，结合各节点管控要求，对供应链关键业务节点的异常风险情况进行监控，涵盖需求计划、招标采购、合同签订、生产制造、设备监造、仓储、抽检、运输跟踪、配送、交接验收、安装投运、运行检修、废旧处置等供应链关键业务节点，确保关键业务节点监控全覆盖。

（2）点式监控的适用范围。在关键业务节点视角下，开展供应链时效性、合规性、准确性等监控。其中，时效性监控针对重点业务节点完成的及时性进行监控，例如需求计划申报及时性、合同签订及时性、物资交货及时性的监控等；合规性监控针对重点业务节点业务执行的规范性进行监控，例如招标采购的合规性监控等；准确性监控是针对重点业务节点内容与约定内容的偏差情况进行监控，例如供应计划确认的交货期与合同约定交货期的偏差监控等。

2. 线式监控

（1）线式监控的重点。线式监控聚焦重点流程阶段的工作周期和时长，涵盖物资需求提报周期、计划审查周期、招标采购周期、合同签订周期、供应履约周期等，对供应链重点流程阶段总周期时长的超期情况进行监控。

（2）线式监控的适用范围。针对供应链重点流程阶段，从不同采购类型、采购层级、采购方式、项目类型、物资类别等维度，以计划交货期为基准，推导其他流程阶段作业时间，计算剩余总时长，对流程阶段总时长超期问题进行监控，从而对供应链重点流程阶段实施效率进行有效管控，控制因周期过长而导致的风险成本。例如，批次计划提报需要综合考虑招标采购、合同签订、履约供应等后续采购供应流程阶段的总时长，以计划交货期为基准，倒推计算剩余总时长，从而设置批次计划提报的智能监控提醒。

3. 面式监控

（1）面式监控的重点。面式监控通过对物资需求、剩余份额、在库库存、在途资源、运力资源、供应商供应能力等进行全局监控，关注资源短缺、资源不平衡、资源利用效率低下等情况，并对履约断供等重点风险事件进行监控。

（2）面式监控的适用范围。在全局资源视角下，重点监控库存资源、电工装备资源、质量检测资源、供应商产能资源、运力资源等信息。例如，产能资源监控是根据供应商产能及在产状态，结合供应商历史合同执行情况、已签约供货数量、排产计划、生产进度、原料供应等信息，智能分析重点物资供需形势，自动感知产能风险，对履约断供风险进行提前预判。

## 三、全程监控预警的工作流程

（一）"总部－省公司"两级联动预警

依托供应链运营调控指挥中心构建总部、省公司两级运营监控预警联动机制，安全、快速、高效、有序开展公司供应链风险预警工作，最大限度减少供应链运营风险及其造成的损失，增强供应链韧性和安全水平。

1. 预警工作原则

（1）系统（整体）性原则。从考察整个供应链角度出发对供应链上的节点企业特别是核心企业进行监测，及时发现可能面临的风险，包括经营风险、市场营销风险、管理风险和财务风险等。

（2）灵敏性原则。供应链风险预警机制作为一种信息系统，所采用预警指标的灵敏度要高，即指标微小的变化能直接、客观、及时、准确地映射出供应链运营状况的变化。

（3）及时性原则。预警机制必须具备及时性，能够及时发现并警告供应链运营过程中潜在的问题。从某种意义上说，及时性是预警机制的灵魂。

2. 预警事件分级

（1）预警规则的设置。针对不同的监控场景和风险类型，分别设置相应的预警规则。在供应链运营过程中，根据预设的业务逻辑对风险信息进行汇集与分析，并根据各节点预设的预警阈值和参数自动触发状态警报，对潜在的风险进行实时监测和识别。以时效类预警为例，在当前监控节点，采用系统时间与当前节点预设标准时间对比进行预警。

（2）预警等级的划分。为实现风险的逐级预警，根据风险的严重性、复杂性、紧急性等，设置差异化的预警风险等级，不同的预警等级对应设置不同的监控预警阈值和推送规则。由高到低分为Ⅰ、Ⅱ、Ⅲ三个级别，分别对应红、黄、蓝三色预警，异常事件、预警事件对应红色预警，一般事件根据供应链风险事件的影响程度区分黄色、蓝色预警（详见表 7-1）。

表 7-1　　　　　　　　　　　供应链风险预警等级分类分级表

| 指标类型 | 风险级别 | 风险事件 | 预警级别 |
|---|---|---|---|
| 合规指标 | Ⅰ级 | 异常事件 | 红色预警 |
| | Ⅱ级 | 一般事件 | 黄色预警 |
| | Ⅲ级 | 一般事件 | 蓝色预警 |
| 效能指标 | Ⅰ级 | 预警事件 | 红色预警 |
| | Ⅱ级 | 一般事件 | 黄色预警 |
| | Ⅲ级 | 一般事件 | 蓝色预警 |

3. 预警处理机制

建立预警分级处理机制。两级供应链运营调控指挥中心实时监控物资供应链全过程，对各项数据进行汇总、分析，及时发现问题，发布预警信息，并跟踪协调预警业务处理结果，定期发布监控预警报告，实现全流程闭环管控。

（1）风险监测。①供应链各专业做好自身业务流程节点数据监控预警，对各项数据进行汇总、分析，及时发现问题，发布预警信息，按期完成异常问题处理。②供应链运营调控指挥中心以发现和解决问题为出发点，督促专业运营板块及时处理，分析跨业务协调的瓶颈节点，提出业务流程的优化建议。

（2）预警发布。①总部级供应链运营调控指挥中心综合分析和监控全网供应链各业务流程关键节点执行情况，及早发现和处理异常问题，向相关省供应链运营调控指挥中心发出预警提醒。②省供应链运营调控指挥中心接收总部级供应链运营调控指挥中心预警信息，综合分析本单位业务开展情况，优化调整本单位业务处理方式；定期综合分析和监控本省供应链各业务流程关键节点执行情况，及早发现和处理异常问题，向相关地（市）公司发出预警提醒。

（3）预警反馈。①省供应链运营调控指挥中心跟踪预警督办事项完成情况，并将处理结果反馈至总部级供应链运营调控指挥中心。②供应链运营调控指挥中心根据分发预警信息的紧急程度向下级单位发送"供应链运营预警督办单",跟踪、督办预警信息的处理过程,收集反馈处理结果。③预警信息的责任单位接收人查看预警信息后反馈"供应链运营预警督办单",注明预计解决时间及解决方式。接收人根据预警督办内容组织协调处理,完成后将结果反馈至预警发布单位。

（二）"事前–事中–事后"全程管控

依据国家相关法律法规和监管要求,深度分析总结历史问题特征,智能捕捉业务合规薄弱点。运用事前预判、实时管控技术手段,在业务中嵌入合规管控规则,防线前移至业务源头。加强关键、薄弱环节基础设施的数字化智能化升级,实现评标评审、抽检监造、资质能力核实等关键作业现场的业务实时感知、记录,数据不落地实时上传。持续完善风险监测模型,提升数字化监管敏捷感知、智能预判、在线监督、闭环处置能力,为供应链业务加上"数字探针""电子围栏""数智锁"。

1. 事前预防预警管控机制

事前预防预警管控也称主动控制、前馈控制,这是一种主动、积极降低风险,支持供应链管理的预防方法,是指根据风险分析结果和风险规划,事先采取措施防止发生风险事件,并准备风险应对手段。

（1）风险分析预判机制。从供应链核心业务环节入手,深入分析管理过程中存在的潜在风险及管理症结。依据风险的重要性和规律性,提出切实可行的风险应对策略和内部防控方法。

（2）权力运作约束机制。对内开展协同监督,充分利用内外部审计、巡视等监督成果,修订完善供应链管理规章制度,从源头上规范管理。同时,扩大业务公开范围,接受社会各界监督,规范权力运作,切实让权力在阳光下运行。

（3）全员培训教育机制。定期开展物资供应链从业人员风险监控预警管理培训,使供应链从业人员充分认识风险监控预警工作的重要性和必要性,切实将风险实时预警运用到日常工作中。

2. 事中过程监督管控机制

事中过程监督管控是指风险管理人员对事前控制环节形成的风险相关事项进行实时监控,事中控制可通过对事前识别到的关键环节与关键事项设定相应的监控机制,一旦触发监控报警规则,则代表风险的出现。

（1）风险监测预警机制。构建涵盖供应链各业务环节监控指标体系,包括合规监控指标与效能监控指标,针对业务的依法合规和效率效能开展监控预警。对异常情况进行数据推送及提示，辅助业务人员开展业务合规性及效率效能核查。

（2）常态检查纠偏机制。开展供应链管理活动规范性的自查自纠，检查国家法律法规、供应链管理规章制度的执行情况，发现管理短板，及时纠正偏差。遴选供应链管理中问题突出的业务或管理不善的单位开展针对性的专项监督，实施重点问题重点整治，杜绝典型共性问题和习惯性违章行为。

（3）专业管理与风险防范融合机制。围绕供应链风险防控和监督业务实际开展过程中的难点、重点问题，每年开展创新课题研究工作，将专业管理创新理念、理论与监督业务风险防控要求相结合，促进专业管理和监督成效的同步提升。

3. 事后长效改进管控机制

事后长效改进管控是指根据企业内部的管理规章制度，向有关责任方或责任人追究责任。事后控制是提升风险管理工作效率效果、形成风险管理闭环的必要环节。

（1）典型问题与责任单位通报机制。对于普遍性、典型性、重复发生的问题，根据问题影响程度在一定范围内进行通报，责成责任单位深入分析问题成因、制订并执行有效措施，限期完成整改工作，提醒相关单位防止发生类似问题。对性质严重或影响重大的物资管理问题，通过召开专题会议或下发文件等形式对问题及责任单位进行专题通报。

（2）责任单位与责任人约谈机制。对整改不到位、不及时、成效不明显或历史问题屡查屡犯、问题性质严重或影响重大的相关责任人员进行约谈。要求责任单位"说清楚"问题原因及整改措施，并进行明确表态。

（3）监督工作评价考核机制。建立供应链监督工作评价考核办法，对风险防控不力、监督工作不落实、问题整改不到位的单位，按照公司相关规定纳入各单位对标管理体系和企业负责人业绩考核体系。

## 四、全程监控预警的数字化应用

依托数字化新技术应用，搭建覆盖供应链运营全流程的全景监测预警模式，打造"两库一平台"数字化监督体系，确保供应链监控预警工作质效。

（一）搭建供应链风险知识库

1. 梳理典型案例清单

从问题发生时间、责任单位、业务环节、问题描述、事件概况等维度，按统一模板完成历史问题全量收集，确保问题覆盖供应链各环节、公司系统各单位。提炼案例。

对收集的全量问题开展同类问题归并，从业务分类、问题定性、整改措施、制度依据等多个方面，整理形成结构化问题台账，并对描述中责任单位、责任人等信息进行脱敏处理，便于各单位参考借鉴。制定整改措施。全面分析历史问题发生原因，尤其针对"屡查屡犯"问题，依照相关法律法规和公司管理规定，从防范同类问题重复发生的角度制定整改措施和长效防控机制，给责任单位提出合理的整改建议。

2. 归纳全链风险清单

对照国家法律法规、公司规章制度以及典型案例清单，详细分析与识别供应链全业务、全环节、全关联主体的潜在风险，记录风险所在业务环节、法规制度要求、风险描述等内容。风险评估。对业务风险开展分级分类，应用风险矩阵法将风险点按紧迫程度、影响程度和监管难度分为"重大、中等、一般"三个等级，按风险发生频次划分为"屡查屡犯"和"常规"两个类别。风险防控。依据国家法律法规以及公司供应链通用制度等管理文件，开展风险点原因分析，结合风险业务特点、管理要求和业务操作性，制定风险防控措施。防控措施包含管理措施和技术措施，管理措施包括完善规章制度、健全工作机制、开展监督检查等，技术措施包括设置合规风险探针、监控预警指标等。

3. 设计双向关联运行机制

风险案例与风险清单相互关联、互为补充。风险案例可为风险清单分级分类提供事实描述和数据统计支撑，为风险应对提供决策支撑；风险清单中涉及问题滚动更新补充，逐步建立起完整的供应链风险案例库。依托于风险案例与风险点的关联关系，对历史案例的情况开展数据分析，定位每个风险点对应的历史案例发生频次，例如对于"应招未招"风险在历史上曾经发生过 20 余次相关的巡视审计问题。再基于风险管理重点和不同视角，针对发生时间、所在单位、严重程度等维度，分别定位高频的风险案例，智能提示业务人员对重点环节进行监督管控。

4. 开发线上应用模块

在 ESC 监控预警平台线上部署专项应用模块，各级供应链主体共同参与滚动优化更新。风险知识库审定后，在 ESC 统一发布并全网共享，通过接口下发至各省公司。各省公司可在 ESC 检索、查阅、下载风险知识库全部资料，包括风险应对措施、风险监控指标等，实现全网风险知识的共治、共享、共用。风险知识库不仅为各单位开展供应链合规监督和拓展应用数智监督手段提供了理论指导和实践依据，同时为各级供应链参与主体做好风险防控、合规管理培训等工作提供经验借鉴。

（二）搭建供应链风险指标库

供应链数字化风险指标库是对具备在线监控条件的风险点开展监控建模，形成智能化、模块化监控指标。风险指标库基于 ESC 部署，可实现对供应链横向到边的全链监督、纵向到底的协同监督和对关键环节、重要风险精准预警的靶向监督。

1. 风险指标库主要功能

智能化监控。针对业务已全面线上开展、具备监控条件的风险点，依托 ESC 汇聚"5E"源端系统业务数据，利用各类算法开展数字化建模，形成风险监控指标，实现对供应链业务风险的全面、实时、精准的智能化监控。

模块化配置。风险指标库采用模块化应用配置，根据监管重点进行动态配置。针对高优先级的业务风险，设置指标为"激活"状态，启用实时在线的监控预警；对于长时间无预警、近期无必要监控等指标，设置指标为"休眠"状态，退出在线监控，保留在风险指标库中。

2. 风险指标库运行机制

总部风险库全网监控、全网共享。ESC 建设全网通用监控指标，全网业务统一监控，监控结果全网共享。省公司风险库个性监控、亮点上报。省公司可自行建设个性指标，亮点指标及监控情况可上传总部。

3. 风险指标库部署方式

风险指标库采用两级部署、一级总览模式。ESC 建设两级风险指标库总览看板，省公司级风险指标库建设情况、指标内容及监控结果传输至总部，可总览全网两级风险指标库的建设及应用情况，对合规监督实施效果进行直观、量化评估，实现对各单位监督情况的再监督。

（三）供应链运营平台数字化监督应用

1. 供应链风险事件在线监测

将风险知识库中的风险点转化为数字化监督手段，在事前和事中应用合规风险探针（简称"探针"）主动防控业务风险，在事后应用监控预警指标（简称"指标"）督办整改业务异常问题。持续将风险点监控从"人防"向"技防"转变，不断"织密"数智风险防控网络。

（1）合规风险探针。探针是把业务规则嵌入到工作流程中开展监督的手段。在源端业务系统嵌入取数规则、监控频次和拦截规则等防控策略，利用平台主动识别和拦截供应链运行过程中发生的风险，及时反映风险的存在和影响，避免问题屡查屡犯。

探针用于供应链风险的事前事中主动干预，适合源端系统具备嵌入条件的业务。

（2）设计原则。探针须考虑嵌入后对源端业务流程在实时性、系统稳定性和数据安全性的负面影响。对于实时性强、多系统耦合的业务，须谨慎考虑探针的嵌入位置和方式，如物流自动记账环节探针，应保障财务系统联动记账的效率和稳定性。对招投标敏感场景的探针须考虑数据安全和隐私保护，应进行必要的加密处理和权限增强。对于更关注业务结果的时效而非流程过程的，不宜使用探针而建议使用指标。

（3）管理策略。探针的管理策略按照风险等级分为"微提醒"、"软隔离"和"硬阻断"三种。"微提醒"用于事前告知业务潜在风险，采用"弹窗提示"的模式，引导主动核查风险。如到货验收不及时的提醒，电商物资到货 7 日后还未开展验收，提醒及时办理验收与货款支付。"软隔离"适用于风险尚在可控阶段的业务，采用"审核解冻"模式，责令主动干预或分流。如围串标行为识别，检测出围标数据特征，经取证、查实后避免影响市场公平竞争。"硬阻断"适用于阻断必然引起违法违规问题的操作，以系统强控的方式，直接熔断业务，避免违规问题发生。如超规模领料，若累计物资领用超过可研规模，直接作废本次领用申请。

2. 供应链风险事件在线处置

在线处置包括异常事件处置、预警事件处置（处置流程详见图 7−1、图 7−2）。

异常事件处置是对预警级别为红色预警的"合规指标"，自动生成异常事件，下达督办单。对规定时间内未消除的异常事件，自动列为黑名单，直至异常事件消除。预警事件处置是对预警级别为红色预警的"效能指标"，自动生成预警事件，下达预警风险提示。对规定时间内未消除的预警事件，自动升级为督办事件。根据预警风险的重要性和复杂性，将反复出现的问题或长期未得到解决的事件列入黑名单，采取更加严格的处理措施或列入黑名单。

3. 供应链风险事件在线闭环

依托两级供应链运营调控指挥中心，对供应链问题责任主体开展线上整改闭环督办，对供应链参与主体开展合规性动态诊断与考核评价，对不同参与主体差异化补齐合规管理薄弱环节，精准提升供应整体合规水平，实现监督的智慧管理。

（1）异常事件闭环管控原则。

风险处置遵循"闭环管控"原则。针对事后监督发现的问题线上开展"发现问题−督促指导−制定措施−整改销号"风险闭环管控，针对事前事中发现的问题直接实时干预，全时、全量识别业务异常问题，自动生成预警事件并触发督办流程，责任

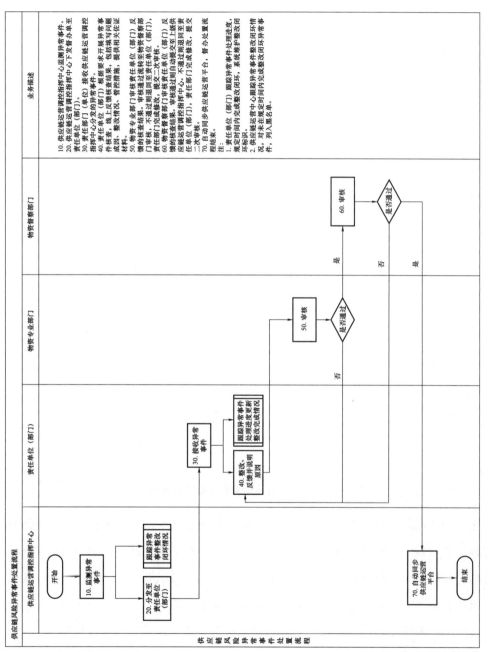

**图 7-1　供应链风险异常事件处置流程图**

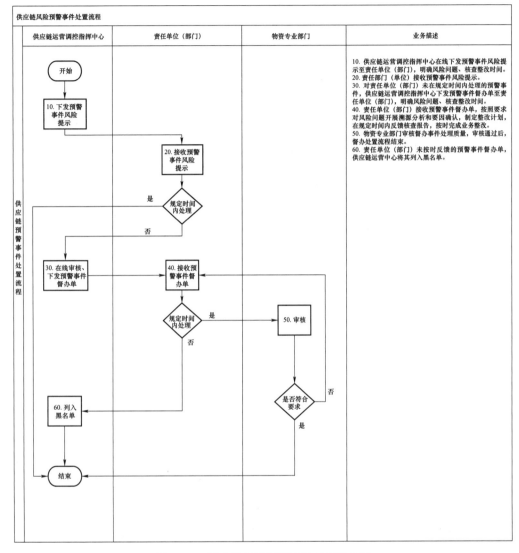

**图 7-2 供应链风险预警事件处置流程图**

单位在线整改闭环，设置督办反馈及时率、问题整改闭环率两大指标评估问题整改闭环督办工作质效，形成"当下改"与"长久立"相结合的供应链异常问题两级闭环反馈机制（供应链异常问题两级闭环反馈机制图如图 7-3 所示）。

闭环督办遵循"立查立改"原则。主要包括下发、反馈、闭环三个环节。下发督办，系统根据预警事件自动生成督办单，并按时下发给责任单位。核查反馈，责任单位接收后限时整改，并在线维护问题成因和整改措施。核查闭环，按时反馈并通过质量审核的视为流程闭环，否则重新启动督办。

问题整改遵循"持续改进"的原则。将新型风险在风险知识库中滚动更新，将管控对策融入管理机制，不断完善通用制度、业务流程、监督要点，使管理制度更加科学、规范和有效。

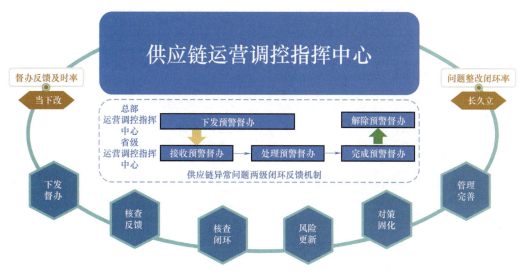

图 7-3　供应链异常问题两级闭环反馈机制图

（2）总部异常事件闭环管控。详细管控流程及措施如表 7-2 所示。

表 7-2　　　　　　　　　　　总部异常事件闭环管控工作表

| | 总部业务异常事件管控措施 | 省公司（下属单位）业务异常事件管控措施 |
|---|---|---|
| 问题分发 | 总部供应链运营调控指挥中心将异常问题分发至国网物资公司各业务部门，并抄送国网物资部对应专业处室 | 总部供应链运营调控指挥中心通过 ESC 两级协同功能，将问题分发至各省供应链运营调控指挥中心。各省供应链运营调控指挥中心，将异常问题分发至省物资公司业务部门，并抄送省公司物资部对应专业处室 |
| 问题整改与说明 | 国网物资公司各业务部门针对接收的异常问题开展业务整改，填写异常问题的原因类型、详细原因、整改情况或特殊说明，反馈至总部供应链运营调控指挥中心 | 各省物资公司业务部门针对接收的异常问题开展业务整改，填写异常问题的原因类型、详细原因、整改情况或特殊说明，按时反馈至各省供应链运营调控指挥中心 |
| 问题整改情况审核及审定 | 总部供应链运营调控指挥中心将反馈情况提交至国网物资部监察处，由监察处组织专业处室审核、分管领导审定后，反馈至总部供应链运营调控指挥中心 | 省级审核：省供应链运营调控指挥中心将反馈情况提交至省公司物资部督察处，由督察处组织专业处室审核、分管领导审定后，反馈至省供应链运营调控指挥中心。省供应链运营调控指挥中心将经督察处审定的问题，通过两级协同功能提交至总部。<br>总部审核：总部供应链运营调控指挥中心将反馈情况提交至国网物资部监察处，由监察处组织各业务处室进行专业审核，涉及专业问题由各处室与省公司沟通确认。最终由监察处审定 |
| 问题整改关闭 | 总部供应链运营调控指挥中心将经国网物资部监察处审定的问题，在 ESC 进行闭环，处理流程结束，问题关闭 | 总部供应链运营调控指挥中心将经监察处审定的问题，在 ESC 进行闭环，处理流程结束，问题关闭 |

（3）省公司异常事件闭环管控。详细管控流程及措施如表 7-3 所示。

表 7-3　　　　　　　　省公司异常事件闭环管控工作表

| | 省公司业务异常事件管控措施 | 地市公司（下属单位）业务异常事件管控措施 |
|---|---|---|
| 问题分发 | 省供应链运营调控指挥中心将异常问题分发至省物资公司各业务部门，并抄送省公司物资部对应专业处室 | 省供应链运营调控指挥中心，将异常问题分发至地市公司供应链运营调控指挥中心，并抄送省公司物资部对应专业处室 |
| 问题整改与说明 | 省物资公司各业务部门针对接收的异常问题开展业务整改，填写异常问题的原因类型、详细原因、整改情况或特殊说明，反馈至省供应链运营调控指挥中心 | 各地市公司供应链运营调控指挥中心，组织本单位相关业务部门针对接收的异常问题开展业务整改，线上填写异常问题的原因类型、详细原因、整改情况或特殊说明，反馈至各省供应链运营调控指挥中心 |
| 问题整改情况审核及审定 | 省供应链运营调控指挥中心将反馈情况提交至省公司物资部督察处，由督察处组织专业处室审核、分管领导审定后，反馈至省供应链运营调控指挥中心 | 省供应链运营调控指挥中心将反馈情况提交至省公司物资部督察处，由督察处组织专业处室审核、分管领导审定后，反馈至省供应链运营调控指挥中心 |
| 问题整改关闭 | 省供应链运营调控指挥中心将经省公司物资部督察处审定的问题，在 ESC 进行闭环，处理流程结束，问题关闭 | 省供应链运营调控指挥中心将经省公司物资部督察处审定的问题，在 ESC 进行闭环，处理流程结束，问题关闭 |

# 第二节　供应链运营全程监控预警核心场景

围绕合规指标异常事件督办、效能指标预警事件提醒两大场景形成监控矩阵。其中在合规指标异常事件督办上，从采购时效性、供应商不良行为处理、供应商履约、评标情况异常等方面，通过搭建"两库一平台"，进行覆盖产业物资全场景、全流程、全环节的数字化监控预警，带动企业降本增效。在效能指标预警事件提醒上，则从物流成本监控、交货准时率监控、库存周转率监控等方面，将对供应链监控扩展到计划管理、建设管理、设备管理、运检管理等生产管理全流程，为精益生产、智慧运营提供监测支持，推进企业生产运营的数字化智能化转型。

## 一、合规指标异常事件督办

针对合规指标，监控平台可自动生成异常事件。督查人员可在线启动两级整改督办，将异常事件及时下发或分发至责任单位，督办其进行问题原因说明及整改。异常事件可自动分发、在线流转，可多终端、多平台随时随地查询处理，最终实现异常问题的闭环整改。

（一）采购时效性监控预警

对于整个物资供应周期来说，现场施工和供应商生产周期都是刚性的，如中标结果未能及时发布，将严重影响后续物资的供应，施工进度无法得到保障，因此，需要将采购时效纳入监控体系。通过获取 ECP 平台采购过程信息，按照常规招标批次采购周期不超过 40 天的要求，对计划申报到中标结果公示环节时长进行监控，设置各环节合理时长，对剩余天数进行监控。例如，评标活动结束后，定标阶段时长小于 2天则进行预警提醒，督促及时开展定标活动，确保中标结果按期公示。

（二）供应商不良行为处理监控预警

将供应商不良行为处理业务从线下移至线上，"全流程、全节点"纳入监控预警范畴，实现全面效能提升。针对供应商在 6 个阶段存在的不良行为，从 5 个维度将其归纳为 43 种，固化至 e 物资质量监督模块，便于各专业快捷、准确提报供应商不良行为事件。针对业务链中"不良行为事件审核""处理发布"等 7 个节点，设置工作提醒和预警功能。各环节的工作提醒时限为 3 天，超期即发布预警，使供应商不良行为事件处理时间由过去的线下不透明，到如今的线上透明。针对"不良行为事件约谈"、"整改"和"验收"3 个环节的资料完整性进行监控，以不良行为事件约谈为例，该环节包含约谈记录上传和约谈结果录入两个步骤。完成相应操作，对应指示灯变为绿色，否则为红色，两步操作完成后，方可进入下一环节。上传后的资料可以进行在线预览，改变以往线下的材料整理工作，实现线上的约谈记录准确完整，可回溯查询。最后，通过 e 物资和 e 链国网信息发布平台，公布供应商不良行为处理结果，在各专业有效应用。

（三）供应商履约监控预警

因管控手段缺失，供应商真实生产情况难以实时掌握，对历史履约问题分析发现，其中因供应商自身经营造成的占比超过 15%。通过获取供应商用电量，以及 EIP 物资排产等数据，应用人工智能技术，构建供应商履约风险监控模型，智能分析用电量与排产执行进度的一致性，自动预警存在风险的供应商。收到预警信息后，通过 EIP 对生产现场进行视频核查，并将预警信息推送至相关业务部门，协同处置，真正做到防患于未然。在疫情期间，供应商履约风险防控得到了进一步应用，通过对用电量数据分析，感知供应商实际产能恢复情况，与协议库存分配环节联动，订单向已复工供应商倾斜，助力疫情控制后电网建设第一时间复工复产。对于主网物资，在驻厂监造、出厂试验等环节设置了 3 个效能监控指标；对于配网物资，在仓储验收、物资抽检等环节设置了 25 个效能监控指标，加强了物资质量管控。

（四）协议库存份额监控预警

在协议库存执行过程中，协议份额无法满足实际需求时，将会导致物资需求计划无法按期上报，进而影响工程进度。建立供需平衡监控协同机制，当执行进度达到 80% 时，结合历史出库数据、投资额、在建项目类型等因素，利用组合神经网络算法，对下一招标批次前剩余份额无法满足物资需求的情况进行预警，将有关结果反馈至计划、采购环节，合理增加采购批次，同时协同项目单位适当调整项目安排，合理上报需求计划，提升协议执行对物资持续供应的支撑能力。解决了协议库存份额不足的问题之后，可与供应商签订合同、制定供应计划，并安排生产制造，在这三个环节中，共设置 14 个效能监控指标，对供应履约环节开展监控。

（五）积压物资监控预警

积压物资占用仓储资源，增加运营成本，同时存在消减难、增速快等问题。为了让积压库存"消肿"，通过贯通 ERP、WMS，监控分析物资的入库、库龄、出库情况，对在库时间临近 360 天的项目暂存物资和在库保管临近 720 天的可用退役物资，向项目部门推送预警和提示，督促项目单位及时领料，并将信息推送至物资计划、仓储专业，协同开展平衡利库；对于一些不易利用的"钉子户"，通过项目部门推送给设计单位，从源头利库，或由物资部门申请报废处置，闭环督办，逐条销号。

（六）评标异常情况的监督监控

评标专家异常评分核实监控。从评标现场关键环节监督记录表和 ECP2.0 中提取相关数据，将 ECP 中评标专家异常评分专家人次数与评标现场关键环节监督记录表中的核实专家人次数进行比对，将比对结果，作出监督结论（一致为合规，不一致为违规）传输至 ESC。

智能化监督现场应用监控。在评标结束前四项监督任务完成按钮均启动，表示实现了此项招标采购任务的在线全程监督工作，同时可以根据按钮状态，显示进度情况。

拒收逾期送达投标文件监控。从开标现场关键环节监督记录表中提取相关数据，将实际截标时间与公告截标时间、逾期递交投标文件份数与拒收投标文件份数进行比对，将判定结果（合规或违规）传输至 ESC。

开标时间与地点合规性监控。从开标现场关键环节监督记录表中提取相关数据，将"实际开标时间、地点"与"公告开标时间、地点"进行比对，将判定结果（合规或违规）传输至 ESC。

## 二、效能指标预警事件提醒

针对效能指标，监控平台可自动生成预警事件，提醒各专业人员及时开展业务处理及应对措施，避免风险发生。预警事件生成后，由各专业进行在线点击查看，督察处室可对查看情况开展统计，针对"久未点击"等情况向专业处室进行提醒，提示专业人员尽快开展业务应对。

（一）物流成本监控预警

物流过程中存在的风险包括供应链中断、天气灾害、设备故障等，针对物流过程中各个环节，通过风险评估，能够全面了解这些风险对成本的潜在影响，有针对性地做出相应准备，确保物流成本的控制和优化。以物流运输环节为例，通过分析天气、交通拥堵、车辆装载情况等因素，评估运输过程中的风险并进行预警。根据评估结果，制定相应的预案，如提前安排备用车辆、灵活应对天气变化等，以减少因风险引起的物流成本增加。

（二）交货准时率监控预警

交付准时性是供应链管理中的重要目标之一。准时交付可以提高供应链的响应速度和效率，降低存货成本和运营风险。通过对订单交付时间与承诺交付时间的监测，衡量供应链中各环节准时交付的百分比。通过监测计算实际交货时间与承诺交货时间之间的差值，评估供应链中交货时间的稳定性和一致性，衡量供应链的稳定性。

（三）库存周转率监控预警

库存周转率指的是企业在一定时间内库存的周转次数。较高的库存周转率意味着企业在库存管理和调配上更为灵活和高效，能够减少滞销和过期库存，降低库存成本。而较低的库存周转率则可能导致资金占用过多，影响企业的经营效益和现金流。根据国家电网公司实际情况，设定库存额、库存占比、库存周转率等关键指标。并依据物资的采购周期、供应链的稳定性以及市场需求的波动等因素，设定预警值，出现超出阈值情况进行实时预警。从而可以更好地控制库存成本、提高库存周转率，避免过剩或缺货风险，提高企业的运作效率和竞争力。

（四）供应链可靠性监控预警

供应链可靠性指的是企业在供应链中各个环节能够按时、按量、按质地完成任务的能力。较高的供应链可靠性意味着企业在供应链管理上具有较强的协调和风险控制能力，能够应对各种不确定性因素，保证供应链的稳定运行。而较低的供应链可靠性则可能导致订单延误、产品质量问题等，影响企业的声誉和市场竞争力。供应链可靠性监控是一个综合性的工作，主要从供应商管理、物流管理和库存管理三个方面进行监控和评估。供应商管理包括对供应商资质、信誉、供货时间、产品质量等指标的监控预警；物流管理包括对货物运送时间、货物安全性、完整性等指标的监控预警；库存管理包括对库存量、采购计划值、销售预测值等指标监控预警。

（五）供应链灵活性监控预警

供应链灵活性指的是企业在供应链中能够快速响应市场需求变化和风险的能力。较高的供应链灵活性意味着企业能够灵活调整生产和供应计划，适应市场的变化，降低市场风险。而较低的供应链灵活性则可能导致企业无法及时适应市场需求变化，错失商机。通过对供应商绩效评估指标、物流运输时间指标、市场价格波动指标等的监测和分析，可以及时察觉到可能存在的风险，并做出相应决策。

# 第三节　供应链运营全程监控预警典型案例

## 典型案例一：基于工程里程碑规划的物资全流程管控体系创新与实践

（一）案例简介

随着我国电力需求不断加大，电网规模持续扩大，对电力高质量服务要求及工程投资监控需求不断提升。尤其，近几年极端恶劣天气、公共卫生事件多发，对电力公司在应急状态下的物资保供提出了更大的考验。同时，为进一步支撑国家统计局固定资产投资统计制度变革平稳过渡，国网发展部、财务部对固定资产投资财务支出及时性和规范性管理提出了更具体的要求，因此，亟需提升工程物资的管控水平，助力工程项目建设稳步推进。国家电网某公司聚焦供应链资源保障能力、风险防控能力、价值创造能力、行业引领能力，深化效率、效益、效能提升，践行供应链运营调控指挥中心最新"五全"职能定位，以国家统计局最新使用的财务支出法作为原则，将工程里程碑进度节点与各阶段物资的实际情况相关联，汇聚工程项目的物资采购、物资管控、物资结算全量数据，结合两级风险预警协同机制，构建基于工程里程碑规划的物资全流程管控体系。

（二）主要做法

基于 ESC，运用 Sodata、SQL 等统计分析工具，汇聚 ECP、EOP、ERP 跨平台的全流程数据，构建基于工程里程碑规划的物资全流程管控模型，实现工程项目及物资全流程数据汇聚、分析应用、风险闭环管控，深化数据应用价值，反促物资、工程、财务专业信息管理、业务管理水平提升，助力打造全链条业务可视、全流程数智分析、全方位敏捷响应的工程物资供应链，如图7-4所示。

**图7-4 基于工程里程碑规划的物资全流程管控体系**

1. 工程项目及物资全流程数据汇聚

工程项目及物资全流程数据是供应链运营分析的关键支撑。在项目管理数据方面，提取项目基本信息、项目计划、项目执行、项目预算等关键信息，覆盖项目从计划申报至财务结算的全过程。在物资管理数据方面，汇同物资各个业务领域相关数据，包括物料凭证数据、计划申报数据、招标采购数据、合同签订数据、供应履约、款项结算数据等。

2. 工程物资全流程数据分析应用

建设项目物资投资完成情况应用。可视化展示项目当前的月度投资完成金额、年度累计投资完成金额、项目累计投资完成金额等关键信息，支撑根据建设单位、项目类型、项目名称等维度检索，辅助各级业务及管理人员根据工程进展获取物资状态数据。

建设"一站式"项目物资全流程信息查询及可视化应用。动态关联物资与工程里程碑建设情况，实时更新物资在工程项目中的供应进展、款项支付状态，支撑各专业、各业务部门之间项目全流程信息共享，对于项目物资异常情况及时干预，确保物资供应及时，稳步推进工程建设。

建设工程物资款预估测算应用。将物资全过程管控与财务资金管控进行关联，提升项目物资款支付需求与固定资产投资计划、项目实施进度间的匹配程度，便于管理人员将工程物资款测算情况与工程进度监控数据进行对比，快速识别各节点潜在的问题并提前干预，全力做好工程项目物资供应保障工作。

3. 工程物资全流程风险闭环管控

设置工程物资全流程预警指标。结合工程建设里程碑规划，实时动态捕捉合规、效能风险指标详情。按照异动、风险、问题生成全链路知识图谱，建立角色导航流程，精准分发预警任务，反馈物资及工程项目管理人员的落实整改，支撑工程物资风险精准管控。

针对项目物资运营情况开展统计分析。发现业务指标异动后可直接穿透指标查询明细数据变动情况，精准分析解释指标异动的成因，快速进行问题溯源、责任定位，辅助业务人员进行闭环整改，达成物资项目全流程风险精准管控目标。

4. 工程物资数据多维稽查与价值深化

实现从物料、项目、投资 3 个差异视角的工程物资全流程数据交叉核验，对问题数据进行追本溯源。对于人工失误、取数逻辑错误等信息方面成因，进行系统校验和修正，提升底层数据的准确性和有效性。对于业务衔接不畅、管控力度不足等管理方面成因，按照"专业-环节-部门-人员"责任层级，分别提供业务改进建议和决策依据，反促物资、建设、财务专业的信息管理、业务管理水平提升。

（三）管理成效

1. 运营管理

（1）提效率方面。通过一站式项目物资全流程信息查询及可视化展示，支撑各物资专业、各业务部门之间项目全流程信息共享，实时掌控项目投资完成进度，业务协调效率提升 80% 以上。

（2）增效益方面。通过项目全流程、工程物资款预估测算功能建设，汇集融合各类业务数据，公司项目管理人员可通过 ESC 一站式查询从需求提报到质保办理 12 个环节项目物资采购、管控、结算信息，准确率达到 100%，人均每月节省项目进度查询、协调时间 5 个人天以上；主变压器等 5 类重要物资项目年度采购成本实现 100% 提前预控。

（3）促效能方面。以项目物资采购、物资管控、物资结算全过程管控为切入点，实现项目全流程风险闭环精准管控，做到项目投资情况"尽收眼底"，监控预警问题"精准定位"，预警任务"精准派发"，业务薄弱环节"诊治提升"。供应链运营调控指挥中心每月分发处理预警任务能力由目前 2000 条提升到 5000 条以上。

2. 应急响应

（1）提升物资供应保障能力。运用 ESC 一站式项目物资全流程监控功能，实时掌握应急物资需求单位、项目、数量、地点、型号等核心信息，结合实物储备、协议库存匹配、跨省调剂等物资调拨手段，满足电网恢复重建物资需求，将紧急情况下物资送达时间缩短至 4h 内，实现了每一笔应急物资需求按时配送至抢修队伍手中的目标，整体配送效率提升约 25%，全面完成了应急状态下全时段、全地域、全品类物资可靠供应，充分发挥企业责任担当。

（2）深化物资数智管理水平。多功能联动实现业务线上流转、信息系统贯通、数据深度挖掘，提升各专业间的智能化协同、智慧化运营能力。有效解决应急状态下，公司依赖单系统平台进行业务操作的原始模式，充分调动供应链活力与动力，提升整体资源利用效率约 50%，人工作业成本降低约 60%。

### 典型案例二：基于控制塔的可视协同运营平台

（一）案例简介

配电网是电网企业保障电力供应和服务民生需求的"最后一公里"。国内特大型城市，具有人口众多、用电负荷密集、电力运行中断损失大等特点，频繁的工商业活动，需要电力公司提供更加高效可靠的配电网建设服务，对配网物资供应提出了更高的要求。国家电网某公司综合应用数字化信息化手段，实现配网工程供应风险在线精准识别、加快配网工程配套物资响应速度、提升紧急状态下的供应链韧性水平，以数据赋能管理决策，提升配网工程供应链运营效率和供应保障能力，让"需求单位更省心、更放心"，持续推动物资管理提质增效。

（二）主要做法

打造供应链导期智能运算器，实时计算供应导期监控时效风险；在线应用链路仿真模拟器，精准可视定位时效风险点；构建智能响应方案求解器，输出符合条件的供应策略，保障配网工程物资供应。

1. 打造供应链导期智能运算器

深挖监控预警平台积累的二次数据，以供应链时效性分析为基础，通过测算供应链关键业务各环节起止时间，获取各监控节点实际业务作业时长，进而对各环节导期开展供应链全流程时效分析。借助正态分布、XGBoost回归等算法模型，识别对业务流处理时效关键影响因素，判定不同因素对供应链时长的影响程度，应用BP神经网络算法、多元线性回归（最小二乘）等算法构建不同节点的业务流处理时效特征模型。

2. 在线应用链路仿真模拟器

从数理特征统计分析，洞察业务规律，将公司配网项目物资需求划分为平时业务、紧急需求、特定场景三类。平时业务主要是指一般正常业务流程下的需求，紧急需求是指需求时间紧急且以协议库存分配方式满足供应的需求，特定场景是指以库存供应方式满足供应的需求，并对需求开展在线模拟仿真，可视化展示需求时效链路，精准定位时效堵点和风险点。

3. 构建智能响应方案求解器

综合比对需求日期和运算器在线计算的供应链导期差别，通过调整供应策略，提高流程管理时效要求。构建智能响应方案求解器，智能推荐满足时效要求的供应方案辅助业务决策，实现供应链的敏捷反应，全面提升配工程物资供应链韧性水平。

（三）管理成效

1. 管理提质成效显著

（1）配网工程建设物资供应响应速度大幅提升。通过供应链导期在线智能计算与实时比对，实现了时长风险在线实时识别，提高了风险识别效率，通过求解器为业务推荐处理方案，大幅下降了业务协调时间和方案决策时间，配网工程建设物资供应响应速度大幅提升。

（2）急时配网工程建设物资供应能力大幅提升。在紧急需求情况下，通过导期优化运算器可实现紧急需求自动识别，重点监控，做到需求必响应；通过模拟求解器，可以从时效、供应商、库存供应等多个维度开展最优供应方案求解，做到需求能满足。

（3）特定库供加速流转促进库存资金占用有效下降。通过精准识别了特定场景下的库存供应需求，监控加速内部作业，实现库存供应物资送达工程现场时长缩减，库存流转的加快，有效降低了安全库存要求。

2. 社会溢出效应明显

（1）推动供应链风险防控力有效提升。通过"智能化监控手段＋数据赋能管理模式"，精准调整管理要求，实现物资供应监控预警差异化、管理要求科学化，大幅提升了物资供应效率。通过打造大数据驱动下的"多维分析－策略优化－规则应用－管控闭环"的配网工程供应链管理新模式，以多角度供应链时效性分析发现流程作业时间优化点，以科学、合理的供应链导期建议指导业务作业，以固化的监控规则形成常态化工作标准，以定期的监控结果分析支撑项目采购供应流程持续优化，以共享服务模式满足需求基建、营销等需求侧对供应导期的获取需求，满足供应时效性要求，提升项目物资供应保障能力。异常协调时间控制在 2h 内，供应链风险消缺闭环率 100%。

（2）推动供应链资源保障力有效提升。目前基于数据驱动的资源配置体系已经启动运行，取得良好的成效。在面对复杂多变的内外部环境，该体系加快了现代物流新运营模式、新平台的磨合优化，助力现代物流体系全面落地；借助物联感知技术数据采集及大数据分析模型，实现物资供应链全盘资源整合与实时监控，系统化提升资源配置能力，实现供需精准对接；借助全量资源数字化平台，推动了资源配置工作更加数字化、智能化、精益化、协同化，实现打造建物资供应资源配置"一盘棋"格局的总目标。

（3）推动供应链行业带动力有效提升。通过大数据赋能物资管理优化，不断增强物资响应能力和可靠性，实现用数据精准指导、指挥业务运作转变，保障项目物资供应，为提升地方营商环境作出贡献，全力支撑 Free3.0 营商环境－接电时长最优的管理目标。推动建设和应用"平急结合"的物资供应导期优化策略，有助于充分发挥电力央企"链主"作用，引领支撑产业链供应链上下游企业协同发展，强化产业链、稳定供应链，共同推动能源电力产业链供应链自主可控、安全可靠、质量提升，实现高质量发展，为保障国家能源安全提供坚强有力支撑。

## 典型案例三：配套物资智慧管控体系

（一）案例简介

为保障业扩配套物资及时供应，进一步提升物资供应保障质效，业扩配套物资供应按照"标准物料、集中采购、实物储备、主动配送、及时结算、动态补库"的物资供应模式开展工作，通过规范化管理及信息化建设解决积弊已久的业扩配套物资精准储备难、物资供应慢、流程管控缺失问题，构建计划仓储配送一体化管理模式，实现储备精准、补库及时、供应有序，确保国家电网公司要求的业扩工程"合理预测需求规模、适需增加采购批次，规范协议匹配执行、及时响应紧急项目需求，建立清单管控机制，加强重点项目物资保障，强化资源统筹调配，合理疏导供需矛盾"，全面做好用户红线外接入工程物资采购供应保障工作。

（二）主要做法

国家电网某公司通过业扩项目的业务数据分析，联动"供电服务指挥平台"业扩全流程管控模块业务节点信息，贯通汇聚 ERP、营销系统、PMS2.0 等全量数据，搭建 ESC"业扩配套物资监控管理平台"，上线"辅助货源确认""补库策略智能制定""物资活跃度分析"等多个智能工具，作为业扩配套物资管理机制的信息抓手，实现了业扩数据精准指导、指挥业务运作的数字化智慧运营。

1. 明确业务范围及数据边界

（1）业扩定义。业扩配套项目属于中低压基建配网项目，范围包括业扩接入引起的公共电网新建和改造、各类工业园区、开发区内 35kV 及以上中心变电所以及电能替代项目、电动汽车充换电设施红线外供配电设施，涵盖从公用配电设施的"T"接点至小区配套配电室和自小区配套配电室高压出线柜至业扩配电室，再由业扩配电室低压柜到各个配套网点总箱开关上端（电力电缆、设备）、单体楼动力柜开关上端供配电设施，包含电力设计、电力设备材料采购、工程安装施工、调试试验、送电投运、竣工验收等，不包含土建工程。按照业务规则：业扩在 ERP 系统中的项目类型是 18 开头的 10kV（含 20kV）及以下基建配网项目，在项目的描述中有"业扩"字样。

（2）数据边界。建立业扩全流程管控工作协调机制，物资部负责业扩配套电网项目物资供应管理。为更好服务业扩项目管理，改变了以往业扩项目由各项目分散采购，转变成由物资部统一集中采购。资金分配到每个单位 C4 包（业扩项目专项资金包），再通过 ERP 中转储的方式调拨给地市的业扩项目。在此基础上，有 2 类项目数据在考虑范围内：①各地市公司有 1 个 C4 包的项目；②各地市公司的业扩项目需以 18 开头序号制定，项目文本中需有业扩字样的描述。各级物资管理部门则需要统计本单位业扩物资的收、发、转储及物资需求计划、物资预测、定额储备等，并能够评价本单位的 C4 预算包运转周期情况是否良好。

2. 数据选取及处理

物资管理需要具有统计、分析、评价功能，能够评估预算周转速度、采购物资进度、3 天出库的管理、库存压降速度等各项指标要求是否得到满足，以判断各单位的业扩物资管理、业务运行状况是否得当，运营管理水平是否有增效空间。

通过中台取 ERP 系统数据：C4 包项目预算、预算耗用、物资计划采购数据、采购订单、收货、质检，取地市公司业扩项目的项目数据、领料、调拨、退料、领料单、预留、工单等信息、取物资公司寄售业务的供应商库存、寄售到货数据等做大数据统计处理业扩场景建设的基础数据，在此基础上构建业扩场景的指标体系，推荐地市单位使用定额储备策略，并建立模型对业扩的运营做评价，并在 ESC 按场景开发落地并使用"业扩配套物资监控管理平台"。

3. 分析方法选择

选择使用 Mean Shift 聚类方法进行数据的聚类分析。下面是选择 Mean Shift 聚类方法的主要原因：

无需预先指定聚类数量：与一些聚类方法（如 K-Means）需要预先指定聚类数量不同，Mean Shift 聚类方法可以自动确定聚类数量。这对于没有先验知识或者不确定聚类数量的情况非常有帮助。

适应密度变化：Mean Shift 聚类方法适用于数据中密度变化较大的情况。它能够自动识别密度高点，并以这些高点为中心进行聚类，从而能够捕捉到数据中的不同密度区域。

鲁棒性：Mean Shift 聚类方法对初始中心点的选择比较鲁棒，不容易受到初始值的影响。它通过在数据空间中迭代调整中心点的位置来寻找聚类中心，从而能够有效地处理数据中的噪声和异常值。

适用于非球形簇形状：与 K-Means 等基于距离的聚类方法不同，Mean Shift 聚类方法可以适应非球形簇形状。它基于密度的概念进行聚类，因此可以有效地处理数据中存在的各种形状的簇。

综上所述，选择 Mean Shift 聚类方法是为了能够自动确定聚类数量并捕捉数据中的密度高点，同时具备对密度变化和非球形簇形状的适应能力。这使得 Mean Shift 聚类方法成为本次分析中的合适选择。

4. 建立业扩的评价体系

通过以上物资活跃度模型量化评价的基础上，省公司层面需要综合评价各单位业扩管理能力：C4 包周转率表达在预算包的体量下已经购买的物资金额倍数；领料供给周转率表达业扩项目出库金额与预算包的倍数；物资活跃度表达单个物料的活跃性。综合以上 3 个要素，可以看到地市在业扩物资的管理水平。

（三）管理成效

1. 节约人力时间及成本

业扩配套物资管理全流程上平台，实现了全量资源快速精准查找，查找效率由几天压缩至几分钟，大幅缩短了资源查找耗用时间，减轻员工日常工作量。通过利用"互联网＋业扩"思维完成相关信息系统的适应性改造，从而构建"全流程线上流转，全业务数据量化，全环节时限监控，全过程互联互动"的业扩全流程信息公开与实时管控工作机制，实现压缩业扩报装全流程跨部门整体时长。

2. 提升社会服务成效及降低经济成本

ESC"业扩配套物资监控管理"场景将各地市单位业扩项目运输成本及物资成本进行对比，各单位可实时查看业扩配套物资运输费用占比，若指数功能性偏高，可自行研究调整运输方式及配送路线。平台根据需求紧急程度及时间先后顺序，自动生成区域配送建议清单，保证急需的物资优先配送、紧缺的物资第一时间配送，物资主动配送服务能力显著增强。

"领料单辅助货源确认"功能实现了全量资源快速精准查找，实现全网一盘棋统筹调配，唤醒沉睡资源，保障业扩项目物资快速供应的同时，助推公司降本增效。

## 典型案例四：物资全链业务运营监控体系

（一）案例简介

为落实总部绿色现代数智供应链工作要求并深化供应链"巩固提升年"热点专题《工程项目全链管控》专项研究成果的应用，进一步提高供应链运营调控指挥中心实用化水平，结合物资业务实际需求，国家电网某公司按照《关于落实绿色现代数智供应链发展行动的工作方案》和《关于进一步强化物资专业一体化运作的指导意见》等文件要求，开展了依托 ESC 进行物资全链业务数字化管理提升的一系列专项行动。聚焦过程管理、目标管理，以及重点业务管理，以物资采购订单为主线，坚持用数据说话，打造了贯穿物资专业内部全链各岗位工作的数字化监控运营系统。

（二）主要做法

通过数字探针系统实现业务过程风险防控、通过指标中心系统实现考核指标在线生成、通过业务专题系统实现热点工作重点关注，在确保物资全链工作过程与结果均实现数字化管控的同时，兼顾热点工作重点关注的实际需求，实现物资业务全方位数字化运营管理的新格局。

提质增效：宏观上对整体项目执行情况进行全面掌握。全局上把握物资管理各个核心环节，以项目为主线贯穿计划、招标、合同、供应、履约、质监等各个环节，基于全周期管理思路下，微观上统计各个业务环节应办、已办、未办及待办。统筹考虑投资综合计划，强化供应链一体化协同。提升物资各专业各环节办事效率，并基于系统操作层面提升数据的准确性及效率，缩短时效。

深化应用：在数字探针、业务指标等方面深入挖掘。按照"全景设计、全面覆盖、全链运营、全程管控"的总体原则，全方位打造供应链运营监控体系。辐射面较广，纵向深入省－市－县三级物资域管理人员及业务人员。业务执行层依据过程管控和结果导向为抓手，推动供应链协同高质量发展。

（三）管理成效

物资全链业务运营监控体系上线以来，省公司、市公司两级累计注册用户 1000 人，并发用户不低于 100 人，活跃用户数 300 人，功能活跃度 80%。充分发挥供应链运营调控指挥中心"管理中枢"的作用，帮助各级管理主体有效监控物资供应各环节动态，实现"全链督办，动态管控，智慧分析，自我优化"，助力"四个百分百"和"五个不发生"。

数字探针系统上线已满半年，期间累计业务信息 6800 条，整体运行情况稳定良好，达到预期效果。据测算，物资专业基层员工工作前准备用时及跨岗位工作用时大幅降低，工作效率提升约 80%，以往需人工电话通知、被动接受业务信息，以及工作周期较长等的工作转变为系统衔接、移动提醒，保障了核心业务的高效开展。

一站式指标系统上线，指标统一线上计算，在线发布，同时实现数据指标报送效率、效益、效果的全面提升，减轻了工作人员工作量，降低了工作人员上报数据指标所用时间，节约人力管理成本。规范数智指标报送流程，提升数据报送准确率，减少数据问题发生，减少管理成本，从根本上提升公司的数据管控和应用能力。

## 典型案例五：电商采购业务全流程风险管控

（一）案例简介

随着电网建设规模不断扩大，各单位物资需求急剧增加，电商采购物资数量逐年攀升，需进一步强化电商物资采购执行与协同的规范管理。降低供应商运营成本，提高工作效率的需要。国家电网某公司各地市及运维单位所处地域相对较远，原有的到货验收单等纸质单据签署流转往往是通过供应商人员到需求单位所在地办理或通过邮寄办理，供应商运营成本增加，工作效率低下。加强电商采购业务全流程风险管控，防范电商采购履约潜在风险以及进一步规范业务操作，依据国家电网公司电商物资相关规范要求，以近两年招标数量与实际采购数量、采购金额等数据为基础，分析数据差异，再结合采购执行中各需求单位反映问题，进行运营分析，全方位、全链条提升零星物资电商化采购管理水平，进一步发挥电商化采购便捷高效的优势。防范企业廉政风险的需要。原有的履约环节均线下完成，不可避免的存在业务人员与供应商面对面接触产生的廉政风险，为防止电商物资合同履约环节中潜在的廉政风险，构建"不能腐"保障机制，杜绝小微腐败现象发生，有必要实施电商履约环节的线上流转等工作。

（二）主要做法

通过历年电商物资采购数量与实际请购数量、采购金额的对比，分析产生差异原因并给出解决措施。加强电商基础管理，建设"一库两表一书一清单"基础标准体系，形成二级专区采购标准库，编制零星物资二级专区采购标准条目表和采购上限表，对应编制技术规范书，对于材质需要通过实物进行判别的零星物资，编制打样清单，形成基础体系，明确唯一码编码规则并利用系统进行规则校验，运用大量业务数据搭建电商物资预测模型，计算出未来 3 年的平均请购数量与金额，以及其上限和下限，在采购时平台进行智能提醒，避免采购量过高或过低，同时以供应链平台为依托，实现电商采购业务全流程线上流转。

1. 形成电商化采购"一库两表一书一清单"

一库是指采购标准库。对标准物料进行特征值拓展描述，上报总部，扩充一级标准库，在省公司二级专区采购标准库中引用，包含了 13 个大类、55 个中类、483 个小类，涵盖 3000 余个适用物料编码，提高了物资通用性。两表中的一表是指采购标准数量及条目表。结合近三年历史采购数据，对物料的基础价格、技术规范 ID，以及负责该品类技术把关的专业部门等进行详细描述，形成 1 万余条采购标准条目及数量表，计划申报时自动引用，大大提升采购效率。两表中的另外一表是采购物资上限表。分析不同物资特性、用途、采购量等，确定合理的采购上限，将电网物资请购上限设置为 300%、非电网物资上限为 200%、具有时限性、保质期的化工类物资上限为 50%、单一来源物资设置为 100%，规避后续形成积压、变质损坏等履约风险。一书是技术规范书。明确统一技术要求，对应编制形成 1252 本技术规范书，并在电子商务平台固化，便于需求单位应用。一清单是指打样清单。对于产品质量需要通过实物辨别的零星物资，要求投标人提供实物打样，供应时根据打样，对到货物资进行检测，防止合同执行风险。

2. 建立"电商物资唯一码"

以往物料编码的颗粒度不够，无法细分具体物料，所以需统一编码规则，对相同物料编码、不同扩展描述和不同固化 ID 号的零星物资进行物资唯一码赋码，并以物资唯一码作为"轴心"贯穿了零星物资从采购、供应再到入库的全过程，为电商物资平衡利库提供了便利与支撑。

3. 搭建电商物资预测模型

借助聚类、时间系列、回归模型、神经网络等方法，搭建电商物资预测模型，根据模型预测出计算出未来 3 年的平均请购数量与金额，以及其上限和下限，并部署至平台，在采购时会智能提醒，避免采购量过高或过低。

4. 贯穿电商采购全业务链

在计划管理中，直接引用前期已固化好的标准条目，根据实际情况去更改预测数量等基本信息，实现需求快速、精确编制。招标采购环节中，开发电商化采购行报价分析工具。设置相关价格公式，导出行价格对比分析结果，行报价偏差率超出 ±30% 的系统进行标黄处理，超出 ±50% 的则标红处理，避免供应商在同一包内不平衡报价情况。在合同管理环节，针对一个标包多个供应商中标，ECP 无法准确回传结果的难题，通过分项价格表进行中标结果拆分，并利用流程机器人，大大提升了合同签署效率。在供应履约环节中，实时同步"e 选购"收货数据信息，在平台自动生成电商验收单据。物资仓储环节，对在库在仓物资关联物资唯一码，完成物资出入库操作，有效解决利库利仓难题。质量监督环节，设置电商物资抽检策略，并应用于电商物资"一单一评价"结果。

（三）管理成效

建成标准体系，压降采购成本。"一库两表一书一清单"的零星物资标准体系以及全流程应用物资唯一码，有效压降采购金额并缩小电商物资采购数量与实际请购数量的差异，同时结合公司绿链建设工作，优化电商采购业务全流程，有效防范业务风险。

优化业务流程，提升管理效率。国家电网公司系统内首家贯通电商采购专区，实现国家电网公司电商采购需求与省公司供应链平台平衡利库流程无缝衔接。优化零星物资采购全业务流程，实现业务线上全留痕，全程可追溯。

深化标准应用，有效防控风险。有效推行采购上限表和打样清单，杜绝采购差异过大和换货风险。依据抽检范围，一键自动生成零星物资抽检计划，结合打样清单，有效规避质量风险。应用标准库后，招标数量与请购数量差异比缩至 10%。开发电商化采购行报价分析工具，实现供应商行价格智能比对、不合理报价提前预警，完成 91 万余条行价格数据比对，提示不合理报价 13 万余条。关联物资唯一码，进行物资入库、出库操作，对增量物资进行准确赋码，有效盘活物资资源。组织供应商开展不合格品召回与更换超 30 余万只。

# 第八章

## 未来展望

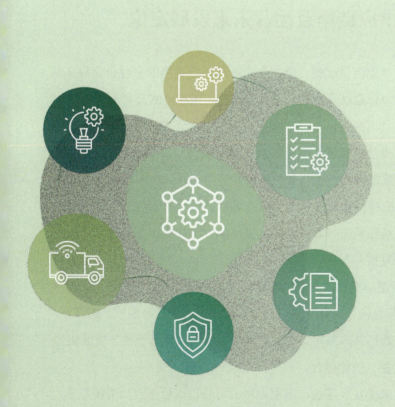

在数字时代，企业外部经营环境发生了翻天覆地的变化，大数据、云计算、物联网、移动互联网、人工智能、区块链等信息技术以及数字经济的发展，为供应链运营发展带来了新的机遇，信息革命将推动供应链运营和管理模式的变革。同时，国家电网公司绿色现代数智供应链的建设也为供应链运营深化提供了重要基础，通过行业级数字化平台的支撑、海量供应链业务数据的积累沉淀以及链主生态引领的产业协同基础，确保了供应链全链阳光透明运营、支撑未来发展的可持续性。未来，国家电网公司供应链精益运营的发展方向是打造行业级的供应链运营平台生态，并通过平台、数据、人才、技术、机制等方面的支撑，实现如下发展路径：在运营模式方面，以控制塔为依托；在前沿动向方面，以绿色低碳为引领；在价值探索方面，以高端智库为基础，最终支撑协同共享、数据驱动的运营价值创造。

本章主要阐释了国家电网公司供应链精益运营未来打造行业级供应链运营平台生态的发展定位，并对供应链精益运营未来发展支撑要素进行了分析。在此基础上，探讨了供应链精益运营未来的发展路径。旨在探索与世界一流企业相适应的供应链运营发展趋势，为实现供应链运营管理水平跻身世界前列贡献国网力量。

# 第一节　供应链精益运营未来发展定位

国家电网公司作为能源产业链供应链"链主"企业，具备典型的平台企业特征。随着数字经济发展、能源电力转型以及新型电力系统建设，国家电网公司未来将持续推动能源电力产业链供应链贯通融合，升级打造行业级供应链公共服务云平台，发展公共服务平台的平台经济，推动供应链数字经济新业态发展。

在此趋势下，供应链运营也将承担着从企业级运营迈向行业级生态运营的重要使命。未来，国家电网公司供应链精益运营将作为供应链数据资产探索者、运营价值引领者、生态资源协同者、前沿技术先行者、合规监督保障者，打造行业级供应链运营生态，持续赋能供应链创新发展。

国家电网公司供应链精益运营的发展将以基础大数据库为支撑，围绕供应链商流、物流、资金流、碳流、信息流，进行数据资产的深化运营，通过跨领域、跨行业、跨企业的专业化协同整合、数据共享共用、数据产品开发、风险数智管控、资源集约集中，实现供应链效率、效益、效能提升。

为支撑供应链精益运营未来发展落地，国家电网公司将以运营平台为关键载体、以数据模型为核心资源、以组织人才为生产动力、以配套机制为落地保障、以新兴技术为驱动引擎，以此支撑供应链运营由企业级运营迈向行业级生态运营。

# 第二节　供应链精益运营未来发展支撑

## 一、行业级的供应链运营数智平台

（一）打造行业级的供应链公共服务平台

随着国家电网绿色现代数智供应链建设的持续深化，国家电网公司将重点打造能源电力行业级的供应链公共服务平台"国网绿链云网"。国家电网公司供应链领域的系统将全部纳入到国网绿链云网"九中心一商城"（计划中心、采购中心、合同中心、质控中心、物流中心、标准中心、合规中心、数智中心、绿色中心、国网商城），实现覆盖规划设计、需求计划、招标采购、生产制造、产品交付、履约执行、施工安装、运行维护、退役回收九大环节的供应链全过程管理。国网绿链云网的建设将积极推动国家电网公司相关二级平台功能逐步向一级平台整合，形成统一对外的供应链管理平台，真正实现供应链业务的"一网通办"。

（二）推进供应链数智中心促进运营深化

数智中心作为国网绿链云网的重要组成，将作为国家电网公司供应链运营数据智能分析、管理决策支撑、技术理论创新研究的综合性战略研究中心。供应链公共服务平台上线后，供应链运营调控指挥中心将重点依托数智中心为数智平台载体进行运营深化。未来，国家电网公司将对原 ESC 升级，实现企业级工单、供应链数据图谱管理，构建分析模型，支撑全链业务开展运营分析、风险预警、资源统筹，深化供应链运营"智慧大脑"应用，促进业务间贯通协同。国家电网公司将持续完善数智中心功能，提升平台对供应链运营的支撑保障能力，同时充分发挥基层首创作用，及时吸纳应用效果明显、成熟度较高的供应链运营分析模型进入一级平台功能，从而加快模型建设成果转化，促进管理水平提升。基于国网绿链云网的供应链数智中心将提供供应链基础大数据库管理和供应链运营管理能力，并通过数据应用商店提供共享服务，实现供应链各类数据产品和服务的线上及时共享，支撑物资各专业以及政府部门、供应商以及其他供应链上下游企业进行供应链数据价值共享。

（三）持续强化供应链运营平台运维保障

未来，国家电网公司将持续健全供应链运营平台运维保障体系，常态化开展供应链平台问题分析研究和消缺，确保系统问题从提报、分析、测试、上线、验证全链条闭环快速处理，为系统稳定运行提供保障。同时，强化平台运维保障力度，健全常态化平台运维机制，确保基层问题快速响应、及时解决，支撑业务高效运转。

## 二、行业级的供应链运营数据底座

（一）全链数据贯通协同

随着数字化转型的深入，未来的供应链运营将更依赖数据，数据成为决策的基石。国家电网公司将持续深化基础大数据库建设，依托数据中台、能源大数据中心等基础设施，并依托实物 ID 码实现"业务流"贯通和"实物流"感知，打造供应链全链"一码双流"，从而持续推动供应链跨专业、跨层级、跨企业、跨行业、跨政府部门数据的有效贯通、全面汇聚，开展行业级的数据资产管理。

按照国网绿链行业级发展方向，未来供应链运营会将"一码贯八码""一码双流"等思路延伸到全供应链上下游，并与国家物联网标识体系 ecode 编码进行对接，延伸到原材料、组部件的信息，全面贯通供应链利益相关方的数据。

（二）行业级数据底座支撑

在夯实数据底座方面，国家电网公司致力于打造标准一致、质量优良的行业级工业数据库，并持续强化数据质量治理，加强数据源头管控。国家电网公司未来将持续完善供应链数据质量核查业务规则，实现源端系统数据的"边录入、边校验"的模式，从而大大提高源头数据的准确性，并结合数据主人制确保数据的规范性管理。通过中台传输链路问题治理，推动数据问题监测全面实现自动化、线上化，提高数据质量闭环管控能力。

在未来，国家电网公司将及时推出市场形势、行业发展、价格情报以及同业对标等"重量级"分析报告，以服务上下游企业，促使提质增效、行业转型升级，并为政府管理决策提供支持。同时，国家电网公司还将探索数据确权、流转、交易等配套机制，通过采购引领的方式，积极引导供应商等利益相关方参与到数据要素生产力的挖掘中，从而打造新型的供应链数字经济业态。通过全链运营优化提升，国家电网公司致力于塑造一个更具竞争力、高度数字化的供应链体系，适应未来市场的需求，并为产业升级和可持续发展奠定坚实基础。

### 三、数据驱动的敏捷组织人才团队

（一）供应链运营组织模式的演变

为了更好地支持供应链运营的发展，国家电网公司各级供应链运营调控指挥中心将在组织机构和人员配置优化、制度和理论体系完善方面持续迭代，以确保各项运营工作有序推进。未来，供应链运营组织发展将呈现以下特征趋势。

数据驱动决策的组织：未来，供应链运营的组织模式显著特征是数据驱动的决策。组织将更加注重数据收集、分析和应用，以支持实时决策。数据驱动将成为组织运作和决策的核心动力，有助于提高决策的准确性和效果。

网络化组织形态：在组织形态方面，供应链运营组织将更加倾向于网络化结构，这意味着组织将更加扁平，信息流、决策权将更快速地在组织内外流通。这种网络化结构有助于提高协同效率，促进实时信息共享。

开放式创新：未来供应链运营组织模式将更加倾向于开放式创新，更多与外部合作伙伴、供应商、各类行业智库专家等形成更加紧密的合作关系。通过开放创新，组织可以更好地借助外部资源和创新能力，提高自身的竞争力。

敏捷和弹性：未来组织模式将更加注重敏捷和弹性。敏捷性意味着组织能够快速适应供应链需求变化，弹性则意味着组织可以在供应链面对不确定性和冲击时迅速调整。这将通过采用敏捷方法论和灵活的流程设计来实现。

（二）精益运营时代的人才需求

随着绿色现代数智供应链发展，对供应链运营人才的综合素质、数字化技能、战略规划和可持续发展等多方面能力提出了更高需求。国家电网公司将持续深化供应链运营队伍的建设，加入国网绿链学习型社会组织，优化选人、育人、用人机制，构建灵活多元的精益运营人才团队。

灵活多元的团队：未来组织将构建灵活、多元的团队结构，不再受制于传统的部门和专业。团队将更加灵活地组合，以适应快速变化的市场需求。跨部门和跨专业合作将成为常态，以保证组织更好地适应多变的市场和技术环境，提高创新能力和问题解决能力。

人才需求的多样化：供应链精益运营未来发展将需要多学科、全方位的专业人才来应对不断变化的行业需求。未来需要具备深厚的数据分析和挖掘能力的专业人才，能够解读大量实时数据，并从中提取关键信息。数据科学家和分析师将在构建智能化供应链决策模型方面发挥关键作用。此外，具备高度战略性思维和规划能力，能够制定灵活的供应链战略以适应需求动态变化的供应链规划专家重要性将日益凸显。

学习型组织人才培育：在人才培育方面，国家电网公司未来将持续在总部、省、市三个层级选拔复合型的专家人才组建智囊团队，积极鼓励各级单位加入国网绿链学习型组织、行业相关学习型论坛，并结合集中培训、高培"云课堂"、国网绿链直播间等方式，以及定期开展供应链运营专题培训，提升队伍的综合素质和履职能力。

## 四、前沿技术引领的运营场景升级

（一）人工智能大语言模型

人工智能大语言模型是一种基于深度学习技术的大型自然语言处理模型，具有处理和生成人类语言的能力。它采用了更复杂的神经网络架构和更大的训练数据集，从而能够更好地理解和生成自然语言文本。深度学习技术的不断发展，GPT等人工智能大语言模型的逐渐成熟，将推动供应链在及时交互、快捷响应、智能分析、智慧决策等方面更加智慧高效。

供应链运营承担着供应链"智慧大脑"和"决策中枢"的重要定位，也是供应链智库和知识中心的重要载体。未来，随着供应链海量数据的持续积累以及模型库、知识库等智库的优化，对于供应链全业务数据的多维度统计和便捷交互的要求也越来越高。利用大语言模型构建可交互式的智能客服模式，可以自动化地处理海量的供应链数据，并通过数据挖掘和分析，揭示数据之间的潜在联系和规律。业务人员能够通过灵活的自然语言交互方式，快速准确地获取供应链各环节业务信息、运行趋势和解决方案，此外，通过在供应链全链智能统计分析中应用人工智能大模型技术，还能实现根据用户对话描述、主题等信息，实现自动查询业务信息、知识等，辅助生成统计分析报告及可视化图表，从而极大提升供应链运行和响应效率以及用户感知。

（二）可配置供应链运营策略

可配置供应链是一种供应链管理策略，强调供应链的可配置性，以便迅速调整和适应变化的业务需求、业务战略或其他外部因素。可配置供应链通过数字化技术，将供应链运营过程中的各类预警参数、规则、服务调用策略等进行封装，使得供应链运营管理人员能便捷快速进行策略配置，从而使供应链更加灵活、敏捷，并能够快速作出反应，以满足不断变化的业务环境。

供应链运营决策和指挥调度主要基于各种运营策略进行执行，随着供应链精益运营的持续发展，对供应链各环节的监控预警规则、执行策略等的要求日益灵活，尤其是针对应急工程物资供应保障等个性化需求，需要从供应链全链运营视角对业务流程、供应策略进行整体优化和快速响应。未来，通过可配置供应链，将实现供应链需求预测、协议匹配、物流配送、库存优化、供应商关系管理、监控预警等各类供应链运营场景策略的灵活配置，支撑供应链精益、敏捷运营能力提升。

（三）数字孪生供应链运营

数字孪生是现实世界实体或系统的数字表示，数字孪生供应链即数字化供应链大脑，通过将原本在现实世界中进行的试验试错和决策优化的过程放到数字世界中进行，在数字空间重构供应链并进行模拟验证，使得现实世界始终执行最优化的计划和决策。

随着数字化技术进步和供应链数据的持续积累，未来数字孪生在供应链运营领域将发挥更大的价值。数字孪生供应链通过模拟供应链业务运行流程，并针对不同流程中的修改结果进行建模，可以实现供应链流程优化改进；在应急情形下，通过在虚拟环境中进行不同决策场景的模拟，能够帮助供应链决策者快速选择最佳行动方案；此外，数字孪生供应链还可通过使用来自物联网设备、物流和运输数据库、供应商等的实时数据来进行库存优化。最终提高决策的准确性和运营管理水平。

> 利用数字孪生技术，企业可以更准确地预测物资需求，实现对整个供应链的实时监控，实时仿真模拟整个供应链，提供决策支持和情景分析，优化供应链网络，模拟管理产品生命周期。

延伸阅读

供应链运营中数字孪生的典型场景

（四）供应链超级自动化

超级自动化（Hyper Automation）是一种以最佳方式组合 RPA、人工智能（AI）、机器学习（Machine Learning）的先进自动化技术，用以实现端到端的自动化，大幅提高供应链流程的效率和准确性。它是 RPA 的更进一步发展，也可看作 AI 驱动的 RPA 技术。

供应链超级自动化将供应链的各个环节进行智能化、自动化的整合，实现从供应链全链条全流程自动化运作。在未来，供应链超级自动化可以为供应链精益运营提供许多关键优势，有助于提高效率、减少错误、提升可靠性，并使供应链运营更具敏捷性。

延伸阅读

超级自动化对供应链运营的价值

> 自动化流程能够实时收集和分析供应链中的数据，降低错误和人为干预，提升供应链更具敏捷性，降低运营成本并缩短处理时间，确保流程的标准化和一致性，增强供应链可见性。

### （五）其他新兴技术应用

除了上述新兴技术外，云计算、物联网、5G 等技术也将深刻影响供应链运营。云计算可以为供应链大数据分析和应用提供强大的计算存储能力，实现供应链管理的云端部署与协同，降低 IT 成本。物联网可以实现货物、设备、系统的实时监测和连接，为供应链管理提供海量数据支撑，实现端到端的运营管理、追溯和风险控制。5G 技术以超高速、超低延迟和海量连接等优势，可以将上述新技术紧密结合，打造自动运营、远程监控、AR 运维等应用场景，进一步推进供应链运营的数字化与智能化。

### 五、常态化精益运营配套管理机制

与时俱进的运营制度体系是保障供应链精益运营活动有序开展的基石。未来，企业推进供应链精益运营需要确保运营制度体系和常态化运营机制能持续迭代更新，从而有效支撑运营工作实际。

制度体系方面：国家电网公司将围绕供应链运营场景构建、场景动态优化、数据产品推广、数据底座管理、运营价值评估等活动持续迭代更新相应的制度体系，明确各活动的管理流程、主要角色、岗位职责、考核要求等内容。

运营机制方面：国家电网公司将通过协同运营机制、协调会商、例会、月报等常态化工作机制，不仅将运营工作更加制度化，还将深化各级供应链运营调控指挥中心的工作协同和信息共享，提升全网分析评价、资源调配、监控预警等工作水平。

# 第三节　供应链精益运营未来发展路径

## 一、以控制塔驱动的全链精益管控

供应链控制塔是汇聚全链供应链数据、连接关键业务的枢纽，可实现供应网络端到端可见，基于实时数据对全链条进行监测、决策和优化的数字化管控中心。新一代供应链控制塔是具有人工智能的数字化供应链控制塔，具有自主反应与学习、协同共享信息、自校正供应链、机器学习、认知分析的特征。通过交互式学习的方式，让分析能力逐步成长、逐步提高认知的过程，它能分析大数据并从数据中提取供应链的商业价值，以便做出最好的解决方案和决策。

在未来，供应链更多是一种动态的网络型的供应链，它比传统的线性流程驱动的供应链要复杂得多。另外，随着供应链正在向数字化供应链–价值网络转型，并且越来越受需求驱动，供应链运营管理目标变得更加具有不确定性、协同、可见性和复杂性的阻碍。为消除不确定性，提升端到端的可见性，降低供应链潜在风险，供应链控制塔的重要性将日益凸显。

国家电网公司供应链精益运营的发展将充分融合新一代供应链控制塔理论，整合端到端供应链中的流程和工具，监控和指导完整的端到端供应链的活动，以需求为中心，帮助实现供应链快速响应、高效协同。通过以供应链控制塔驱动全链精益管控，国家电网公司将在供应链全链条的实时可视化、预测和预防、实时协作、风险管理和策略优化的基础上，推进供应链业务自动化执行、预见性决策、启发式变革。

## 二、以绿色低碳运营引领行业转型

快速增长的绿色市场、有利的政策环境、技术创新带来的成本降低，为绿色转型重塑的竞争格局以及深度融合协同带来的发展机遇，将推动供应链运营开辟绿色发展新空间，提高供应链运营效率和产业链价值。

供应链的绿色低碳发展要求企业在供应链运营过程中更加注重资源的精细合理利用和绿色环保要求，这将促使企业在供应链管理中采取更加环保和可持续的策略，例如推广绿色物流、绿色采购、绿色运营等，支撑供应链的可持续发展。

具体来看，供应链绿色低碳运营可通过构建供应链碳足迹数字画像、采集数字化供应链各环节的能耗和碳排放数据、建立供应链碳排放评价模型和标准、开展低碳产品评价和认证、实施供应链碳足迹跟踪监控、开展绿色报告和信用评级服务等多样化的服务模式构建供应链绿色低碳化运营场景，引导企业在供应链运营中优化资源配置和运作流程。

通过供应链绿色低碳运营，能促进供应链上下游企业在清洁生产、资源节约与浪费减少等方面加大投入，从而降低运营成本，提高成本效益，提升企业品牌形象和社会责任，为企业带来更高的盈利空间和市场接受度。

> 未来将通过供应链碳排放足迹跟踪，引导链上企业节能降碳。开展链上企业绿色低碳评价，推动供应链可持续发展。供应链全过程绿色低碳，将供应链的全过程深刻融入绿色低碳理念。

延伸阅读

供应链绿色低碳运营未来应用趋势

### 三、以高端智库赋能运营价值深化

高端智库模型拓展：依托人工智能模型样本和算力资源基础能力，国家电网公司未来将持续应用供应链人工智能技术和成果，统一数智运营不同专业条线、主体分类、视角层级分析模型设计标准，拓展业务分析模型库，研发各类供应链运营高端智库模型，打造供应链的"大脑中枢""驾驶舱"，精准定位制约供应链及链上企业高质量发展的卡点、堵点、断点、痛点和风险点。

通过深化供应链大数据服务和决策分析模型构建与应用，国家电网公司将重点围绕产品质量提升、招标采购提升、仓储物流提升、风险防控提升、提质增效提升、节能减排提升等方面，深化供应链大数据服务和决策分析模型构建与应用，从而高效服务供应链全链运营决策，精准支撑供应链关键环节衔接、资源布局优化、价值单元整合。

数据资产商业化应用：国家电网公司供应链平台汇集了大量有关供应链运营的数据，包括供应商、生产、物流、库存等各方面的信息和数据资产。依托供应链基础大数据库，国家电网公司将实现智能分析模型库的持续拓展，在支撑供应链高端智库"控制塔"建设的同时，数据资产的商业化应用将推动新型商业模式的构建。未来，将会形成一个更加开放和共享的供应链运营生态。这个生态圈中，"数据应用商店"将成为核心平台，不仅支持各种个性化数据模型的研发和应用，还将通过发布数据产品，为供应链上下游各方提供一站式"超市化"数据服务。

延伸阅读

> 通过打造数据应用商店，利用供应链全量数据资产库，以过"数据＋算法＋场景"的三维驱动，深化供应链大数据服务和决策分析模型构建与应用，从而高效服务供应链全链运营决策。

供应链数据资产典型应用

### 四、以全链阳光透明保障合规运营

供应链合规运营是提高企业管理效率和运营效益，降低运营成本和风险，促进供应链协同的重要基石。在当前国内大循环为主体、国内国际双循环相互促进的发展新格局下，各行业各类型企业都需要更加注重整体资源配置的合理性以及供应链的安全韧性和合规运营。国家电网公司供应链运营的未来发展将更日益关注运营合规性，并结合数字化防控手段支撑全链风险管控。

随着供应链数字化转型不断深入，供应链的各作业环节将逐步实现从"业务数据化"向"数据业务化"升级。依托合规风险监测模型的持续完善，供应链运营工作将逐渐提升数字化监管敏捷感知、智能预判、在线监督、闭环处置能力，并运用事前预判、实时管控技术手段，在业务中嵌入合规管控规则，防线前移至业务源头。未来对于供应链的合规监控预警将不再依赖于人工判断，实现更加智能化、高效化和精细化。

依托大数据和人工智能技术，供应链运营可实现全业务流程智能监控、违规预警的精益管控。通过按照事先设定的逻辑条件，从源端业务系统直接抓取数据，实时跟踪业务流、实物流、资金流状态，自动判定各业务环节是否存在异常，即时发出预警信息，用数字化手段保障业务链的高效合规精细化运转，支撑供应链全链阳光透明运行。

# 参 考 文 献

[1] 殷绍伟. 精益供应链从中国制造到全球供应 [M]. 北京：机械工业出版社，2016.

[2] 詹姆斯 P. 沃麦克，丹尼尔 T. 琼斯. 精益思想 [M]. 北京：机械工业出版社，2017.

[3] 保罗·麦尔森. 精益供应链与物流管理 [M]. 北京：人民邮电出版社，2018.

[4] 詹姆斯·威廉·马丁. 供应链精益六西格玛管理 [M]. 北京：机械工业出版社，2019.

[5] 詹姆斯. 改变世界的机器：精益生产之道 [M]. 北京：机械工业出版社，2021.

[6] 姚建明. 运营与供应链管理 [M]. 北京：中国人民大学出版社，2020.

[7] 新益为. 智能时代的精益供应链管理实践 [M]. 北京：人民邮电出版社，2020.

[8] 柳荣. 精益供应链管理与运营：降本增效+绩效落地+战略优化+可持续竞争+盈利指南 [M]. 北京：人民邮电出版社，2020.

[9] 马士华，林勇. 供应链管理 [M]. 北京：机械工业出版社，2016.

[10] 顾详柏. 建筑供应链运营管理 [M]. 北京：中国石化出版社，2014.

[11] 聂建新. 战略供应链：体系设计与运营管理 [M]. 北京：人民邮电出版社，2022.

[12] 丁俊发. 供应链企业实战 [M]. 北京：中国铁道出版社，2017.

[13] 柳荣. 新物流与供应链运营管理 [M]. 北京：人民邮电出版社，2020.

[14] 供应链管理专业协会. 娜达·桑德斯. 供应链运营管理：流程协同，打造高绩效、强竞争供应链体系 [M]. 北京：人民邮电出版社，2022.

[15] 李建萍. 供应链运营实务 [M]. 北京：电子工业出版社，2021.

[16] 谢家平，魏航. 跨国公司全球供应链运营模式 [M]. 上海：上海财经出版社有限公司，2010.

[17] 廖利军. 中国式供应链管理–大国博弈时代的供应链战略与运营 [M]. 北京：电子工业出版社，2022.

[18] 国家电网有限公司. 现代智慧供应链创新与实践 [M]. 北京：中国电力出版社，2020.

[19] 国家电网有限公司. 物力集约化管理实践与创新 [M]. 北京：中国电力出版社，2015.

[20] 朱庆华，阎洪. 绿色供应链管理 [M]. 北京：科学出版社，2013.

[21] 唐隆基，潘永刚. 数字化供应链–转型升级路线与价值再造实践 [M]. 北京：人民邮电出版社，2021.

[22] 马潇宇，张玉利，叶琼伟. 数字化供应链理论与实践 [M]. 北京：清华大学出版社，2023.

［23］ 宋华. 数字供应链［M］. 北京：中国人民大学出版社，2022.

［24］ 刘常宝，刘平胜，林子杰，张凤久，肖永添. 数字化供应链管理［M］. 北京：清华大学出版社，2023.

［25］ 苏尼尔·乔普拉. 供应链管理（第7版）［M］. 北京：中国人民大学出版社，2021.

［26］ 刘宝红. 供应链管理：实践者的专家之路［M］. 北京：机械工业出版社，2022.

［27］ 廖利军. 集成供应链管理［M］. 北京：电子工业出版社，2023.

［28］ 李金波. 供应链管理：未来赢在供应链［M］. 北京：中国纺织出版社，2021.

［29］ F. 罗伯特·雅各布斯，理查德 B. 蔡斯. 运营管理［M］. 北京：机械工业出版社，2015.

［30］ 彼得·波尔斯特夫. 卓越供应链 SCOR 模型使用手册［M］. 北京：中信出版集团，2015.

［31］ 朱传波，陈威如. 数智物流柔性供应链激活新商机［M］. 北京：中信出版集团，2022.

［32］ 罗尼尔·乔普拉，彼得·迈因德尔. 供应链管理：战略、计划和运作［M］. 北京：清华大学出版社，2012.

［33］ 文丹枫，周鹏辉. 智慧供应链：智能化时代的供应链管理与变革［M］. 北京：电子工业出版社，2019.

［34］ 黄滨. 透明数字化供应链［M］. 北京：人民邮电出版社，2019.

［35］ 格温·理查兹. 物流与供应链管理工具包［M］. 北京：机械工业出版社，2016.

［36］ 宫迅伟等. 供应链 2035 智能时代供应链管理管理理论［M］. 北京：机械工业出版社，2023.

［37］ 叶世杰，胡大江. 企业供应链突发事件风险预测与决策模型研究［M］. 北京：中国商业出版社，2022.

［38］ 郑少峰. 现代物流信息管理与技术［M］. 北京：机械工业出版社，2022.

［39］ 李果. 低碳经济下绿色供应链管理［M］. 北京：科学出版社，2019.

［40］ 吴志华. 现代供应链管理：战略、策略与实施［M］. 北京：企业管理出版社，2022.

［41］ 大卫·辛奇–利维，菲利普·卡明斯基，伊迪斯·辛奇–利维. 供应链设计与管理——概念、战略与案例研究［M］. 北京：中国人民大学出版社，2010.

［42］ 罗静. 实战供应链：业务梳理、系统设计与项目实战［M］. 北京：电子工业出版社，2022.

［43］ 赵林度. 供应链与物流管理理论与实务［M］. 北京：机械工业出版社，2003.

［44］ 施先亮，李伊松. 供应链管理原理及应用［M］. 北京：清华大学出版社，2006.

［45］ 林自葵，刘建生. 物流信息管理［M］. 北京：机械工业出版社，2006.

［46］ 艾梅尔·埃克特斯，迈克尔·布拉基斯. 供应链 4.0：大数据和工业 4.0 驱动的效率革命［M］. 广州：广东经济出版社，2022.

［47］ 帕拉格·康纳. 超级版图：全球供应链、超级城市与新商业文明的崛起［M］. 北京：中信出版集团，2018.

［48］ 程慧，张艺溶. 数智供应链：打造产业数字化新引擎［M］. 北京：人民邮电出版社，2023.

［49］ 杨新臣. 数字经济：重塑经济新动力［M］. 北京：电子工业出版社，2021.